W0247834

Günter Liehr
Frankreich
Eine Nachbarschaftskunde

Günter Liehr

Frankreich

Eine Nachbarschaftskunde

Ch. Links Verlag, Berlin

Die Deutsche Nationalbibliothek verzeichnet diese
Publikation in der Deutschen Nationalbibliographie;
detaillierte bibliographische Daten sind im Internet
über http://dnb.ddb.de abrufbar.

1. Auflage, März 2007
© Christoph Links Verlag – LinksDruck GmbH
Schönhauser Allee 36, 10435 Berlin, Tel.: (030) 44 02 32-0
Internet: www.linksverlag.de; mail@linksverlag.de
Umschlaggestaltung: KahaneDesign, Berlin,
unter Verwendung eines Fotos von Chad Ehlers / Getty Images
Satz: Agentur Siegemund, Berlin
Druck und Bindung: Friedrich Pustet, Regensburg

ISBN 978-3-86153-430-3

Inhalt

Staat und Politik

Gesellschaft: Hierarchie und Eigensinn

Kultur und Kommunikation

Nachbemerkung

Anhang

GROSSBRITANNIEN

DER KANAL

GROSSBRITANNIEN

Dunkerque

Calais

BEL

Lille

NORD-
62
PAS-DE-CALAIS

59

Amiens
80

02

Cherbourg

Le Havre
76
Rouen

HAUTE-
NORMANDIE

PICARDIE
60

Caen
14

27

Paris
95 93
92 75 77
78 94 91
ÎLE-DE-
FRANCE

CHA

Brest
29

22

BASE-NORMANDIE

61

28

BRETAGNE

35

53

Rennes

Le Mans
72

PAYS DE LA
LOIRE

Orléans
45

89

Lorient
56

44

Angers

Loire

CENTRE

41

BOUR
58

Saint-
Nazaire

Nantes

49

37

Tours

Bourges
18

85

79

Poitiers

36

03

ATLANTISCHER

La Rochelle

OZEAN

POITOU-
86

CHARENTES

LIMOUSIN
23

Limoges
87

Clermont-
Ferrand
63

17

16

19

AUVERGN

24

15

Bordeaux

Dordogne

33

46

Lot

48

AQUITAINE

47

82

MIDI-PYRÉNÉES

12

40

32

81

Montp

Toulouse

34

Bayonne

64

Pau

Garonne

31

LANGUED

11

ROUSSILLON

65

09

66

Perpignan

—·—·— Staatsgrenze

------- Grenze der
Regionen

——— Grenze der
Départements

SPANIEN

0   50   100   150 km

Départements

01 Ain	50 Manche
02 Aisne	51 Marne
03 Allier	52 Haute-Marne
04 Alpes-de-Haute-	53 Mayenne
Provence	54 Meurthe-et-
05 Hautes-Alpes	Moselle
06 Alpes-Maritimes	55 Meuse
07 Ardèche	56 Morbihan
08 Ardennes	57 Moselle
09 Ariège	58 Nivère
10 Aube	59 Nord
11 Aude	60 Oise
12 Aveyron	61 Orne
13 Bouches-du-	62 Pas-de-Calais
Rhône	63 Puy-de-Dôme
14 Calvados	64 Pyrénées-
15 Cantal	Atlantiques
16 Charente	65 Hautes-Pyrénées
17 Charente-	66 Pyrénées-
Maritime	Orientales
18 Cher	67 Bas-Rhin
19 Corrèze	68 Haut-Rhin
21 Côte-d'Or	69 Rhône
22 Côtes-d'Armor	70 Haute-Saône
23 Creuse	71 Saône-et-Loire
24 Dordogne	72 Sarthe
25 Doubs	73 Savoie
26 Drôme	74 Haute-Savoie
27 Eure	75 Ville de Paris
28 Eure-et-Loir	76 Seine-Maritime
29 Finistère	77 Seine-et-Marne
30 Gard	78 Yvelines
31 Haute-Garonne	79 Deux-Sèvres
32 Gers	80 Somme
33 Gironde	81 Tarn
34 Hérault	82 Tarn-et-
35 Ille-et-Vilaine	Garonne
36 Indre	83 Var
37 Indre-et-Loire	84 Vaucluse
38 Isère	85 Vendée
39 Jura	86 Vienne
40 Landes	87 Haute-Vienne
41 Loir-et-Cher	88 Vosges
42 Loire	89 Yonne
43 Haute-Loire	90 Territoire de
44 Loire Atlantique	Belfort
45 Loiret	91 Essone
46 Lot	92 Hauts-de-Seine
47 Lot-et-Garonne	93 Seine-Saint-Denis
48 Lozère	94 Val-de-Marne
49 Maine-et-Loire	95 Val-d'Oise
50 Manche	
	2A Corse-du-Sud
	2B Haute-Corse

DEUTSCHLAND

LUX.

08

Metz · LORRAINE · 57 · 67

Nancy · 55 · 54

Straßburg

ARDENNES · 88 · ALSACE

52 · 68

Mulhouse

70 · 90

21 · FRANCHE-

Dijon · 25 · COMTE

NE · 39 · SCHWEIZ

71

69 · 01 · Rhône

Lyon · 74 · Genf

aint-ienne · 38 · Chambéry · 73

RHÔNE-ALPES

Grenoble

07 · Valence · 05 · ITALIEN

26 · 04

30 · 84 · 06 · MONACO

îmes · Avignon · PROVENCE-ALPES- · Nizza

13 · CÔTE D'AZUR · Cannes

Marseille · 83

Toulon

MITTELMEER

Bastia

2B

KORSIKA

Ajaccio · 2A

Basisdaten Frankreich

Fläche: 544 000 km^2

Hauptstadt: Paris

Verwaltungsgliederung: 100 Départements in 22 Regionen, davon 4 Überseedépartements: Martinique, Guadeloupe, Réunion, Französisch-Guyana

Einwohner: 60,4 Mio. = 111 je km^2
(Deutschland 82,5 Mio. = 231 je km^2)

Staats- und Regierungsform: Republik, Verfassung von 1958, letzte Änderung 2000

Wahl: alle 5 Jahre Direktwahl des Staatspräsidenten sowie der Nationalversammlung (577 Mitglieder), Senat (331 Mitglieder) indirekt gewählt

Nationalfeiertag: 14. Juli (Sturm auf die Bastille 1789)

Bevölkerungswachstum: 0,6 % (2004, Deutschland 0,0 %)

Kinder pro Frau: 2 (2006, Deutschland 1,3)

Eheschließungen: 276 000 (2005)

Ehescheidungen: 152 000 (2005)

Ausländeranteil: 5,6 % (2004, Deutschland 8,8 %)

Sprachen: Amtssprache Französisch; regional Baskisch, Bretonisch, Elsässisch, Flämisch, Katalanisch, Korsisch, Moselfränkisch, Okzitanisch

Bruttoinlandsprodukt: 1579,2 Mrd. €, realer Zuwachs 2,3 % (2004, Deutschland 2114,6 Mrd. €, realer Zuwachs 1,6 %)

Bruttonationaleinkommen je Einwohner: 23 433 €
(Deutschland 23 680 €)

Erwerbsquote: Männer 62,0 %, Frauen 48,8 %
(2004, Deutschland Männer 58,4 %, Frauen 40,1 %)

Beschäftigung nach Sektoren: 70,5 % Dienstleistungssektor, 25,4 % Industrie, 4,1 % Landwirtschaft (2002)

Arbeitslosigkeit: 9,8 % (2005, Deutschland 11,7 %), in einigen Städten bis zu 50 % Jugendarbeitslosigkeit

Inflationsrate: 1,6 % (2005, Deutschland 2,0 %)

Vorbemerkung

Meine erste deutsch-französische Erfahrung machte ich am 4. September 1962. Damals bekamen wir in der Schule blau-weiß-rote Fähnchen in die Hand gedrückt und wurden auf den ebenfalls blau-weiß-rot beflaggten Bonner Marktplatz geschickt, wo sich die Leute schon mächtig drängelten. Obwohl die Bonner eigentlich verwöhnt waren mit internationaler politischer Prominenz. Aber diesmal war es offenbar etwas ganz Besonderes. Hier wurde auf eine spezielle Mobilisierung Wert gelegt, und da mussten auch die Schüler ran. Der offene Staatsbesuchs-Mercedes kam um die Ecke gebogen, und neben dem zierlichen Bundeskanzler Adenauer mit seinem faltigen Indianergesicht stand dieser hochgewachsene langnasige Mann und schwenkte grüßend die Arme. Alsdann stieg er die Treppe des rosa Barock-Rathäuschens der damaligen Bundeshauptstadt hinauf und sprach zum Bonner Volk. In seiner Rede ließ er das »große Deutschland« hochleben, und er wiederholte bekräftigend: »Jawoooohl! Das große Deutschland!« Abschließend rief er der Masse zu: »Es lebe Bonn! Es lebe Deutschland! Es lebe die deutsch-französische Freundschaft!« Dummer halbwüchsiger Schüler, der ich war, hatte ich damals keinen Sinn für die Bedeutung dieser historischen Stunde, fand allerdings irgendwie, dass dieser französische Staatspräsident Charles de Gaulle ziemlich viel Wind machte. Aber vielleicht waren die einfach so, die Franzosen?

Im Fernsehen sah man dann ein Jahr später eine anrührende Kuss-Szene nach der Unterzeichnung des Élysée-Vertrags über die deutsch-französische Zusammenarbeit. Der französische Präsident wandte sich mit ausgestreckten Armen dem Kanzler zu. Der wirkte leicht verdattert, als der Große auf ihn eindrang und ihm beidseitig »la bise«, den französischen Freundschaftskuss, aufdrückte.

Was ich damals nicht wusste: Es war »the beginning of a beautiful friendship«, wie es im Film »Casablanca« heißt, der Beginn der deutsch-französischen Freundschaft, die durch einen politischen Willensakt aus Erbfeinden Busenfreunde machte. Inzwischen wird sie als Modell für andere wünschenswerte Versöhnungen gepriesen, sei es zwischen Ungarn und Rumänien, Polen und der Ukraine oder Indien und Pakistan.

Und tatsächlich kann sich die Freundschaftsbilanz sehen lassen. 2000 Städtepartnerschaften wurden geschlossen, über sieben Millionen junge Franzosen und Deutsche haben in den vergangenen 40 Jahren an Programmen zum Jugend- und Schüleraustausch, zur Berufs- und Sprachausbildung teilgenommen. Partnerschaften von Regionen, Universitäten, Schulen wurden gegründet, kulturelle Großveranstaltungen wie »Paris–Berlin« oder »Germania und Marianne« fanden statt. Der deutsch-französische Kulturfernsehkanal Arte nahm den Sendebetrieb auf, eine deutsch-französische Brigade wurde aufgebaut, eine gemeinsame Adenauer-de-Gaulle-Briefmarke herausgegeben und letzthin sogar das erste gemeinsame Geschichtsbuch für den Schulgebrauch.

Meine erste Reise als Student nach Frankreich, zwölf Jahre nach dem Ereignis auf dem Bonner Marktplatz, führte per Anhalter in den Süden. Ich trampte zwischen Avignon, Nîmes und Sète herum und landete schließlich bei der Weinlese zu Füßen des Mont Canigou am Rande der Pyrenäen. Alles war gut: das flimmernde Licht unter den Platanen, die plätschernden Dorfbrunnen, der Pastis-Geruch in den Cafés, die melodiös und genussvoll plaudernden Menschen auf den Märkten, die Chansons von Georges Brassens und Jacques Brel, die ich zum ersten Mal hörte. Groß war gleich die Begeisterung.

Von da an ging es immer wieder hinein in dieses weite Land. Was für einen großen Reichtum an Landschaften haben sie da, in ihrem heiligen Sechseck, dazu schnurgerade Straßen bis zum Horizont, Dörfer und Städte mit Patina. Und wie angenehm sind die Leute! Sie haben sonntags ihr Huhn im Topf und zuckeln gemächlich mit ihren zerbeulten 2 CVs und R4s umher, eine Gauloise im Mundwinkel, ja, damals rauchte man noch, und wie … Es war nicht schwer, dieses Frankreich zu mystifizieren. Viele verehrten das Land als Gegenmodell zum eigenen. Leben und leben lassen schien hier die Devise, auch war nicht alles so sauber gekratzt und abgezirkelt wie daheim, manchmal gar ein wenig schmuddelig, mit Sägespänen auf dem Kneipenboden, in die man gleich auch die Erdnussschalen hinschmiss und die Zigarettenasche. Ich erinnere mich, wie ein deutscher Elektriker-Freund fassungslos die lose von Haus zu Haus baumelnden, verknoteten Stromleitungen betrachtete. Ein bisschen chaotisch-improvisiert, aber irgendwie sympathisch. Die Franzosen konzentrieren sich eben mehr aufs Wesentliche.

Und dazu die politische Gesinnung, diese erfrischende Radikalität! Im Lande des Mai 68, dieser großartigen Aufwallung, schienen auch noch in den siebziger Jahren geistige Freiheit und kritisches Engagement zu Hause zu sein. »Schaffen wir französische Zustände!«, hatte Hans Magnus Enzensberger damals in einer Rede gerufen.[1] Man hatte gelernt, dass unterm Pflaster der Strand lag und dass man Voltaire nicht verhaftet. Der konservative de Gaulle hatte dies zu bedenken gegeben, als seine Anhänger 1960 zur Zeit des Algerienkriegs ein Exempel gegen den unbotmäßigen Jean-Paul Sartre statuieren wollten, während daheim kritische Intellektuelle von führenden Politikern mal als »Pinscher«, mal als »Ratten und Schmeißfliegen« tituliert wurden. Wie anders dagegen dieses Land, in dem sich Politik und Poesie zu verbinden schienen, wo in den Cafés Surrealisten, Rebellen und Lebenskünstler beim Aperitif saßen!

»Frankreich ist der Inbegriff all dessen, was das Menschenleben schön und würdig macht.« So heißt es in Friedrich Sieburgs 1929 erschienenem Buch »Gott in Frankreich?«. Diese immer wieder neu aufgelegte Bibel der Frankophilen hat beim deutschen Publikum in besonderem Maße die Vorstellungen über das Nachbarland geprägt. Warum schätzte Sieburg Frankreich? »... weil ich schwach genug bin, mich in einem altmodischen und unordentlichen Paradies lieber aufzuhalten als in einer blitzblanken und trostlosen Musterwelt.« Wie spätere Frankreich-Pilger litt auch er schon unter Deutschlands moderner Kälte und fand hier die vormoderne, charmant zurückgebliebene Gegenwelt.

Sieburg selbst hatte übrigens zeitweilig andere Töne angeschlagen: Als frankophiler Nazi war er 1941 mit einer Propagandatruppe durch Frankreich gezogen und hatte sich als »Kämpfer und Nationalsozialist« präsentiert, auf die Franzosen eingeredet, sich einzubringen ins neue Nazi-Europa, und sie aufgefordert, »Schluss zu machen mit dem ewigen Durchwursteln, den schlichten Glücksvorstellungen von Freizeitanglern ... wovon sich Deutschland längst mutig befreit hat«[2].

Dennoch hatte Sieburgs idyllisierendes Frankreich-Bild lange Nachwirkungen und schlägt sich noch heute in gewissen Stereotypen nieder. Demnach gelten die Franzosen nicht nur als sympathisch chaotisch und unkonventionell. Die Männer sollen auch noch die besten Liebhaber der Welt sein, während die Frauen stets elegant gekleidet sind ... Dabei wird die wirtschaftliche und gesellschaftliche Realität des industrialisierten Frankreich allerdings gern ausgeblendet. Das war lange ein Problem deutscher Frankreich-Schwärmer, in deren Vorstellungen sich die Franzosen nicht recht wiedererkennen konnten und wollten.

Nach und nach hat sich dann aber doch in der Wahrnehmung der Deutschen das moderne Frankreich, voller Ungleichzeitigkeiten, widersprüchlich und mit Schönheitsfehlern behaftet, an die Stelle des imaginierten Idylls gesetzt – und es wird dennoch hartnäckig geliebt! Nach einer neueren Umfrage bezeichnen 86 Prozent der Deutschen das deutsch-französische Verhältnis als »freundschaftlich«, 85 Prozent stufen die Franzosen als »sympathisch«, 95 Prozent als »genussfreudig« ein, 80 Prozent halten sie für »selbstbewusst«, 87 Prozent für »fröhlich« und nur 21 Prozent für »arrogant«.[3]

Aber ach, der Weg in die Herzen der Franzosen scheint mit Fettnäpfchen gepflastert ... Schnell kann es zu Missverständnissen und Verstörungen kommen. Eine kleine, aber typische Anekdote: Im Januar 2003 sollte das 40-jährige Jubiläum des Élysée-Vertrags mit einem Besuch des deutschen beim französischen Parlament in Versailles begangen werden, und so reiste der Bundestag mit 430 Abgeordneten nach Frankreich, wahrhaftig keine alltägliche Angelegenheit.

Ungläubige Verwunderung und Befremden löste dann aber in der französischen Öffentlichkeit das deutsche Begehren aus, es solle doch bitte nur auf Sparflamme gefeiert werden: Auf keinen Fall dürfe es Champagner geben, allenfalls ein Glas einfachen Weins. Unfassbar! Wann immer es in Frankreich irgendwas zu feiern gibt, fließt Champagner, das versteht sich von selbst. Und das verweigern die Deutschen ausgerechnet bei diesem epochalen Ereignis? Na, das sind ja schöne Freunde! Was für eine Brüskierung! »Deutsch-französischer Prunk zu Discount-Preisen in Versailles«, kommentierte *Le Monde* ironisch.

Was den Franzosen nicht klar war: Es hatte im Vorfeld bei den

Nachbarn bereits ein miefiges Schildbürger-Stück gegeben, ausgelöst von einer *Bild*-Schlagzeile. Das Blatt hatte gestänkert, die Volksvertreter leisteten sich da auf Steuerzahlerkosten eine 500 000 Euro teure »Sause« nach Paris. Dies war zwar eine böswillige Fehlinformation, löste aber hektisches Flügelschlagen aus. Bundestagspräsident Wolfgang Thierse beeilte sich richtigzustellen, von einer Sause könne gar keine Rede sein, vielmehr werde der Versailles-Ausflug bescheiden, schlicht und kostengünstig über die Bühne gebracht. Champagner und dergleichen ostentativen Luxus galt es daher zu vermeiden, und deshalb durften die deutschen Abgeordneten auch nicht in Paris übernachten, sondern mussten noch am selben Abend mit der Bereitschaftsmaschine der Bundeswehr nach Berlin zurück – statt »Sause« ein puritanischer Betriebsausflug.

Die Franzosen hatten gar kein Verständnis dafür, dass so ein wichtiges Symbol in einer so kleinkarierten Weise diskutiert wurde. Wolfgang Thierse, dem das alles wohl entsetzlich peinlich war, versprach als Kompensation für den schlechten Eindruck ein »gigantisches Volksfest« zum 50. Freundschaftsjubiläum. Freilich, der Schaden war angerichtet, und insgeheim verdrehten die Gastgeber die Augen angesichts ihrer seltsamen Freunde.

»Peut-on enfin aimer l'Allemagne?«, Können wir Deutschland endlich lieben?, fragte auf dem Titel das Nachrichtenmagazin *L'Express*, dazu das Konterfei von Claudia Schiffer auf schwarz-rot-goldenem Grund. In der Frage steckt ein Rest Skepsis. Denn unter dem Firnis der Freundschaft schlummern mancherlei Antipathien und Ressentiments, die jederzeit hervorbrechen können.

Die Germanen liegen »besonders nackt, besonders rot und besonders laut« an Frankreichs Stränden herum, klagte die frühere Mitterrand-Dolmetscherin Brigitte Sauzay in ihrem Buch »Le vertige allemand« (Die rätselhaften Deutschen). Und ähnlich befand die vormalige Premierministerin Edith Cresson, diese Deutschen würden einfach zu laut reden. Wie sie im Übrigen meinte, die englischen Männer seien alle schwul und die Japaner Ameisen.[4] Die Sozialistin neigte zu unbekümmerten Rundumschlägen mit der Klischee-Keule, insofern ist das nicht so ernst zu nehmen.

Anders ist das schon beim Fußball, in einem Bereich, der besonders geeignet ist, verborgene Rivalitäten an die Oberfläche zu spülen. So erschien im Jahr 2005 ein Buch mit dem Titel »Seville 82«

von Pierre Louis-Basse. Es erinnerte an Affront und Schmach, an tiefe Kränkung und Verletzung. »Sevilla«, das hat für Millionen Franzosen fast so einen Klang wie »Waterloo«. In der andalusischen Stadt trafen am 8. Juli 1982 bei der Weltmeisterschaft Frankreich und Deutschland aufeinander. Gegen 23 Uhr verübte der deutsche Torhüter Toni Schumacher ein hässliches Foul am französischen Stürmer Patrick Battiston. Von Rachegefühlen angespornt, schossen die Franzosen zwar zwei umjubelte Tore, doch die Deutschen schafften den Ausgleich. Beim Elfmeterschießen gewannen letztlich die Deutschen.

Ich habe dieses unselige Match damals mit französischen Bekannten gesehen und fühlte mich recht unbehaglich. Aber Himmelherrgott, es war doch bloß ein Fußballspiel, die Erde hat sich seither weitergedreht! – Nein, ganz falsch. Es war »Das Spiel des Jahrhunderts«, eine Katastrophe historischen Ausmaßes: »Alles ist Krieg. Der von 1914. Der von 1940. Und der von 1982, als, zum dritten Mal in einem Jahrhundert, Frankreich auf Deutschland trifft auf dem Schlachtfeld von Sevilla.« So schrieb der namhafte Schriftsteller Jean Cau nach der Tragödie in *Paris-Match*. Und auch 23 Jahre später war das traumatische Ereignis immer noch nicht verdaut.

Eine höhere Meinung haben die Franzosen von deutschen Unterhaltungskünstlern. Vor allem, wenn sie sich »französisieren«. Hanna Schygulla, Ingrid Caven, Ute Lemper, oder gerne auch Menschen aus der Modebranche: Claudia Schiffer oder Karl Lagerfeld – alle, die kommen, um dem Pariser Betrieb zu huldigen, werden gern aufgenommen, gelegentlich gar adoptiert.

Jemand, den die Franzosen auch mochten, war Kanzler Helmut Kohl, der immer wieder versicherte, wie tief er Frankreich verbunden sei. Dann allerdings ereignete sich das Größte Annehmbare Unglück: die deutsche Wiedervereinigung. Und für eine Weile verwandelte sich der gemütlich-behäbige Koloss in ein gefährliches Monstrum, dem in den Presse-Karikaturen prompt eine Pickelhaube aufgesetzt wurde. Als »Bismarck im Pullover« wurde er apostrophiert. »Wird der deutsche Riese alles verschlingen?«, fragte bang eine Überschrift, andere riefen auf Deutsch: »Achtung!«, beschworen den »Blitzkrieg« des »chancelier Kohl« oder »La Grosse Allemagne« – das fette Deutschland.

Diese Aufregung legte sich bald wieder, man beruhigte sich. Allerdings verringerte sich das Interesse am Nachbarn, zum Beispiel an der Sprache. Entgegen den politischen Willensbekundungen spielt sie an französischen Schulen eine immer geringere Rolle. Früher war Deutsch ein Prestigefach für begabte Kinder und wurde aus diesem Grund als zweite Fremdsprache gewählt, aber das ist vorbei. Es haftet ihm der Ruf eines schwierigen und unschönen Idioms an, unverdrossen werden damit bisweilen immer noch bellende Nazi-Schergen assoziiert.

Gegen dieses schlechte Image, von dem nicht nur die Sprache, sondern das ganze Land betroffen ist, zieht Kurt Brenner, langjähriger Leiter des Kulturzentrums Maison de Heidelberg in Montpellier zu Felde. Vor einigen Jahren rief er die Aktion »Deutschmobil« ins Leben. Finanziert von Sponsoren wie Daimler-Chrysler und der Bosch-Stiftung, klappern mehrere Kleinbusse französische Schulen ab, um das angestaubte Deutschlandbild, das in Frankreich herrscht, zu korrigieren und für Deutsch als Fremdsprache zu werben. Dabei kommen Filme, Pop-Musik, Comics und Gummibärchen zum Einsatz: Deutschland, liebe Kinder, ist gar nicht, wie ihr denkt, sondern eine lockere Spaßgesellschaft mit Partys und »Love Parade« et cetera, und Deutsch lernen ist echt cool. Ein aufreibendes Geschäft.

Rückläufig ist das Interesse aber auch in Frankreichs Medien. Seit jeher gibt es viel weniger französische Korrespondenten in Deutschland als umgekehrt. Und das Missverhältnis wird immer krasser. Als vor einigen Jahren Frankreichs meistgesehener Fernsehsender *TF1* sein Berliner Büro dichtmachte, musste sich der abservierte Deutschlandkorrespondent sagen lassen: »L'Allemagne, c'est chiant et ca ne fait bander personne.« – sinngemäß: Deutschland ist stinklangweilig und macht niemanden an.[5]

Ist die deutsch-französische Freundschaft womöglich eine Einbahnstraße? Eine recht unausgewogene Angelegenheit? Zwar erhalten die Deutschen bei Umfragen allgemein hohe Sympathiewerte und werden als die wichtigsten Partner in Europa bezeichnet, aber darin scheint vor allem der offizielle Diskurs nachzuwirken. Während es die Deutschen nach Frankreich drängt, will von französischer Seite kaum jemand ins Nachbarland reisen. Deutschland gilt allgemein als farblos und unattraktiv, einzig Berlin zieht in den letzten Jahren immer mehr Menschen an.

Das heißt nicht, dass alles vergebens war. Tatsächlich haben Städtepartnerschaften, Jugendaustausch- und Erasmusprogramme

Kontakte gefördert, Freundschaften entstehen lassen und zahlreiche deutsch-französische Ehen gestiftet. Nur sollte man sich darüber im Klaren sein, dass dieses relativ neue Freundschaftsverhältnis zwischen beiden Ländern konkurriert mit einem tiefverwurzelten Unbehagen, das weit zurückreicht.

Geschichte: Von der Erbfeindschaft zur offiziellen Freundschaft

Die Französische Revolution – Schreckbild oder Verheißung?

Eine deutsch-französische Freundschaft lag angesichts der Beziehungsgeschichte beider Länder nicht auf der Hand. Das Spezialverhältnis zwischen den Nachbarn ähnelte über lange Phasen einem verbissenen Gerangel. »Stets war es beiden unmöglich, einander gleichgültig zu sein«, schrieb Ludwig Börne, »denn entweder mussten sie einander hassen oder lieben«.[6] Periodisch machte sich Hass in extremer Weise bemerkbar. Immer aber gab es hüben wie drüben Leute, die für den Chauvinismus nichts übrig hatten, der sich gegen die Nachbarn richtete.

Zentraler Ausgangspunkt für franzosenfeindliche Delirien wie für Hochrufe war die Französische Revolution. Mit dem Sturm Pariser Volksmassen auf die Bastille am 14. Juli 1789 wurde der Untergang des Ancien Régime besiegelt. Eine tiefgreifende Umgestaltung von Staat und Gesellschaft setzte ein, Feudalrechte wurden abgeschafft, die Erklärung der Menschenrechte verabschiedet.

Ein Funke der Begeisterung sprang auch auf andere europäische Länder über. Gottes- und obrigkeitsfürchtige Deutsche verteufelten die Revolution mitsamt den Ideen von Freiheit, Gleichheit und Brüderlichkeit, denn auch die Machtstrukturen in den vereinzelten deutschen Kleinstaaten waren dadurch gefährdet. Bei unabhängigeren Geistern allerdings stieß das Ereignis – anfangs zumindest – auf sehr positive Resonanz: »Von diesem Moment an erwachte neues Leben in mir, voller unerhörter Hoffnung auf eine vollkommene Veränderung der Welt«, jubelte Johanna Schopenhauer, als sie vom Sturm auf die Bastille hörte.[7] Der Philosoph Georg Wilhelm Friedrich Hegel schwärmte vom »herrlichen Sonnenaufgang«, während Friedrich Gottlieb Klopstock 1789 in seinem Gedicht »Kennet euch selbst« ausführlich »des Jahrhunderts edelste That« besang, wofür ihn die Pariser Nationalversammlung mit einem Bürgerdiplom ehrte. »Wer hätte den französischen

Sprudelköpfen die Besonnenheit zugetraut, mit der sie jetzt zu Werke gehen?«, staunte auch der Literat Johann Heinrich Voß. Im liberalen Hamburg organisierten weltoffene Kaufleute 1790 eine Bastille-Feier und erhoben ihre Gläser auf die Abschaffung des Fürsten-Despotismus. »Es war ein herrlicher Tag, und es wurde manche Thräne der Rührung vergossen«,[8] berichtete Adolph Freiherr von Knigge. Der Gastgeber, der Kaufmann Georg Heinrich Sieveking, hatte eigens für das Fest ein Lied gedichtet: »Freye Deutsche! Singt die Stunde, / Die der Knechtschaft Ketten brach, / Schwöret Treu' dem großen Bunde / Unsrer Schwester Frankreich nach!« Als Sieg des Lichts über die Finsternis wurde von kritischen Geistern in deutschen Landen die Revolution gefeiert. An deutschen Universitäten begann es zu gären. Die Pariser Vorgänge lösten die erste deutsche Studentenbewegung aus. Professoren wetterten gegen die Kleinstaaterei und riskierten Berufsverbot. Unzählige reisten als deutsche Revolutionspilger nach Paris, um das weltgeschichtliche Ereignis in Augenschein zu nehmen oder, wie es Joachim Heinrich Campe in seinen »Briefen aus Paris« ausdrückte, »dem Leichenbegängnis des französischen Despotismus beizuwohnen«. Campe beschwerte sich über die böswillige, ungerechte »Beurtheilung der großen, für die gesammte Menschheit so überaus wohlthätigen französischen Revolution«, die die deutschen Medien durchzog.[9] Den Besuchern, die sich ins Pariser Getümmel stürzten, musste die Allgegenwart der ungehinderten politischen Debatten wie ein Wunder erschienen sein, und sie ließen sich von der revolutionären Begeisterung mitreißen.

Aber dann, nach den Septembermorden des Jahres 1792, als angesichts der Bedrohung durch die preußische Truppen die Insassen Pariser Gefängnisse vom eindringenden Plebs recht wahllos massakriert wurden, wandte sich doch mancher ab, der zunächst die Umwälzung begrüßt hatte. Deutsche Geistesgrößen sahen nun die Gefahr einer »Pöbelherrschaft« auf Europa zukommen. Dieses Blutbad bestätigte die Meinung konservativer Revolutionsgegner und erleichterte die Diffamierung der Revolutionssympathisanten. Die aber bangten nach der Kriegserklärung der europäischen Fürsten um die Errungenschaften der Revolution, so wie Friedrich Hölderlin, der an seine Schwester schrieb: »Der Missbrauch fürstlicher Gewalt wird schröcklich werden. Glaube das mir! Und bete für die Franzosen, die Verfechter der menschlichen Rechte.«[10]

Sturm auf die Bastille am 14. Juli 1789 (Lithographie, um 1840)

Dennoch gab es weiterhin jene, die trotz allem das revolutionäre Ideal im Blick behielten. Eine Hochburg der Revolutionsanhänger war die Universität Jena noch Mitte der 1790er Jahre. Es gab dort geheime politische Klubs, man heftete sich Kokarden an den Hut, malte sich die rote Jakobinermütze in die Stammbücher und schrieb dazu Verbalradikales wie »liberté ou la mort« oder auch »Die Menschheit wird von bitterm Harm und Tyrannei gekränkt, bis an dem letzten Pfaffendarm der letzte König hängt.« Jugendlicher Übermut, gewiss. Manche aber machten Ernst, engagierten sich bei den französischen Revolutionstruppen und fielen für die Ideale von Freiheit, Gleichheit und Brüderlichkeit. Vergessen sind die meisten ihrer Namen.

Im Oktober 1792, als die französischen Truppen im Krieg gegen die revolutionsfeindliche Koalition den Rhein entlang vorstießen, wurde in Mainz nach Pariser Vorbild der Jakobinerklub Freunde der Freiheit und Gleichheit gegründet. Im März 1793 rief der frisch gewählte Rheinisch-Deutsche Nationalkonvent für das Gebiet von Landau bis Bingen einen »freien, unabhängigen und unteilbaren Staat«, die Mainzer Republik, aus. Ihre Souveränität wurde allerdings schon nach drei Tagen aufgegeben, denn bedrohlich näherten sich die feindlichen Truppen. Daher entschloss sich der Mainzer Freistaat, sich mit der französischen Republik »brüderlich und unzertrennlich« zu vereinigen. Dennoch eroberten preußische Truppen im Juli das Gebiet zurück und machten dem Experiment ein Ende. Die Freiheitsfreunde, sofern sie nicht fliehen konnten, wurden eingekerkert. In Paris sammelten sich geflohene Republikaner. Wie sie wurden später auch andere deutsche Jakobiner verfolgt, ins Exil getrieben und totgeschwiegen.

Etwas weiter nördlich, im französisch besetzten Gebiet zwischen Köln und Koblenz, schickten sich republikanische Rheinländer im Sommer 1797 an, eine Cisrhenanische (also links des Rheins gelegene) Republik zu gründen, mit grün-weiß-roter Trikolore als Flagge. Aber die zunächst auch von Frankreich angestrebte deutsche Tochterrepublik kam dann doch nicht zustande. Im November wurde stattdessen das gesamte linksrheinische Gebiet, darunter auch Mainz, annektiert, und es entstanden vier neue französische Départements.

Krieg gegen Napoleon

1799 putschte sich Napoleon Bonaparte, der Revolutionsgeneral aus dem korsischen Ajaccio, an die Macht. 1804 krönte er sich zum Kaiser der Franzosen. Durch seine Eroberungsfeldzüge änderte sich auch die politische Landschaft Deutschlands einschneidend. Mit dem Reichsdeputationshauptschluss wurde der deutsche Flickenteppich flurbereinigt: Anstelle der unzähligen kleinen Territorien entstanden mittelgroße Staaten wie Baden, Bayern oder Württemberg, doch nach dem Sieg des napoleonischen Heeres über die österreichischen und russischen Truppen bei Austerlitz im Winter 1805 war es nach 800 Jahren endgültig zu Ende mit dem Heiligen Römischen Reich Deutscher Nation. Der letzte Kaiser Franz II. legte die Kaiserkrone nieder. Rechtsrheinisch entstanden als französisch geführte Modellstaaten das Großherzogtum Berg mit Düsseldorf als Hauptstadt, regiert von Napoleons Schwager Joachim Murat, und das Königreich Westfalen mit der Hauptstadt Kassel und Napoleons Bruder Jérôme als König. Beide Länder kamen, ebenso wie die annektierten linksrheinischen Gebiete, in den Genuss des Code Napoléon. Dieses weitgehend schon während der Revolutionszeit erarbeitete Gesetzeswerk stellt bis heute trotz vieler Abänderungen die Grundlage des französischen Zivilrechts dar. So schien die napoleonische

Napoleon Bonaparte überschreitet den St.-Bernhard-Pass
(Ölgemälde von Jacques-Louis David, 1800)

Herrschaft zunächst eine Verbesserung der sozialen, wirtschaftlichen und politischen Verhältnisse zum Ziel zu haben. Der Code Napoléon brachte das Aus für die alte Ständegesellschaft, die Gleichheit der Bürger vor dem Gesetz sowie Gewerbe- und Religionsfreiheit, das hieß auch: Befreiung der Juden aus den Ghettos. Ein wesentlicher Grund, warum Heinrich Heine zeitlebens ein großer Verehrer Napoleons blieb.

Heftig umjubelt wurde der »Empereur« vielerorts bei seinen Auftritten. Napoleonbüsten zierten die Wohnstuben der Bürger. Hegel pries den Korsen als »Geschäftsführer des Weltgeistes«. Nur hatte Bonaparte letztlich mit dem Weltgeist weniger im Sinn als anfangs angenommen. Viel wichtiger als die Ausbreitung der bürgerlichen Freiheiten in ganz Europa war ihm die Ausdehnung der eigenen Macht. Die Rheinbund-Staaten dienten ihm in erster Linie als Geldquellen und Lieferanten von Soldaten für seine Grande Armée. Krieg und Machtausdehnung enthüllten sich bald als Selbstzweck. Reformen, wo sie stattgefunden hatten, waren demnach nicht viel mehr als »Kollateralgewinne«.

Im Modell-Königreich Westfalen kam zu den Soldatenaushebungen noch das ruinöse Regime des Herrschers. »König Lustig« wurde Napoleons kleiner Bruder von den Untertanen genannt, denn »Morgen wieder lustig« soll der einzige deutsche Satzbrocken gewesen sein, den der junge Herr aus Ajaccio zu artikulieren vermochte. »Lustig« war aber auch sein Herrschaftsstil: Jérôme profilierte sich als eine Art Playboy-König, der die Staatskasse für Feste, Feuerwerke und Mätressen plünderte. Napoleon war dieser Bruder ein bisschen peinlich, zumal er sich auch noch militärisch als Drückeberger erwies. Jérôme sei das »Gespött von ganz Deutschland«, zürnte der »Empereur«, nicht ganz zu Unrecht. Im nordhessischen Dialekt lebt die Erinnerung an den fröhlichen König Jérôme als »Schrohm« fort, was so viel heißt wie Schürzenjäger …

Die ununterbrochene Abfolge immer neuer militärischer Abenteuer, die nur noch das Ziel der Machtvergrößerung verfolgten, die damit verbundene Aushebung von Soldaten und immer hemmungslosere materielle Auspressung und Ausplünderung durch die Truppen der Grande Armée, dann auch die verheerenden wirtschaftlichen Folgen der Kontinentalsperre, mit der England in die Knie gezwungen werden sollte – all dies führte dazu, dass die anfängliche Bewunderung mehr und mehr in Ablehnung und

Hass auf die Franzosen umschlug. Das erklärt den Zulauf von Freiwilligen bei den Befreiungskriegen, die 1813, nach dem desaströsen Russlandfeldzug Napoleons, begannen. Neben den regulären Truppen der von Preußen geführten Anti-Napoleon-Koalition wurden auch Freikorps aufgestellt, in denen sich viele Studenten engagierten.

Im Zeitraum von nicht mal einer Generation kam es vom Seufzer des schwärmenden jungen Ludwig Tieck – »O, wenn ich itzt ein Franzose wäre!«[11] zum nationalistischen Hassprediger Ernst Moritz Arndt: »Der Name Franzos muss ein Abscheu werden in deinen Grenzen, und ein Fluch, der von Kind auf Kindeskind erbt.«[12] Den Franzosenhass sah Arndt als Notwendigkeit an, er sollte als Triebmittel des deutschen Nationalismus, als Katalysator der angestrebten deutschen Einigung wirken und das Deutschtum von welschen Einflüssen reinigen: »Ich will den Hass gegen die Franzosen nicht bloß für diesen Krieg. Ich will ihn lange Zeit, ich will ihn für immer! Dieser Hass glühe als die Religion des deutschen Volkes, als ein heiliger Wahn in allen Herzen und erhalte uns immer in unserer Treue, Redlichkeit und Tapferkeit!«[13]

Schauerlich. Aber ähnliche Exzesse finden sich in der Propaganda des »Turnvaters« Friedrich Ludwig Jahn, Vorkämpfer einer nationalen Erziehung, und von »heiligem Wahn« durchtränkt, der sich am napoleonischen Wahn entzündete, war auch die Poesie der Befreiungskriege. In Theodor Körners »Lied von der Rache« wird die Lust beschworen, wenn das »Gehirn aus dem gespaltnen Kopfe / Am blutgen Schwerte klebt«, und weiter: »Wir türmen die Hügel ihrer Leichen / Zur Pyramide auf! / Dann brennt sie an, und streut es in die Lüfte, / Was nicht die Flamme fraß, / Damit kein Grab das deutsche Land vergifte / Mit überrhein'schem Aas!«[14]

Von der Idee der Menschenrechte und vom Universalismus der Revolution ist hier nichts mehr zu spüren. Der später hochverehrte Körner fiel 1813, noch vor der Völkerschlacht von Leipzig. Das Ende Napoleons und die Befreiung des deutschen Landes erlebte er nicht mehr.

Die erhoffte staatliche Einheit sollten die Befreiungskriege nicht bringen. Aber eines war in die Wege geleitet: eine Politisierung, in der sich Freiheitstöne und Nationalbewusstsein mit Franzosenhass mischten. Von der anfangs begrüßten napoleonischen Herrschaft mit ihren verheißungsvollen Reformen blieb am Ende nur eine rücksichtslose, aus dem Ruder gelaufene Militärdiktatur, eine Enttäuschung, die das Umkippen in Chauvinismus, ja Rassismus begünstigte. Man darf sich fragen, ob hierin nicht der größte politische Schaden der napoleonischen Herrschaft für Deutschland besteht.

Nach dem Einzug der preußischen und russischen Truppen nach Paris wurde Napoleon im April 1814 zur Abdankung und ins Exil auf die Insel Elba gezwungen, während in Frankreich mit Ludwig XVIII. wieder ein Bourbonenkönig den Thron bestieg. Im März 1815 kehrte Napoleon noch einmal für hundert Tage zurück. Auf seine endgültige Niederlage bei Waterloo folgte die Verbannung auf die Insel Sankt Helena im Südatlantik, wo er 1821 starb. Sein Sarg wurde 1840 nach Paris überführt und in einer nationalen Zeremonie im Invalidendom beigesetzt.

In Frankreich genießt der »Empereur« heute wie eh und je hohes Ansehen. Die Pariser Geographie der Straßennamen und Metrostationen ist reich bestückt mit Erinnerungen an napoleonische Schlachten, natürlich nur siegreiche – Castiglione, Mondovi, Bassano, Arcole, Rivoli, Pyramides, Aboukir, Marengo, Ulm, Austerlitz, Iéna, Eylau, Friedland, Wagram. Neben der Grande Armée haben auch seine Marschälle und Generäle ihre Avenuen und Boulevards, daneben die Friedensschlüsse von Campo Formio, Presbourg und Tilsitt, und auf dem Place Vendôme steht die aus erbeuteten Kanonen gegossene Siegessäule, von der Bonaparte im Cäsarengewand grüßt. Für viele bleibt er eine nationale Lichtgestalt. Der Handel mit Napoleon-Literatur und Devotionalien floriert, der Kult scheint ungebrochen. Allerdings wurde 2006 auf größere Feiern zum 200. Jahrestag des Sieges von Austerlitz verzichtet. Kurz nach den feurigen Unruhen in Frankreichs Vorstadtghettos und den Großdemos der Studenten waren Präsident und Regierung bemüßigt, jeden weiteren Zwist zu vermeiden. Es waren nämlich unter Frankreichs schwarzer Bevölkerung plötzlich Stimmen laut geworden, die anklagend darauf hinwiesen, dass Napoleon die zuvor während der Französischen Revolution abgeschaffte Sklaverei in den Kolonien wieder eingeführt hatte. Premierminister Dominique de Villepin hatte sich zwar vorher in einem Buch als Bewunderer Napoleons geoutet, war aber plötzlich anderweitig beschäftigt und sagte kurzfristig die Teilnahme am Austerlitz-Fest zu Füßen der Vendôme-Säule ab. Es war irgendwie nicht der rechte Moment.

Germanischer Chauvinismus

Nach dem Sturz Napoleons bemühten sich die Vertreter der europäischen Staaten auf dem Wiener Kongress 1814/15 um die Wiederherstellung vorrevolutionärer Zustände und die Wiedereinsetzung der alten Herrschaftsdynastien. In Deutschland trotzten Freiheitskämpfer diesen restaurativen Tendenzen. Freilich barg ihr Kampf gegen die vom Wiener Kongress installierten reaktionären Regime selbst einen reaktionären Keim, es mischten sich vorwärts- und rückwärtsgewandte Ideen. Groß blieb der Einfluss des »Turnvaters« Jahn, der in seinem Opus »Deutsches Volksthum« predigte: »Wer seinen Kindern die französische Sprache lehren lässt, ist ein Irrender; wer darin beharrt, sündigt gegen den Heiligen Geist; wenn er aber seinen Töchtern Französisch lehren lässt, so ist das ebenso gut, als wenn er ihnen die Hurerei lehren lässt.«

Das Wartburgfest am 4. Jahrestag der Völkerschlacht von Leipzig geriet dann zur Demonstration eines teilweise recht fragwürdigen Patriotismus. Jahn steuerte als zentralen Veranstaltungspunkt die erste moderne Bücherverbrennung bei. Es heißt, er habe selbst die als undeutsch geltenden Werke ausgesucht, die dann ein Jünger ins Feuer warf. Joeseph Goebbels hat das Verfahren bekanntlich als Propagandaminister des »Dritten Reiches« dankbar aufgegriffen. Unter den auf der Wartburg in die Flammen geworfenen Schriften waren sowohl der Code Napoléon als auch das Buch »Germanomanie« des jüdischen Schriftstellers Saul Ascher. Der burschenschaftliche Nationalismus hatte neben seiner antifranzösischen auch früh schon eine antisemitische Komponente.

Die Karlsbader Beschlüsse 1819 brachten das Verbot der Burschenschaften und verschärfte Pressezensur. Politische Friedhofsruhe senkte sich wie ein muffiger Teppich über die deutschen Lande. Patriotische Studenten wurden verhaftet oder ins Exil getrieben. Als 1830 die Pariser Julirevolution dem Restaurationsregime des Bourbonenkönigs Charles X. ein Ende bereitete, wehte erneut frischer Wind aus Frankreich herüber und ermutigte die liberale und demokratische Opposition. Aufmüpfig meldete sich das Junge Deutschland zu Wort, Schriftsteller wie Ferdinand Freiligrath, Georg Herwegh oder Karl Gutzkow stritten für Presse- und Meinungsfreiheit, einige gingen deutlich auf Distanz zum deutschtümelnden Getue der Turner und Burschenschaftler. »Ich hasse jede Gesellschaft, die kleiner ist als die menschliche«, verkündete Ludwig Börne. Heinrich Heine zog gleich ganz nach Paris um, ins revolutionäre »neue Jerusalem«, um von dort aus deutschen Lesern die »französischen Zustände« näherzubringen. 1835 wurden Heines Schriften wie die der Jungdeutschen auf Beschluss des Frankfurter Bundestages in ganz Deutschland verboten. Es wurde ihnen vorgeworfen, »die bestehenden Verhältnisse herabzuwürdigen und alle Zucht und Sittlichkeit zu zerstören«.[15]

Im Jahr 1840 erhob Frankreich erneut Ansprüche auf die linksrheinischen Gebiete. Schon während der Französischen Revolution war die Forderung nach dem Rhein als natürlicher Grenze laut geworden. Tatsächlich spricht man in Frankreich auch heute gern von »outre-Rhin«, wenn ganz allgemein Deutschland gemeint ist. Aber es denkt sich niemand etwas Böses dabei. 1840 war die Rheingrenze jedenfalls in Frankreich eine populäre Forderung und erregte die Öffentlichkeit. Bei den Deutschen legten sich die Produzenten nationaler Rheinsymbolik ins Zeug. Ernst Moritz Arndt zeigte sich in antifranzösischer Hochform: »Nun brause fröhlich, Rhein: / Nie soll ob meinem Hort / Ein Wälscher Wächter sein!«[16] Nikolaus Becker verfasste das Gedicht »Der deutsche Rhein«, darinnen es heißt: »Sie sollen ihn nicht haben, / Den freien deutschen Rhein«, ein Dauerbrenner über Jahrzehnte, und Max Schneckenburger veröffentlichte mit dem Lied »Die Wacht am Rhein« gar eine Art zweiter Nationalhymne. Ihre Verse sind in den Sockel des 1883 eingeweihten Niederwalddenkmals eingemeißelt. Kraftstrotzend und wehrhaft hockt bei Rüdesheim die Walküre Germania überm Strom und schaut drohend gen Westen. Die Dame selbst wurde aus französischen Beutekanonen gegossen, ein Gegenstück zur Pariser Vendôme-Säule, deren Bronzeschaft aus Kanonen besteht, die die französischen Truppen in Austerlitz erbeutet hatten.

Vor dem Hintergrund einer schweren Wirtschaftskrise lieferten Proteste gegen das Zensuswahlrecht in Paris den Auslöser der Revolution von 1848. Im Februar wurde der durch die Julirevolution von 1830 eingesetzte Bürgerkönig Louis Philippe entmachtet, eine provisorische Regierung verkündete die Republik – die zweite nach der von 1792. Erneut sprang der revolutionäre Zündfunke aus Paris auf Deutschland über. Aber ein weiteres Mal wurden die Hoffnungen des republikanischen Lagers enttäuscht. Die deutsche Revolution scheiterte, ihre Protagonisten wurden gnadenlos verfolgt. Und Paris erlebte nach den Verbrüderungsszenen des Februar zwischen Bürgern und Arbeitern im Juni den zweiten, hässlicheren Teil der 48er Revolution: Der Klassengegensatz war deutlich aufgebrochen, brutal ließ die Regierung den Aufstand Pariser Arbeiter niederschlagen. Danach ließ sich der Neffe von Napoleon, Louis Bonaparte, zum Präsidenten wählen und schuf 1851 per Staatsstreich die Voraussetzungen für sein »Zweites Kaiserreich«. Die Idee vom demokratischen Europa war bis auf weiteres auf Eis gelegt.

Der Krieg von 1870/71

Nicht nur die deutschen Nationalisten entwarfen Negativkarikaturen von der gegnerischen Seite. Zu einer zünftigen Erbfeindschaft gehören zwei.

Schon im Verlauf der Französischen Revolution, also parallel zur Verbreitung des nationalen Gedankens, war in Frankreich das Bild des Deutschen als »Barbaren« aufgetaucht. Während die eigene Nation als Hort der Zivilisation definiert wurde, sah man im Osten kriegerische, dumpf-brutale Finsterlinge, die aus ihren dunklen germanischen Wäldern hervorbrachen. Solche Vorstellungen verfestigten sich allmählich zu Stereotypen, die bei jeder neuen Konfrontation mit den Nachbarn wieder belebt werden konnten.

Nachdem infolge sich hochschaukelnder Spannungen Frankreich im Juli 1870 Preußen den Krieg erklärt hatte, las man etwa im *Petit Journal*: »Wir segnen ihn, diesen Krieg, weil durch ihn die Flut der Barbaren niedergeschlagen wird! Und unserem durch die grässliche Invasion entehrten Frankreich werden wir im Blut der germanischen Fürsten eine neue Jungfräulichkeit schaffen!« Während der Krieg von 1870/71 für die Franzosen ein Kampf der Zivilisation gegen die Barbarei war, stiftete er für die Deutschen die lang ersehnte Einheit. Am 1. September 1870 war mit der Niederlage von Sedan das Schicksal Napoleons III. besiegelt. An der Seite Preußens hatten sich auch die süddeutschen Fürsten am Krieg beteiligt. Der preußische Kanzler Otto von Bismarck nutzte die Siegeseuphorie nach Verträgen mit den Einzelstaaten zur Gründung des Deutschen Reiches.

Am 18. Januar 1871 wurde im Spiegelsaal von Versailles der Preußenkönig Wilhelm I. zum deutschen Kaiser proklamiert. Für Frankreich war das eine bittere Demütigung, aber noch schlimmer war die im Friedensvertrag festgelegte Abtretung des Elsass und eines Teils von Lothringen. Von den 1,6 Millionen Einwohnern der abgetrennten Gebiete wanderten rund 100 000 nach Frankreich aus, vor allem aus der Gegend um Metz, wo schon lange kein Deutsch mehr gesprochen wurde.

Die Feindbilder, die aberwitzigen Vorurteile und Hassausbrüche waren von Anfang an keineswegs bloß eine Sache des sogenannten Pöbels, sondern wurden beiderseits von hochgebildeten Angehörigen der kulturellen Eliten hervorgebracht. 1871 schreibt der Autor Paul de Saint Victor: »Wenn wir aber wollen, dass Frankreich sich wieder zu seiner ganzen Größe erhebt, beeilen wir uns, diesen dringlichen, lebendigen und wesentlichen Hass in seine Seele zu senken! Halten wir diesen Hass lebendig wie ein heiliges Feuer! Lernen wir zu hassen! Man liebt Frankreich, indem man Preußen verabscheut.«[17] Bald sollte es erneut Gelegenheit geben, das »heilige Feuer« auflodern zu lassen.

Der große Krieg

Als im Jahr 2001 von der französischen Regierung entschieden wurde, einen dritten Pariser Großflughafen im Département Somme, 125 Kilometer nördlich der Hauptstadt, zu bauen, kam es zu massiven Protesten, die sich bald über die betroffenen Gemeinden hinaus ausweiteten. Die Bewohner des Santerre-Plateaus in der Picardie demonstrierten nicht nur mit überraschender Heftigkeit gegen das programmierte Verschwinden ihrer Dörfer, sondern sie führten ein unerwartetes Argument an: Die für den Airport vorgesehene Lokalität liegt auf dem Gebiet der Somme-Schlacht, in der 1916 über eine Million Menschen ihr Leben ließen. Die Gegend ist übersät mit französischen, britischen und deutschen Soldatenfriedhöfen. Die aber hätten dem Flughafen weichen müssen, Tausende von Gräbern wären umgebettet worden.

Im Herbst 2001 zeigt mir der Wirt des Cafés von Vermandovillers, einem der bedrohten Dörfer, sein Fotoalbum: »Schauen Sie! So sah das hier aus! Das Dorf war verschwunden, alles bloß Bom-

bentrichter, kein Haus, kein Baum, kein Strauch!« Die Gegend
sei nach dem Krieg als »rote Zone« eingestuft, als unbrauchbar
aufgegeben worden. Aber die Großeltern seien trotzdem zurück-
gekommen und hätten alles wieder aufgebaut. Die anderen Gäste
mischen sich ein: »Wenn man hier mit dem Bagger einen Graben
aushebt, stößt man immer noch auf Skelette, Stahlhelme, Koch-
geschirre, Waffenteile!« Früher hätten die Landarbeiter mehr
Geld mit dem Verkauf von Altmetall verdient als mit der Feld-
arbeit. All das erweckt den Eindruck, als sei dieser Krieg erst vor
kurzem beendet worden. Bei genauerem Hinsehen sind seine Spuren zu erkennen. Die Dörfer mit ihren Kirchturmspitzen aus Beton
tragen den Stempel der 1920er Jahre, und die zahllosen Soldaten-
friedhöfe werden als Bestandteil der regionalen Identität angesehen. »Der Friedhof gehört zu unserem kulturellen Erbe«, erzählt
der Friedhofsgärtner des Nachbardorfs. In seiner Schulzeit sei er
jedes Jahr am Nationalfeiertag, dem 14. Juli, und am Tag des Waffenstillstands von 1918, dem 11. November, mit der Klasse dorthin gezogen, um die »Marseillaise« zu singen. Und dann liest er
aus dem Gästebuch vor, in dem sich Besucher zum Flughafen-
Projekt geäußert haben: »Verflucht sei, wer sich an den Gräbern
derer vergreift, die für unsere Freiheit gestorben sind [...] wer ihre
Ruhestätten mit Beton überziehen will [...] Vergreift euch nicht
an unseren Toten, lasst sie in der Erde schlafen, die sie so tapfer
verteidigt haben. Ihre Ruhe zählt mehr als ein Flughafen!«

Das Projekt wurde dann zurückgezogen. Angesichts der immer
höher schwappenden Protestwelle war es nicht mehr haltbar. Die
Staatstechnokraten hatten einen sensiblen Faktor ignoriert.

Die Erinnerung an den Ersten Weltkrieg, »la Grande Guerre«,
ist in Frankreich weitaus lebendiger als in Deutschland, wo die
Schrecken des Zweiten Weltkriegs jene des Ersten in graue Vor-
zeit verdrängt zu haben scheinen. Das hat sicher auch damit zu
tun, dass der Erste Krieg zum großen Teil in Frankreich stattgefunden und dort markante Spuren hinterlassen hat. Außerdem
hat er unter den Franzosen ungleich viel mehr Opfer gefordert
als der Zweite. Seine bekannteste Gedenkstätte befindet sich bei
der ostfranzösischen Stadt Verdun, wo 1916 eine der blutigsten
Schlachten getobt hatte. Als sich dort am 22. September 1984
Präsident François Mitterrand und Kanzler Helmut Kohl zur
Bekräftigung der deutsch-französischen Freundschaft die Hände
reichten, wurde dieser Geste in Deutschland weitaus weniger

Bedeutung beigemessen als in Frankreich. Manchen Deutschen erschien sie sogar albern oder kitschig. Die Franzosen aber waren bewegt. Sie haben eben zu diesem Krieg ein viel intensiveres Verhältnis.

Der Erste Weltkrieg brach im Juli 1914 nach den tödlichen Schüssen auf den österreichischen Thronfolger in Sarajevo aus. Dem Deutschen Reich und Österreich-Ungarn stand eine Koalition aus Frankreich, Großbritannien, Russland und Serbien gegenüber. In Deutschland wie in Frankreich begleitete ein hurrahpatriotisches Konzert den Kriegsausbruch. Die Propaganda schlug hohe Wellen und erreichte neue, rassistische Qualitäten. So machte die Teilnahme afrikanischer Kolonialtruppen aus den Franzosen ein »Mischlingsvolk«. Dunkelhäutige Gestalten mit gebleckten Zähnen tauchten in der deutschen Kriegspropaganda auf, dazu der höhnische Hinweis auf die Hüter der vielgepriesenen Zivilisation und Kultur. Zuvor war in französischen Kampagnen der Einsatz schwarzer Soldaten gezielt hervorgehoben worden. Es waren Postkarten in Umlauf gebracht worden, auf denen sich ein schwarzer Soldat eine Kette aus abgeschnittenen Feindesohren um den Hals hängt. Das Ziel war, Angst und Schrecken zu verbreiten, und es wurde erreicht. Thomas Mann erregte sich über die Ungeheuerlichkeit, auf Deutschland »Hottentotten loszulassen«[18]. Und im Oktober 1914 gaben im »Aufruf der Dreiundneunzig« namhafte deutsche Vertreter von Wissenschaft und Kultur ihrer Empörung Ausdruck, darunter Max Planck, Wilhelm Röntgen, Gerhart Hauptmann, Engelbert Humperdinck und Max Reinhardt: »Sich als Verteidiger europäischer Zivilisation zu gebärden, haben die am wenigsten das Recht, die sich mit Russen und Serben verbünden und der Welt das schmachvolle Schauspiel bieten, Mongolen und Neger auf die weiße Rasse zu hetzen.« Im Gegenzug teilten französische Gelehrte mit, schon an ihrer Schädelform sei abzulesen, dass die Deutschen eine ethnische Veranlagung zum Barbarentum hätten. Und eine naturwissenschaftliche Zeitschrift wies 1915 auf den besonderen Geruch der deutschen Rasse hin: »Dass die Deutschen einen üblen Geruch verbreiten, ist unbezweifelbar! Was die Art dieses speziellen Geruchs angeht, herrscht weniger Übereinstimmung. Viele vergleichen ihn mit dem ranzigen Fettes. Andere versichern, dass er den Ausdünstungen Nichtsesshafter ähnle. Manche entdecken in ihm Ähnlichkeiten

*Schützengraben der Somme-Schlacht im Erinnerungspark
Beaumont-Hamel*

mit dem faden Geruch aus Kaninchenställen, dem Geruch abgestandenen Bieres oder geronnener Milch, mit dem Geruch eines schlecht besorgten Hühnerstalles oder einer Tonne alten Pökelfleisches.«[19]

Verbreitete Schimpfworte für die Deutschen waren »Fritz« oder »Fridolin«, vor allem aber die schon im 19. Jahrhundert aufgetauchte Bezeichnung »Boche«, für deren Entstehung es keine eindeutige Erklärung gibt. Fest steht nur, dass mit dem Wort eine besondere Abscheu zum Ausdruck gebracht wird. Die Frage, was mit den Babys geschehen sollte, die nach Vergewaltigungen französischer Frauen durch »Boche«-Soldaten geboren wurden, erregte die Gemüter. Gegen die Befürworter der ansonsten streng verbotenen Abtreibungen, die von der »Infektion« des Volkskörpers durch »teutonische Spermatozoiden« faselten und die biologische Zukunft der französischen Rasse gefährdet sahen, regelte der Staat die Sache und führte die »Boche«-Bastarde der Fürsorge zu, unter Wahrung strikter Anonymität.

Im festgefahrenen Krieg lagen sich Franzosen, Briten und Deutsche monatelang in Schützengräben gegenüber. Hunderttausende wurden in sinnlosen Attacken verheizt. Der Stellungskrieg schuf Mondlandschaften aus Bombentrichtern und Stacheldraht. Heute haben die konservierten Schützengräben der Somme-Schlacht etwas von einem gepflegten Golfplatz. Wie die ebenfalls erhaltenen Explosionskrater werden sie erstaunlich viel besucht. Ausflugsziele sind auch die Schlachtfelder am Chemin des Dames, einem kahlen, von Friedhöfen gesäumten Höhenzug südlich von Laon in der Picardie. Dort wurde die »Caverne du Dragon« zu einer kriegstouristischen Attraktion hergerichtet: Ein Höhlensystem, das die Deutschen sukzessive zu einer Festung mit Unterkünften, Lazarett, Kapelle und Freizeiträumen ausgebaut hatten. Jahrelang hatten darin Tausende von Männern gehaust. Seit kurzem lockt eine aufwendige museographische Gestaltung mit raffinierten Beleuchtungseffekten, Bildprojektionen und diskreter Beschallung zahlreiche Besucher an. Im Shop kann man das »Chanson de Craonne« in der neuen Version von Maxime Le Forestier erwerben, ein Lied voller Pessimismus und Kriegsmüdigkeit, das die französischen Frontsoldaten am Chemin des Dames gesungen hatten.

Eine seriösere Anlaufstelle zur Auseinandersetzung mit dem Ersten Weltkrieg ist das Historial de la Grande Guerre, das 1992 in Péronne an der Somme eröffnet wurde. Die helle, weitläufige, moderne Einrichtung bemüht sich, ohne nationale Vorurteile Informationen über den Krieg, seine Voraussetzungen, Erscheinungsformen und Folgen zu vermitteln. Historiker aus Frankreich, Deutschland und Großbritannien waren am Konzept beteiligt, alles wird in drei Sprachen präsentiert. Auch Schulen werden ganztägige Programme angeboten.

In Deutschland ist seit dem 1929 veröffentlichten Roman »Im Westen nichts Neues« von Erich Maria Remarque außer wissenschaftlichen Publikationen nichts Nennenswertes mehr zum Ersten Weltkrieg erschienen. Ganz anders in Frankreich: Hier war das Interesse nie erloschen, scheint aber in den letzten Jahren besonders zuzunehmen. Kaum ein Jahr vergeht ohne neue Romane zum Thema, und unerschöpflich ist »la guerre de 14« (der Krieg von 1914) auch für die Filmproduktion: Bertrand Taverniers »La vie et rien d'autre« von 1989 (dt. »Das Leben und nichts anderes«), »La chambre des officiers« (Das Zimmer der Offiziere) von François Dupeyron 2001, »Un longue dimanche de financailles« (dt. »Mathilde – Eine große Liebe«) von Jean-Pierre Jeunet 2004, »Les âmes grises« (Die grauen Seelen) von Yves Angelo 2005, »Joyeux noël« (Merry Christmas) von Christian Carion 2005.

Ein früher oft benutzter Ausdruck für »la Grande Guerre« war übrigens »La der des ders« – la dernière des dernières, der Allerletzte. Man hatte gedacht, danach könne in dieser Art nichts mehr kommen.

Zwischen den Kriegen

Bei Kriegsende 1918 hatte Frankreich 1,4 Millionen Kriegstote, drei Millionen Verwundete und Krüppel zu beklagen. Drei Millionen Hektar Land waren verwüstet, Fabriken zerstört, Bergwerke überflutet, der ganze Norden und Osten des Landes verheert. Am 28. Juni 1919 wurde am Ort der vormaligen deutschen Kaiserproklamation, im Spiegelsaal des Schlosses von Versailles, jener Friedensvertrag unterzeichnet, der als Versailler Vertrag in die Geschichte einging. Das Deutsche Reich musste darin seine alleinige Kriegsschuld anerkennen und wurde harten Restriktionen unterworfen. Der Vertrag sah gegenüber Frankreich nicht nur die Rückgabe des Elsass und der annektierten Teile von Lothringen vor, sondern auch die Besetzung des linken Rheinufers für 15 Jahre, die provisorische Abtrennung des Saargebiets und dessen wirtschaftliche Ausbeutung durch Frankreich, außerdem Reparationszahlungen in Höhe von 20 Milliarden Goldmark. Zehn Jahre lang sollte Deutschland Frankreich sieben Millionen Tonnen Kohle pro Jahr liefern, dazu 5000 Hengste und 90 000 Milchkühe. Bis in die achtziger Jahre des 20. Jahrhunderts sollten die Deutschen zahlen. Der Versailler Vertrag beruhte auf einem fatalen Fehlkalkül: Der Erbfeind sollte geschwächt werden, aber nichts hat den Nazis, die gegen das »Versailler Schanddiktat« wetterten, so viel Auftrieb verschafft.

Über die Einhaltung der fristgerechten Ablieferung wachte eine Reparationskommission unter französischer Leitung. Zwar bemühte sich die Reichsregierung um eine Verringerung der Reparationslasten, aber Frankreich blieb hart. Als Deutschland mit der Lieferung von Kohle und mehreren hunderttausend Telegraphenmasten im Verzug blieb, beschloss die französische Regierung gegen die Warnung der Briten die Besetzung des Ruhrgebiets. Am 11. Januar 1923 rückten die Truppen ins Revier ein, darunter etwa 20 000 farbige Soldaten. Das Schlagwort von der »Schwarzen Schmach« kam auf. Die Nazis betrieben nach ihrem Machtantritt die Sterilisierung der sogenannten Rheinland-Bastarde.

Schon am Tag des Einmarsches forderte Reichspräsident Friedrich Ebert die Ruhrgebiets-Bevölkerung auf, passiven Widerstand zu leisten. Ein Generalstreik ließ im Ruhrgebiet Wirtschaft und Transportwesen zusammenbrechen. »Unter dem Zwang der Bajonette leisten wir nichts«, sagte Finanzminister Andreas Hermes im Reichstag. Die französische Stahlindustrie war jedoch auf die deutsche Kohle angewiesen. Die streikenden Eisenbahner wurden durch Besatzungssoldaten ersetzt. Die Franzosen griffen hart durch und riegelten das Ruhrgebiet durch eine Zoll- und Passgrenze vom übrigen Deutschland ab. 130 000 Einwohner wurden ins Reich ausgewiesen. Beim Essener »Blutsamstag« am 31. März 1923 fielen 13 Krupp-Arbeiter bei Zusammenstößen französischen Kugeln zum Opfer.

Im Juni wurde der gesamte Bahnverkehr nach draußen eingestellt. Deutsche Freikorpsverbände verübten Sabotageakte, sprengten Schienen und Brücken, versenkten Schiffe. Der Frei-

korpsmann Albert Leo Schlageter wurde nach seiner standrecht-
lichen Erschießung durch die Franzosen zum nationalen Helden
hochgejubelt. Die Nazis sahen in ihm einen Vorkämpfer, nach
dem Endsieg wollten sie Düsseldorf in »Schlageterstadt« umbe-
nennen.

Auf abenteuerlichen Wegen ließ die Reichsregierung Unterstüt-
zungszahlungen für die Ruhr-Bevölkerung einschmuggeln. Autos
mit doppeltem Boden wurden eingesetzt, als Bergleute verkleidete
Beamte unterwanderten die Grenze durch Bergwerksstollen. Aber
wegen der rasenden Inflation waren immer größere Geldmengen
vonnöten. Und wenn das Geld nach drei, vier Tagen ankam, hatte
es einen großen Teil der Kaufkraft verloren. Der Wettlauf gegen
die Inflation war nicht zu gewinnen. Im Juli 1923 stieg der Preis
für ein Pfund Kartoffeln in 14 Tagen von 8000 Mark auf 100 000
Mark. Unternehmer begannen, sich mit den Besatzern zu arrangieren. Auch viele Eisenbahner brachen den Streik ab, da sie
nun in Francs bezahlt wurden, statt in wertloser Papiermark. Im
September 1923 hatten die Hilfsgelder der Reichsregierung fürs
Ruhrgebiet das Sümmchen von 3500 Billionen Mark pro Woche
erreicht. Für die folgende Woche drohte eine Verdoppelung. Die
Reichsregierung war am Ende. Aber unter Einfluss der Amerikaner, die eine langfristige Destabilisierung Deutschlands fürch-
teten, wurden nun die Reparations-Jahresraten der deutschen
Leistungsfähigkeit angeglichen. In Frankreich kam eine neue Regierung an die Macht, die Raymond Poincarés Politik der Härte
aufgab. Ab Juli 1925 wurden die Truppen aus dem Ruhrgebiet
abgezogen.

Die Ruhrkrise hatte im besetzten Rheinland den Befürwortern
einer Rheinischen Republik mit enger Anbindung an Frankreich
Auftrieb gegeben. Schon 1919 hatte der Kölner Oberbürger-
meister Konrad Adenauer die Zugehörigkeit zu Preußen als »pro-
testantische Fremdherrschaft« bezeichnet und sich für eine Rhei-
nische Republik, allerdings im Rahmen des Deutschen Reiches,
stark gemacht. Aber mit dem, was dann 1923 geschah, wollte
Adenauer nichts zu tun haben: Rabiate Separatisten kaperten Rathäuser, besetzten mit Unterstützung französischer Militärs das
Koblenzer Schloss und bildeten dort eine »vorläufige Regierung
der Rheinischen Republik«. Alsbald wurde eigenes Rheinland-
Papiergeld in Umlauf gebracht und die grün-weiß-rote Flagge
gehisst, wie sie schon 1797 bei der nie zustande gekommenen

Cisrhenanischen Republik vorgesehen war. Den französischen Vorstellungen eines von Frankreich abhängigen rheinischen Pufferstaats kam das zwar entgegen, aber dann lief die Bewegung aus dem Ruder. Als die separatistischen »Rheinland-Schutztruppen« marodierend und plündernd umherzogen, stießen sie auf den Widerstand der Bevölkerung, es kam zu Schießereien, das Abenteuer endete im Chaos. Die Franzosen gingen schließlich auf Distanz zu den anfangs geförderten neuen Kräften. Etwa zwei Monate hatte der Separatisten-Spuk gedauert.

Das Saargebiet war 1920 gemäß dem Versailler Vertrag vom Reichsgebiet abgetrennt und mit einem Mandat des Völkerbunds für 15 Jahre unter französische Verwaltung gestellt worden. 1935 sollte per Volksabstimmung über die zukünftige Zugehörigkeit entschieden werden. Bis dahin wurde die saarländische Kohle- und Stahlindustrie von Frankreich genutzt. Auch die Währung war französisch. Bis 1933 hatten sich alle saarländischen Parteien für eine Wiedereingliederung ins Deutsche Reich stark gemacht. Nach Hitlers »Machtergreifung« schwenkten Teile der Katholiken und die Linke um. Nun wurde auf einmal für die Beibehaltung des Status quo plädiert. Vor den Nazis geflohene Prominente warfen sich in die Schlacht – so die Brüder Heinrich und Thomas Mann, Kurt Tucholsky, Max Ophüls oder John Heartfield. Der Sozialdemokrat Max Braun verkündete voll Optimismus: »Wir schlagen Hitler an der Saar!« Sehr eifrig agitierte gegen den Wiederanschluss ein saarländischer Jungkommunist namens Erich Honecker. Und Bertolt Brecht steuerte zum Wahlkampf sein Gedicht »Haltet die Saar, Genossen!« bei. Es nützte nichts. Die Mehrheit der Saarländer wollte »heim ins Reich«. Hitler spendierte ihnen dafür ein neues Theater.

»Monsieur Hitler«

Am 30. Januar 1933 war Adolf Hitler von Reichspräsident Paul von Hindenburg zum Reichskanzler ernannt worden. In Frankreich wurde auf die Machtergreifung teilweise entsetzt oder doch sorgenvoll reagiert. Aber von Anfang an schrieben Teile der Presse betont respektvoll über »Monsieur Adolf Hitler«, wiegelten Bedenken ab, zeigten Verständnis. »Vergessen wir nicht, dass Hitler den Kampf gegen den Kommunismus für die Verteidigung der abendländischen Zivilisation und die christliche Idee führt«, gab die katholische Zeitschrift *Le Correspondant* am 25. März 1933 zu bedenken. Eine Lesart, die im französischen Bürgertum recht verbreitet war. Für viele schien von der Sowjetunion eine weitaus größere Bedrohung auszugehen als von der NS-Herrschaft in Deutschland.

Gleich von 1933 an warb die neue deutsche Regierung um französische Intellektuelle. Als Frankreich-Spezialist der NSDAP wurde Otto Abetz aufgebaut, ein junger, blonder, smarter Nazi, dem es gelang, mit einer Reihe namhafter Schriftsteller freundschaftliche Kontakte zu knüpfen. Er vermittelte auch ein Interview, das Bertrand de Jouvenel im Februar 1936 für die auflagenstarke Tageszeitung *Paris Midi* mit Hitler machte. »Der Mann ist ganz anders, als ich ihn mir vorgestellt habe«, schrieb der Reporter. Eine gesunde Gesichtsfarbe, aber gar nichts Kantiges, Angespanntes stellte er beim Führer fest, der auf ihn den Eindruck eines glücklichen Menschen mache. Er hätte auch so schöne lange weiße Hände. »Ich staune: Was, dieser Mann, der so einfach ist, der so sanft spricht, so vernünftig, freundlich, humorvoll, das soll der furchterregende Massenbeweger sein, der den wilden Enthusiasmus der ganzen deutschen Nation ausgelöst hat und in dem die ganze Welt eines Tages eine Kriegsdrohung zu sehen geglaubt hat?« Und der entzückte Jouvenel kommentierte: »Dieser Mann hat sich gewaltige Aufgaben gesetzt: die gesamte Mentalität des deutschen Volkes zu ändern, vor allem des preußischen, Schluß zu machen mit dem alten deutsch-französischen Haß [...]«

Eine Woche darauf, im März 1936, schickte Hitler die Wehrmacht ins demilitarisierte Rheinland. Das Ausbleiben einer Reaktion war für ihn äußerst ermutigend. Von französischer Seite wurde in der Folgezeit noch manch anderes ohne größeren Widerstand hingenommen.

Zur gleichen Zeit suchten Emigranten aus Deutschland und Österreich Zuflucht in Frankreich. Für viele waren die Lebensbedingungen erbärmlich. Sie hausten in armseligen Absteigen, lebten von Verpflegungsgutscheinen der Hilfskomitees, verbrachten die Tage in billigen Cafés. »Kein Geld – auch Paris wird dann kleiner«, erkannte Ernst Bloch, dessen Frau putzen gehen musste.[20] Die meisten fühlten sich nicht sehr willkommen im Hauptaufnahmeland der Anti-Nazi-Flüchtlinge und bekamen die verbreitete Abneigung gegen die »Boches« zu spüren. Die Familie von

Alfred Döblin begann untereinander Französisch zu sprechen, um nicht unangenehm aufzufallen. Sie kamen eben aus dem Land des Erbfeinds, auch wenn sie vor Hitler davonliefen. Die Rechten wetterten obendrein gegen die jüdisch-bolschewistische Unterwanderung durch deutsche Flüchtlinge. Politisch links orientierte Franzosen zeigten mehr Verständnis und interessierten sich gelegentlich auch für die deutsche Kulturarbeit im Exil, die Verlage, die Zeitschriften, die Deutsche Freiheitsbibliothek und die deutschsprachigen Bühnenstücke. Brechts »Die Gewehre der Frau Carrar« wurde am 16. Oktober 1937 sogar in Paris uraufgeführt.

Im Juni 1935 fand auf Initiative von Anna Seghers im Pariser Palais de la Mutualité ein antifaschistisches Großereignis statt: der Erste Internationale Schriftstellerkongress zur Verteidigung der Kultur. Intellektuelle aus ganz Europa nahmen teil – Bert Brecht, Heinrich Mann, Robert Musil, Ernst Bloch, Egon Erwin Kisch, Boris Pasternak, Isaak Babel, Aldous Huxley. Auch Franzosen waren darunter: Paul Nizan, Louis Aragon, André Malraux, André Gide, André Breton. Eine geballte intellektuelle Streitmacht, die sich noch einige Illusionen über ihren Einfluss machen konnte: »Wir sind sicher, daß in diesem Saal auch jenes Gespenst der deutschen Gestapo hockt, das uns folgt wie ein zäher Schatten. Wir erklären ihm vor ihnen allen: Blockiert eure Grenze, unsere Literatur wird die Blockade doch durchbrechen! Zieht euer Netz so dicht wie ihr wollt, wir zerreißen es immer wieder!«, beschwor Gustav Regler die Macht der Literatur.

Etwas besser gestellte Exilanten sammelten sich am Mittelmeer, besonders viele ließen sich in Sanary-sur-Mer nieder, einem damals noch bescheidenen Fischerdorf nicht weit von Toulon. Es waren so viele, dass Ludwig Marcuse scherzhaft von der »heimlichen Hauptstadt der deutschen Literatur« sprach. Nicht alle wohnten in noblen Villen mit Meeresblick wie Lionel Feuchtwanger und Thomas Mann, dennoch war das mediterrane Nest bis zum Kriegsausbruch ein vergleichsweise erträgliches Exil.

Etwas entspannter wurde die Situation der Emigranten ab Juni 1936 mit der Volksfrontregierung unter Léon Blum. Le Front Populaire, die politische Einheitsfront der Linken, war als Reaktion auf den rechtsgerichteten Aufstandsversuch vom 6. Februar 1934 zustande gekommen. Republikfeindliche Bünde waren zur Nationalversammlung marschiert, jedoch auf der Place de la Concorde mit Waffengewalt gestoppt worden. Im Mai 1936 erzielte das neue Bündnis aus Sozialisten und Kommunisten einen deutlichen Wahlsieg. Ein landesweiter Großstreik als Ausdruck der Freude war die erste Reaktion. Aus dem norwegischen Exil frohlockte Leo Trotzki voreilig: »Die französische Revolution hat begonnen.« Radikale Umwälzungen standen indessen nicht auf dem Programm, nur einige Sozialreformen. Aber selbst wenn die Ergebnisse bescheiden blieben – Lohnerhöhung, Einführung von Arbeiterdelegierten, 40-Stunden-Woche, erstmals bezahlte Ferien –, war es ein entsetzlicher Schock für Frankreichs Bourgeoisie. Der Pöbel macht sich an »unseren« Stränden breit! Arbeiterfamilien mit ihren lauten Gören in Deauville!

Inspiriert von der Front Populaire, traf sich im Pariser Hotel »Lutetia« unter Vorsitz von Heinrich Mann ein Kreis von exilierten Intellektuellen und Parteipolitikern der Linken mit dem Ziel, ihrerseits eine deutsche Volksfront ins Leben zu rufen, die das neue Deutschland nach Hitler vorbereiten sollte. Neben führenden Sozialdemokraten nahmen Kommunisten wie Herbert Wehner und Walter Ulbricht an den Konferenzen des »Lutetia«-Kreises teil, als Delegierter der Sozialistischen Arbeiterpartei (SAP) kam einmal auch der junge Willy Brandt nach Paris. Nach langem fruchtlosen Gerangel hielt im April 1937 Heinrich Mann noch einen Vortrag zum Thema »Was will die deutsche Volksfront?«. Aber eben dies wusste sie nicht so recht, sie blieb ein totgeborenes Kind. Die internen Differenzen waren schier unüberwindbar.

Ebenfalls 1937 ließ sich das Pariser Publikum auf der Weltausstellung durch Albert Speers monumentalen deutschen Pavillon und Arno Brekers »Urmenschenpaar« beeindrucken. Ein Jahr zuvor, bei den Olympischen Spielen in Berlin, hatte die französische Mannschaft zu den wenigen gehört, die mit Hitlergruß an der Führertribüne vorbeimarschierten.

So wie seitens der Regierung bis auf ein paar matte Proteste nichts unternommen worden war, als Hitler das Rheinland remilitarisierte, gab es auch im März 1938 beim Anschluss Österreichs keine größeren Reaktionen. Nicht nur unter den Rechtsextremisten war die Ansicht verbreitet, dass dieses Nazi-Deutschland ein nützliches Bollwerk gegen den Bolschewismus darstellte. Auch galt es, um jeden Preis einen neuen Krieg zu verhindern. Allzu frisch waren die Erinnerungen an das Gemetzel des Ersten Weltkriegs, allzu groß noch das Grauen. Und so schien es denn vor allem wichtig, den Frieden zu bewahren, als Hitler noch ein

Stück weiter ging und säbelrasselnd drohte, das Sudetenland gewaltsam zu annektieren. Am 30. September 1938 trafen sich die Regierungschefs Großbritanniens und Frankreichs, Neville Chamberlain und Edouard Daladier, in München mit Mussolini und Hitler und unterzeichneten unter Missachtung bestehender Beistandsverpflichtungen das Münchner Abkommen. Darin stimmten sie den deutschen Forderungen nach Demontage der Tschechoslowakei zu. Als Premierminister Daladier heimkehrte, wurde er bei seiner Ankunft von einer enthusiastischen Menge als Friedensretter bejubelt. »Ihr Idioten, wenn ihr wüsstet …«, soll er gemurmelt haben, als er aus dem Flugzeug stieg.[21]

Er ahnte wohl, dass diese Politik des Appeasements bei Hitler nicht viel nützen würde. Sie brachte gerade ein Jahr Aufschub, dann hatte man den Krieg und die Schande obendrein, ein schwerer Schlag fürs französische Selbstbewusstsein und Auslöser eines lang anhaltenden Traumas. Nach dem Zweiten Weltkrieg wurde »Munich« zum Symbolwort für Schande, Defätismus und pazifistische Verirrung.

Vier Jahre Besatzung

Auf den deutschen Überfall auf Polen am 1. September 1939 folgte dann doch eine französische Kriegserklärung an das Deutsche Reich. Aber während der ersten acht Monate geschah fast gar nichts. »Drôle de guerre« wurde diese Phase genannt, so viel wie »Sitzkrieg«. Eigentlich hätte Frankreich dem Bündnispartner Polen beistehen müssen, aber die Armee zog es vor, sich in den Bunkern der Maginotlinie, des zum Schutz vor deutschen Invasionen im Osten des Landes gebauten Befestigungssystems, zu verschanzen und abzuwarten. Die Deutschen hatten Zeit, ihren Polen-Blitzkrieg zu beenden. Dann erst wandten sie sich dem Westen zu, und in wenigen Wochen war Frankreich geschlagen – die Niederlage war beispiellos, ein Debakel.

Acht Millionen Franzosen, so wird geschätzt, flohen von Panik getrieben Richtung Süden. Am 14. Juni 1940 marschierte die Wehrmacht in Paris ein, am 22. Juni wurde der Waffenstillstand unterzeichnet, auf Hitlers ausdrücklichen Wunsch im selben Eisenbahnwaggon bei Compiègne nördlich von Paris, in dem 1918 die deutsche Niederlage besiegelt worden war. Zwei Tage später kam der Feldherr für ein paar Stunden nach Paris, ein bisschen Sightseeing in aller Herrgottsfrühe, begleitet von Albert Speer und seinem Lieblingsbildhauer Arno Breker. Klick! Souvenir-Foto vorm Eiffelturm. Der Führer suchte möglicherweise nach Anregungen für seine neue Welthauptstadt Germania. Oder er stellte sich schon vor, wie er all das in die Luft sprengen lassen würde. Hitler war dann schnell wieder weg, die Pariser Bevölkerung hatte ihn gar nicht zu Gesicht bekommen, dafür defilierten von nun an täglich seine Soldaten mit klingendem Spiel die Champs-Élysées hinunter. Die Erinnerung an diese Schmach ließ Ex-Präsident Giscard d'Estaing 1994 im Fernsehen Tränen vergießen, als eine Bundeswehrabordnung an der Parade zum 14. Juli teilnehmen sollte.

Vier Jahre deutsche Besatzung haben viele deutlich sichtbare Spuren in Frankreich hinterlassen. Da sind die halb zerborstenen Betonfestungen des Atlantikwalls an sämtlichen Stränden von der belgischen Grenze bis nach Spanien, die unverwüstlichen U-Boot-Bunker von La Rochelle und Lorient an der westfranzösischen Küste, kriegszerstörte und wieder aufgebaute Städte wie Le Havre und Caen in der Normandie oder der Badeort Royan am Atlantik. Und in Paris die vielen Erinnerungstafeln an den Hausfassaden, 50 mal 50 Zentimeter, an Stellen, wo Widerstandskämpfer erschossen wurden, meist bei der Befreiung von Paris im August 1944: »fusillé par les allemands« – von den Deutschen erschossen. In meinem Viertel habe ich neulich eine Tafel entdeckt, auf der steht: »assassiné par les boches« – von den »Boches« ermordet.

Zu den Hinterlassenschaften der deutschen Besatzer gehört auch das einzige KZ auf französischem Boden, Natzweiler-Struthof im Elsass. Es liegt hoch oben in der Waldeinsamkeit der Vogesen auf einer Lichtung, mitten in einer Landschaft, die man eigentlich als schön bezeichnen würde. Tannen rauschen, Vögel zwitschern. Und da steht der Galgen. Nur vier Baracken sind noch erhalten, in der einen wird ein gekachelter Seziertisch vorgezeigt. Etwas abseits im Wald, in einem unverdächtigen Häuschen, die Gaskammer für experimentelle Vergasungen, eingerichtet im August 1943. Von hier bekam der SS-Anatom August Hirt in Straßburg die angeforderten Leichen für seine Skelettsammlung geliefert. Etwa 25 000 Menschen wurden im KZ Struthof samt Nebenlagern getötet.

Die Gedenkstätte Oradour-sur-Glane: Unverändert stehen die Ruinen bis heute.

Viel bekannter noch ist die Gedenkstätte von Oradour-sur-Glane. Sie besteht aus den Ruinen jenes Dorfs bei Limoges, in dem am 10. Juni 1944 eine Kompanie der SS-Panzerdivision »Das Reich« sämtliche Bewohner umbrachte. Die Männer wurden in den Scheunen massakriert, Frauen und Kinder in die Kirche getrieben, erschossen und verbrannt. Nach dem Krieg wurde dort alles so belassen, wie es war: die zerstörten Häuser, Reste von Hausrat, ein Bettgestell, eine Nähmaschine, ein Fahrrad, die Blechplakette der Menier-Schokoladenreklame. So wirkt das Dorf wie zeitlos erstarrt im Zustand nach dem Horror. Der Name Oradour ist in Frankreich zum Symbol der Nazi-Barbarei geworden, stellvertretend auch für viele andere Orte, in denen ähnliche Massaker verübt wurden. Am Dorfeingang steht auf einem Schild: »Weder Hass noch Vergessen«.

Ein Schaden anderer Art wurde in jenen Jahren dem nationalen Selbstwertgefühl zugefügt. Mehr noch als in der militärischen Niederlage liegt rückblickend eine immense Demütigung darin, dass durch Besatzung und erzwungenes Miteinander sichtbar wurde, auf welche Stufe das stolze Frankreich heruntergebracht werden konnte: das Mitmachen und Sicheinrichten, die Kollaboration, das blühende Denunziantentum oder auch nur die Gewöhnung an autoritäre und undemokratische Verhältnisse, schließlich die bürgerkriegsähnlichen Konfrontationen unter Landsleuten. Diese vier Jahre hinterließen ein tiefsitzendes Trauma, eine schmerzende historica Wunde, weshalb die Auseinandersetzung mit dieser Phase auch lange sehr heikel war und immer noch ist.

Am 10. Juli 1940 beging die gewählte französische Nationalversammlung ihr Harakiri: Mit 468 gegen 80 Stimmen und 20 Enthaltungen vollzog sie die Selbstabschaffung der Dritten Republik und übergab sämtliche Vollmachten an Philippe Pétain, den 84-jährigen Sieger von Verdun, Retter der Nation, hochverehrte Vater- beziehungsweise Großvaterfigur. Bei der überwältigenden Mehrheit der Bevölkerung genoss Pétain große Sympathie und höchstes Vertrauen. »Maréchal nous voilà!«, sangen begeistert die Schulkinder, »Marschall, wir sind zur Stelle!«

Der Aktionsradius seines Regimes war durch die Bestimmungen des Waffenstillstandsabkommens festgelegt. Frankreich behielt zwar Kriegsflotte und Kolonien, musste aber eine Aufteilung des Landes hinnehmen: Das nordfranzösische Industriegebiet wurde abgetrennt und dem Wehrmachtskommando Brüssel unterstellt, das Elsass und das lothringische Département Moselle wurden erneut vom Deutschen Reich annektiert. Das übrige Gebiet blieb zwar offiziell französisch verwaltet, wurde aber in eine besetzte und eine »freie« Zone unterteilt. Zum besetzten Frankreich gehörten der Norden bis zu Loire mit Paris und die gesamte Atlantikküste. Eine streng bewachte, nur mit Passierschein zu überquerende Demarkationslinie trennte beide Landesteile.

Frankreich war das einzige der von den Hitlertruppen besetzten Länder, in denen solch eine schein-souveräne Regierung akzeptiert wurde. Die Vorteile lagen auf der Hand: Ein Feindstaat war neutralisiert, man hatte Ruhe im Westen und vermied Kosten und Unannehmlichkeiten einer kompletten Besatzungsherrschaft.

Das mondäne Thermalbad Vichy in der Auvergne wurde zur provisorischen Hauptstadt des »Etat français« erkoren. So nannte sich das staatliche Gebilde, das der Republik folgte. An die Stelle der alten republikanischen Trias Liberté – égalité – fraternité (Freiheit – Gleichheit – Brüderlichkeit) war nun die Devise Travail –

Deutsche Hinweisschilder vor dem Abgeordnetenhaus in Paris,
März 1942

famille – patrie (Arbeit – Familie – Vaterland) getreten. Diese Vichy-Losung hat auch heute noch ihre Fans, und nicht nur in Kreisen der französischen Rechtsextremisten. Der christdemokratische Bundestagsabgeordnete Henry Nitzsche aus Sachsen war von ihr so angetan, dass er sie im Jahre 2005 als Motto für seinen Wahlkampf wählte: Arbeit – Familie – Vaterland. Kritische Einwände ließ er auf seiner Webseite von Parteiprominenz beiseite wischen. »Was ist daran schlecht?«, fragte etwa Ex-Landesvater Kurt Biedenkopf. Natürlich nichts. Arbeit ist gut, Familie ist gut, Vaterland ist auch gut, gar keine Frage. Nur steht ebendiese Parole für die Abschaffung der Demokratie in Frankreich. Wer sich solcher Symbole bedient, ist entweder kreuznaiv oder zynisch.

»Der Marschall dankt den Legionären!« Plakat mit Pétains Konterfei am Kreisverkehr der Chaussée d'Antin in Paris, März 1942

Mit dem »Etat français« kam die Revanche der Antirepublikaner, Klerikalen und Antisemiten. Die Republik wurde für die Schande der Niederlage verantwortlich gemacht, war schuldig geworden durch die Abkehr von Religion und natürlichen Autoritäten, moralischen Niedergang, Vergnügungssucht und Verweichlichung. Nachdem das Land in Dekadenz versunken war, sollte nun die Stunde der »Révolution nationale« schlagen. Es ging um die Gesundung des Volkskörpers: Für die Jugend wurde nach deutschem Arbeitsdienst-Vorbild die Chantiers de Jeunesse eingerichtet. Energisch bekämpft wurden der Alkoholkonsum, die Freimaurer als Verkörperung des antiklerikalen Republikanismus, die Kommunisten und die Juden. Ohne deutsches Zutun erließ die Regierung ein Statut, das Frankreichs Juden von Tätigkeiten im öffentlichen Dienst, im Kulturbereich und in den Medien ausschloss, sie aus Schulen und Universitäten vertrieb und jüdische Unternehmen arisierte.

Im selben Oktober fand auf einer kleinen Bahnstation namens Montoire nördlich von Tours ein denkwürdiges Ereignis statt: die erste und einzige Begegnung zwischen Marschall Pétain und Hitler, der auf dem Weg zum spanischen Diktator Franco das unterworfene Frankreich mit dem Zug durchquerte. Der Händedruck auf dem Bahnhof von Montoire wurde umgehend symbolisch überhöht, Montoire wurde zum Hoffnungswort, nach Montoire würde alles besser werden. Denn im Anschluss an das Treffen hatte Pétain im Radio verkündet: »Ich begebe mich heute auf den Weg der Kollaboration.«

Vor ein paar Jahren kam ich zufällig durch das Städtchen am Fluss Loir und habe mir den Bahnhof angeschaut. An dem putzigen kleinen Gebäude fand sich erwartungsgemäß keinerlei Information, keine Plakette, nichts, was auf die historische Begegnung hingewiesen hätte. Und auch wer heute den Kurort Vichy besucht, wird dort keine Stätte der Erinnerung an das Vichy-Regime finden, kein Dokumentationszentrum, keinerlei pädagogische Einrichtung zum Thema. Als Einziges wird vom Fremdenverkehrsamt ein kommentierter Rundgang zur Pétain-Ära angeboten. Ansonsten möchte man mit dieser Zeit nicht in Verbindung gebracht werden. Offenbar hält man das für geschäftsschädigend. Aber vielleicht ändert sich das irgendwann einmal.

Mit der Kollaboration, also der Zusammenarbeit mit Nazi-Deutschland, verknüpfte das Vichy-Regime großartige Visionen, man träumte von einer echten Partnerschaft: Das Reich und Frankreich Hand in Hand auf dem Weg ins Neue Europa! Hitler sah das anders. Ihm ging es um Ruhigstellung und wirtschaftliche Ausplünderung. Besatzungskosten von täglich 400 Millionen Francs wurden den Franzosen aufgebrummt. Jeden Tag rollten 300 Waggons mit Lebensmitteln, Rohstoffen und Maschinen Richtung Deutschland. 80 Prozent der landwirtschaftlichen und industriellen Produktion gingen ins Reich. Frankreichs Wirtschaftselite, Banker, Industrielle, hatten kaum Hemmungen, dabei mitzumachen.

Derweil diente Paris als Erholungszone und Freizeitanlage, als Urlaubs- und Kampfpausenstation für deutsche Soldaten. Das größte Lichtspielhaus, »Le Grand Rex«, wurde Soldatenkino, die Nachtlokale waren von uniformierten Deutschen bevölkert. Es gab offiziell 40 Wehrmachtsbordelle, sechs davon ausschließlich für Offiziere. Und die Fronturlauber konnten sich in dieser Amüsierstadt tolle Sachen kaufen. Preiswert war es für sie wegen der Zwangsumtauschkurse, die zu Lasten des besetzten Landes gingen.

Die französischen Normalbürger waren von der Besatzungsmacht zunächst etwas überrascht: Die waren ja gar nicht so schlimm, les »Boches«, les »Fritz«, les »Fridolins«! Sondern höflich und rücksichtsvoll, boten ihren Platz in der Metro an, halfen alten Damen über die Straße, kurzum, sie waren »korrekt«. Gewiss, anfangs praktizierte man noch den »abgewandten Blick«, aber das gab sich. Man gewöhnte sich an sie und begann allmählich, sich zu arrangieren. Denn das konnte ja dauern. Womöglich hatte hier wirklich eine neue Ära begonnen. So machten sich Zigtausende daran, in den neu eröffneten deutschen Kulturinstituten die Sprache der neuen Herren zu lernen. André Gide schrieb im September 1940 in sein Tagebuch: »Sich mit dem Feind von gestern zu vertragen ist nicht Feigheit, sondern Klugheit; auch, das Unvermeidliche anzunehmen.«

Ein Förderer solcher Koexistenz war der neue deutsche Botschafter in Paris, der bewährte Frankreich-Spezialist Otto Abetz. Mit einigem Geschick gelang es ihm, über die neue Situation einen Schein von Normalität zu breiten. Dazu gehörte es, den gewohnten Kulturbetrieb so schnell wie möglich wieder anzukurbeln. Abetz sorgte dafür, dass die Zensur relativ mild gehandhabt wurde. Camus, Sartre, Gide konnten veröffentlichen, Picasso, Braque, Matisse malten, und der NS-Bildhauer Arno Breker, der einst in Paris Kunst studiert hatte, stellte als Gaststar in der Orangerie seine Marmor-Arier aus. Der »Michelangelo Deutschlands« war das ideale Zugpferd der deutsch-französischen Annäherungspropaganda und fungierte als Vermittler und Sympathiewerber. Auf Hochtouren liefen auch Theater- und Konzertbetrieb. Das Berliner Schillertheater gastierte mit »Kabale und Liebe« in der »Comédie Française«, der junge Herbert von Karajan dirigierte vor vollen Sälen. Im »Casino de Paris« trat Maurice Chevalier auf, mit seinem kecken Strohhut. Auch die Mistinguett, Tino Rossi oder Charles Trenet waren gut im Geschäft. Fast niemand verweigerte sich. Eine rühmliche Ausnahme war der Schauspieler

Jean Gabin, der sich nicht von den Besatzern auf Tournee schicken lassen wollte. Zwar war er durchaus für deutsch-französische Beziehungen, aber nicht für solche. Er ging nach Amerika, wo er eine intensive Liebesaffäre mit Marlene Dietrich begann. Später kam er dann als Soldat der Forces Françaises Libres (FFL) zurück.

Sehr für die Nazis zu haben waren manche Vertreter der schreibenden Zunft. Pierre Drieu La Rochelle, Robert Brasillach oder Louis-Ferdinand Céline hatten schon vorher deutlich faschistische Neigungen. Andere ließen sich bereitwillig umgarnen. Auf Einladung von Propagandaminister Joseph Goebbels gingen französische Autoren auf Deutschland-Reise, wurden nach Kräften verwöhnt und kamen mit höchst positiven Eindrücken zurück. »Die Kulturpropaganda ist den Franzosen gegenüber immer noch die beste Propaganda«, notierte Goebbels zufrieden in sein Tagebuch. Auch bis dahin unbescholtene und keineswegs nazifreundliche Autoren ließen sich verführen: Jacques Chardonne etwa delirierte hernach über den »Führer«: »Hitler hat einen quasi jungfräulichen Kern von Menschlichkeit, ist von äußerster Sensibilität, Güte, Treue, von einer Großzügigkeit, die man bei den anderen Staatsmännern nicht findet«.[22] Und Marcel Jouhandeau, von dem Walter Benjamin zuvor Erzählungen übersetzt hatte, schwärmte: »Ich habe ein diszipliniertes Volk gesehen, und wo man mir Sklaven prophezeit hatte, sah ich freie Menschen.«[23]

Sehr große Bedeutung hatte das Kino. Wenn die Franzosen schon kaum etwas zu beißen hatten, sollten sie wenigstens unterhalten werden. Über die deutsche Gesellschaft Continental wurden während der Besatzungszeit stattliche 220 französische Filme produziert. Nach Goebbels Wunsch sollten es »leichte, seichte, womöglich kitschige Unterhaltungsfilme« sein. Aber es entstanden auch einige anspruchsvollere Werke wie Marcel Carnés »Les Enfants du Paris« (dt. »Kinder des Olymp«) oder »Le Corbeau« (dt. »Der Rabe«) von Henri-Georges Clouzot.

Trotz solch inszenierter Normalität war die deutsche Okkupation in Frankreich keineswegs korrekt und human oder gar harmlos. Denn während der Pariser Showbetrieb brummte, wurde gleichzeitig erschossen, verhaftet, gefoltert und deportiert. Zunächst wurden im Frühjahr 1942 als »Sühnemaßnahme« für Anschläge auf Wehrmachtsangehörige ausländische Juden festgenommen und nach Zwischenaufenthalten in französischen

Lagern in Güterzügen »nach dem Osten« verbracht. Anfangs war von Arbeitseinsatz die Rede, die Deportation beschränkte sich auf Männer im arbeitsfähigen Alter. Diese Maßnahmen der Militärverwaltung gingen dann nahtlos über in die zielgerichteten antijüdischen Aktionen des SS-Verfolgungsapparats. Im Rahmen der »Endlösung« wurden bald auch ganze Familien deportiert. Die Verhaftungen ließ das Pariser Judenreferat fast ausschließlich von der französischen Polizei vornehmen. Das trifft auch für die große Pariser Razzia vom 16. Juli 1942 zu, bei der fast 13 000 Juden festgenommen und im »Vélodrome d'Hiver«, der Radsporthalle neben dem Eiffelturm, eingesperrt wurden. Die nächste Station war das Transitlager Drancy nordöstlich von Paris, die übernächste Auschwitz. Rund 76 000 Juden wurden aus Frankreich deportiert. Von ihnen waren bei Kriegsende noch 2560 am Leben.

Dem Waffenstillstand vom Sommer 1940 hatte sich ein Unterstaatssekretär im Kriegsministerium widersetzt: Charles de Gaulle. Er war nach London gegangen und hatte von dort am 18. Juni über den Rundfunksender BBC seine Landsleute aufgerufen, den Krieg gegen die Deutschen fortzusetzen. Es gibt heute kaum eine französische Stadt ohne eine Rue du 18 Juin, aber damals kannte kaum jemand diesen Brigadegeneral de Gaulle, seine Appelle fanden anfangs wenig Beachtung. Bis sich ein nennenswerter Widerstand formierte, dauerte es eine ganze Weile. Es gab ein paar Einzelkämpfer, die Flugblätter druckten, aber sonst geschah wenig. Erst im Sommer 1941 kam es zu ersten Anschlägen auf deutsche Militärs. In einer seltsamen Situation befand sich zunächst die Kommunistische Partei, die sich später gern als die Partei der Résistance schlechthin ausgab. Nach dem Hitler-Stalin-Pakt 1939 war die Partei auf die neue Linie eingeschwenkt und bei Kriegsausbruch prompt verboten worden. Kaum waren die Besatzer in Paris, beantragte eine Parteiabordnung allen Ernstes bei der Kommandantur die Wiederzulassung der verbotenen Parteizeitung *L'Humanité*. Zwar klappte das nicht, doch waren die Untergrundnummern des Sommers 1940 von bemerkenswerter »fraternité« durchtränkt. Kostprobe vom 7. Juli: »In diesen unglücklichen Zeiten ist es besonders erfreulich zu sehen, welch freundschaftliches Verhältnis zahlreiche Pariser Arbeiter zu den deutschen Soldaten haben, sei es auf der Straße, sei es im Bistro an der Ecke. Bravo, Genossen, macht weiter so!« Erst mit Hitlers Überfall auf die Sowjetunion ging die KP in den Widerstand, nun freilich mit vollem Einsatz, schon um das Vorangegangene möglichst rasch vergessen zu machen.

Zulauf bekamen die Widerstandsgruppen dann ab Sommer 1942 durch die Einführung des Service de Travail Obligatoire (STO), der Zwangsarbeit in Deutschland. Dort waren schon 1,5 Millionen französische Kriegsgefangene in Fabriken und Landwirtschaft tätig, aber das genügte der deutschen Kriegswirtschaft nicht. Viele der zum STO einberufenen jungen Männer tauchten ab und vergrößerten die Reihen der entstehenden bewaffneten Résistance. Mit der schwierigen Aufgabe einer Vereinigung all der disparaten und rivalisierenden Widerstandsgruppen und ihres Einschwörens auf den Chef der France libre General de Gaulle wurde 1943 der frühere Präfekt Jean Moulin betraut. Er geriet später dem Lyoner Gestapo-Chef Klaus Barbie in die Hände, der ihn foltern und ermorden ließ.

Wenig bekannt und weitgehend vergessen ist die Rolle, die Deutsche in der französischen Résistance spielten. Teils handelte es sich bei ihnen um Emigranten, die aus den Internierungslagern fliehen konnten, in die man sie bei Kriegsausbruch gesteckt hatte, teils waren es Spanienkämpfer, die nach dem Sieg Francos über die Pyrenäen nach Frankreich gekommen waren. Eine Gruppe aus Ehemaligen der Internationalen Brigaden hatte sich etwa in den Cevennen zusammengefunden. In Résistance-Kreisen wurden die deutschen Kameraden am Ende hochgeachtet. Bei der Befreiung von Nîmes war es ein Deutscher namens Norbert Beisäcker, der vom Tor der Montcalm-Kaserne die Hakenkreuzfahne herunterholte und dort die Trikolore aufzog. Beim anschließenden Festumzug marschierten drei Deutsche an der Spitze. Die meisten der rund 1000 deutschen Résistance-Mitglieder gingen nach dem Krieg in die DDR, im Westen gerieten sie in Vergessenheit.

Auf der anderen Seite des Spektrums standen Kollaborateure, denen das Pétain-Regime entschieden zu lasch war. Ihr prominentester Kopf war der Ex-Kommunist Jacques Doriot, Gründer und Chef der faschistischen Partei PPF (Parti Populaire Français), der es sich nicht nehmen ließ, in deutscher Uniform mit der französischen Freiwilligentruppe gegen den Bolschewismus (LVF) an die Ostfront zu ziehen. Ein Teil der LVF landete schließlich in der SS-Division Charlemagne. Als paramilitärische Organisation entstand 1943 La Milice. Die gefürchtete, dunkelblau uniformierte Truppe kooperierte mit Gestapo und SS beim Aufspüren von Juden und beim Foltern und Liquidieren von »Terroristen«, also Mitgliedern des Widerstands.

Der Mythos der Résistance

Im Juni 1944 landeten die Alliierten in der Normandie und rückten nach Osten vor. Die Befreiung Frankreichs hatte begonnen. Nach der ursprünglichen Planung sollte Paris erst später zurückerobert werden, aber angesichts eines im August dort ausgebrochenen Aufstands schlecht bewaffneter Résistance-Gruppen gelang es de Gaulle als Chef der Freien Französischen Streitkräfte, den alliierten Oberbefehlshaber General Eisenhower umzustimmen. Beim Einmarsch in Paris ließen die Amerikaner der 2. französischen Panzerdivision den Vortritt.

»Paris outragé! Paris brisé! Paris martyrisé! Mais Paris libéré!«, rief Charles de Gaulle am 26. August 1944 der Pariser Bevölkerung zu. Das beleidigte, gequälte Paris, es hatte sich nach seinen Worten selbst befreit, unterstützt vom kämpfenden, vom einzigen, vom wahren Frankreich. Mit keinem Wort erwähnte er die Alliierten. Den Franzosen bot er die Legende der heroischen Selbstbefreiung an, und gegenüber den Verbündeten unterstrich er mit der Fiktion der Widerstand leistenden Siegermacht den Anspruch auf volle Souveränität. Vor allem die Amerikaner, die eine Besetzung des Landes ins Auge gefasst hatten, galt es davon zu überzeugen, dass er, de Gaulle, der legitime Repräsentant des erneuerten Frankreich war.

Auf die Befreiung folgte die Epuration, die Säuberung. Der ersten Phase fielen rund 9000 Menschen zum Opfer. »Widerstandskämpfer« der letzten Stunde taten sich besonders hervor bei einem schäbigen Spektakel, dem Kahlscheren von Frauen, denen »horizontale Kollaboration« vorgeworfen wurde, die also Beziehungen zu Deutschen gehabt hatten. Halbnackt wurden sie unter Gejohle durch die Straßen getrieben. Bei der gerichtlichen Säuberung wurden 3700 Kollaborateure zum Tode verurteilt, 1500 hingerichtet. Louis Renaults Autofabrik wurde verstaatlicht, weil er deutsche Panzer hatte reparieren und LKWs für die Wehrmacht bauen lassen. 150 000 Menschen wurden die bürgerlichen Ehrenrechte aberkannt.

Die breite Masse der französischen Bevölkerung hatte weder zu den aktiven »Collabos« gehört, noch hatte sie etwas mit der Résistance zu tun gehabt. Sie hatte sich während der Besatzung möglichst unauffällig verhalten, sich ums Alltägliche gekümmert, die Beschaffung von Lebensmitteln und Kohle und sich kaum für das Schicksal verhafteter Ausländer interessiert.

Diesem Arrangement wurde der Résistance-Mythos entgegengesetzt, und bei dessen Etablierung spielten der Film und dann auch das Fernsehen eine zentrale Rolle. Streifen wie »Le père tranquille« (Der zufriedene Vater) oder »La bataille du rail« (dt. »Schienenschlacht«) von René Clément verankerten und verklärten den Widerstand im kollektiven Bewusstsein und machten auch den Normalfranzosen ein Identifikationsangebot. Unscheinbare Alltagsgestalten entpuppten sich darin als heimliche Helden. Kollaborateure kommen zwar vor, sind aber unsympathische Ausnahmeerscheinungen. Die Deutschen sind zynisch, brutal und oft etwas beschränkt. Ein Riesenerfolg war und ist die 1966 herausgekommene Filmkomödie »La grande vadrouille«, zu deutsch: »Die große Sause«, mit Bourvil und Louis de Funès. Mit französischer Pfiffigkeit werden die dumpfen teutonischen Besatzer von den cleveren Galliern ein ums andere Mal ausgetrickst. Bis in die neunziger Jahre war dies der erfolgreichste Film in Frankreich, mit über 17 Millionen Kinobesuchern. Und auch jetzt noch läuft er jedes Jahr mindestens einmal im Fernsehen – ein nationaler Dauerbrenner.

1983 hatte ich einmal selbst das Glück, zumindest ganz am Rande an einem solchen Résistance-Film mitzuwirken. Ich wurde für die Nachproduktion von »Papy fait de la résistance« (Opa übt den Widerstand, Regie: Jean-Marie Poiré) in den Studios von Billancourt angeheuert. Ein schöner Job: Es galt, den Soundtrack mit zackig-deutschem Militärgebell aufzumöbeln, wie »Eins zwei eins zwei eins zwei!«, »Los los los!«, »Halt!«, »Ausweis!« – »Kommse ma her!« und ähnlichen Subtilitäten. Wie ich staunend feststellte, war ein ganzes Grüppchen von Deutschen mit von der Partie, die sich offenbar alle kannten, alte Hasen, die so etwas schon öfter gemacht hatten. Es bestand ja regelmäßig Bedarf an Nazi-Statisten und deutschen Stimmen, auch für die einschlägigen

Fernsehserien. Zur Ehrenrettung von »Papy fait de la résistance« muss man allerdings sagen, dass es sich dabei um eine Klamotte handelte, die durch maßlose Übertreibung der einschlägigen Klischees das Genre durch den Kakao zog.

Im Jahr 2004, dem Gedenkjahr der Befreiung, stieß ich auf ein Thema, das nun wirklich einen tollen Film abgeben würde. Als de Gaulle bei der »libération« von Paris das einzige, das wahre, Widerstand leistende Frankreich hochleben ließ, wohin war da eigentlich das »falsche« Frankreich verschwunden? Wo waren sie abgeblieben, die Vertreter des Vichy-Regimes, das vier Jahre lang mit den Besatzern kollaboriert hatte, unter Zustimmung eines großen Teils der Bevölkerung? Sie waren in die deutsche Kleinstadt Sigmaringen an der Donau verbracht und in deren Hohenzollernschloss einquartiert worden. Dort spielte sich der allerletzte Akt der Kollaboration ab, der immerhin noch acht Monate, bis April 1945, dauerte: Sigmaringen, französische »Exil-Hauptstadt«! Oben im Schloss wohnten die dominierenden Gestalten der Kriegsjahre: Philippe Pétain, Pierre Laval, Fernand de Brinon, Marcel Déat, Joseph Darnand. Vom Turm wehte die Trikolore. *Ici la France* hieß der regierungsamtliche Radiosender, und es gab mehrere Botschaften, die italienische, die japanische und natürlich die deutsche, anfangs unter dem unverwüstlichen Otto Abetz. Das Fußvolk der »Collabos« hauste unten in der Stadt, schillernde Pariser Damen und Herren bevölkerten Gassen und Gasthäuser, darunter einige hochkarätige Intellektuelle: Lucien Rebatet, Robert Le Vigan, Louis-Ferdinand Céline! An die 2000 Franzosen waren in diesem romantischen Nest gestrandet und klammerten sich an letzte Hoffnungen auf die große Wende des Kriegsglücks, die ominösen deutschen Wunderwaffen. Das kleine Schwabenstädtchen als »Vichy an der Donau«, mit Hofintrigen und Affären: Wäre das nicht ein tolles Filmsujet? Dortselbst, in Sigmaringen, hat man die Geschichte nicht vergessen und ist sogar ein bisschen stolz darauf, »Hauptstadt« gewesen zu sein. Der Apotheker erinnert sich noch gut, wie er als Halbwüchsiger den Marschall Pétain beim täglichen Spaziergang beobachten konnte. Ein pensionierter Friseurmeister hat ein kleines Privatmuseum eingerichtet. Und die Schlossführerin zeigt dem Besucher auf Wunsch Pétains Schlafzimmer, Lavals Badewanne und den Speiseplan vom 21. Oktober 1944 (Griessuppe – Schwäbischer Rostbraten – Schlosskartoffeln – Birnenkompott). Nur wundert sie sich, dass ausgerechnet die französischen Schlossbesucher davon nichts sehen und hören wollen. Offenbar ruft die Erinnerung an diese Episode allzu großes Unbehagen hervor. Daher wird es wohl auch kaum einen französischen Film darüber geben.

Immerhin, um beim Thema Film zu bleiben, war schon 1971 »Le Chagrin et la pitié« (dt. »Das Haus nebenan«) herausgekommen, mit dem Marcel Ophüls die französische Nachkriegs-Lebenslüge attackierte: Der Dokumentarfilm, in dem Résistance-Mitglieder, aber auch Kollaborateure und Normalbürger zu Wort kommen, vermittelt ein differenziertes Bild der Kriegsjahre. Allerdings war der Film anfangs unerwünscht und durfte im staatlichen Fernsehen, das ihn gleichwohl mitfinanziert hatte, jahrelang nicht gezeigt werden.

Erst nach Jahrzehnten gerieten die verdrängten Realitäten ins Blickfeld. Nach dem Prozess gegen den Gestapochef von Lyon, Klaus Barbie, schien es an der Zeit, auch den lange verschleppten Fall des Milizionärs Paul Touvier vors Gericht zu bringen. 1994 wurde er für die Ermordung jüdischer Geiseln zu lebenslänglicher Haft verurteilt.

Besonders schwer tat man sich mit Maurice Papon, der als Generalsekretär der Präfektur in Bordeaux die Verhaftung von 1560 Juden zu verantworten hatte.

Das war seit 1981 bekannt, aber es dauerte 16 Jahre, bis es gelang, ihn vor Gericht zu bringen. Papon war Spitzenbeamter, wurde nach dem Krieg hoher Funktionsträger der Republik, war zeitweilig sogar Minister und damit fast unantastbar. Dennoch kam das Gerichtsverfahren 1997 in Gang. Das Urteil für Papon lautete auf zehn Jahre Gefängnis wegen Verbrechen gegen die Menschlichkeit.

Präsident Jacques Chirac war dann der erste Staatschef der Fünften Republik, der am Erinnerungstag des Waffenstillstands von 1918 keine Blumen mehr am Grab des Marschall Pétain niederlegen ließ. Und anders als seine Vorgänger hat er 1995, gleich zu Beginn seiner Amtszeit, die Mitverantwortung Frankreichs bei der Judenverfolgung anerkannt.

Bezeichnend für eine neue Art der Auseinandersetzung mit den dunklen Seiten der französischen Geschichte ist auch, dass seit kurzem all die Lager, in denen bei Kriegsausbruch emigrierte Antifaschisten und Juden als »feindliche Ausländer« interniert wurden, als bewahrenswerte Erinnerungsorte entdeckt und in

Gedenkstätten verwandelt werden, nachdem ihre Existenz jahr-
zehntelang der Verdrängung anheimgefallen war: Rivesaltes,
Gurs, Beaune-la-Rolande oder Les Milles bei Aix-en-Provence,
jene ehemalige Ziegelei, der Lion Feuchtwanger in »Der Teufel in
Frankreich« 1942 ein Denkmal gesetzt hat.

Die französische Zone

Nach den Vorstellungen de Gaulles als Chef der provisorischen
französischen Regierung sollte nach dem Zweiten Weltkrieg aus
Deutschland keineswegs das »große Deutschland« werden, das
er knapp zwei Jahrzehnte später hochleben ließ, ganz im Gegenteil. Die Entstehung eines einheitlichen Staates galt es gerade zu
verhindern. Sicherheit vor der deutschen Gefahr schien ihm die
Zerstückelung Deutschlands in kleine, quasi-autonome, leicht zu
kontrollierende Einzelstaaten zu bieten, dazu die Abtrennung
und Internationalisierung des Ruhrgebiets.

Frankreich war weder bei der Konferenz von Jalta vertreten
noch in Potsdam, wo im Juli und August 1945 von den Siegermächten über das weitere Schicksal Deutschlands verhandelt
wurde. Dennoch forderte de Gaulle, obwohl nur mit Hilfe der
Alliierten nach Paris zurückgekehrt, von diesen die Anerkennung
Frankreichs als Siegermacht und erhob Anspruch auf eine ausgedehnte Besatzungszone, zu der unter anderem das Rheinland
mit Köln und Aachen sowie Teile Hessens bis nach Thüringen gehören sollten. Nach zähen Verhandlungen wurde den Franzosen
dann eine eigene, allerdings sehr viel kleinere Zone zugestanden.
Sie umfasste das heutige Bundesland Rheinland-Pfalz, ein Stück
von Baden-Württemberg und das Saarland. Auch ein Berliner
Sektor wurde ihnen unterstellt.

Die Jahre der französischen Besatzung 1945 bis 1949 blieben
im Südwesten Deutschlands in denkbar schlechter Erinnerung.
Die erste Zeit war von Revanchebedürfnissen geprägt – Vergewaltigungen, Willkür, Demontagen. Nach den Sowjets galten die
Franzosen als schlimmste Besatzungsmacht. Der SPD-Vorsitzende
Kurt Schumacher schmähte sie als »Westrussen«[24]. Deutsche
mussten vom Bürgersteig runter, wenn ihnen ein französischer
Offizier entgegenkam. Als »Ausbeutungskolonie« bezeichnete
der Politikwissenschaftler Theodor Eschenburg die französische

Zone.[25] Die Deutschen sollten für die von ihnen in Frankreich angerichteten Schäden zahlen. Der Schwarzwald wurde zu großen Teilen abgeholzt, Bodenschätze und Agrarprodukte wurden westwärts über die Grenze transportiert.

Neben dieser Politik der Härte manifestierte sich auch der Wille zur Demokratisierung. Vor allem durch die Verbreitung der französischen Kultur sollte positiv aufs deutsche Bewusstsein eingewirkt werden. Schon 1946 entstand in Freiburg das erste Institut français. Theatertourneen und Autorenlesungen wurden veranstaltet. Alfred Döblin, der als französischer Kulturoffizier nach Deutschland zurückkam, gründete in Baden-Baden die Kunst- und Literaturzeitschrift *Das Goldene Tor* und kümmerte sich um das Literaturprogramm des neu gegründeten *Südwestfunks*.

Aber die geistige Nahrung allein machte nicht satt. Die Versorgung in der französischen Zone war extrem schlecht, da nützte auch die kulturelle Verbrämung nichts. Der Volksmund sprach von der »Zeit der schönen Not«. 1946 betrug die Tagesration in der französischen Zone 900 Kalorien, bei den Briten 1330.

Dahinter stand eben auch ein entkräftetes Frankreich, das nichts zu verschenken hatte. In den beiden anderen Westzonen ging es wirtschaftlich bald aufwärts, die Bewohner der französischen Zone fühlten sich deutlich benachteiligt. 1948 spitzte sich die Unzufriedenheit zur Krise zu: Mit passivem Widerstand und Streiks protestierten die Deutschen gegen die französische Besatzungspolitik, als Frankreich den Beitritt seiner Zone zur Bizone, der amerikanisch-britischen Wirtschaftszone, verweigerte und sich damit querlegte zu Plänen für einen westdeutschen Staat. Aber auf Druck der Amerikaner, die Frankreich nach dem Marshallplan zum Wiederaufbau Westeuropas versorgten, wurde die Bizone dann im August 1948 doch zur Trizone. Die Siegermächte schufen so die Voraussetzung für die Gründung der Bundesrepublik Deutschland am 23. Mai 1949.

Der Saarstaat

Wie schon nach dem Ersten Weltkrieg hatte das Saarland einen Sonderstatus. »Frankreich wird nie zulassen können, daß das Saarland unter deutsche Autorität gerät«, verkündete der französische Außenminister Georges Bidault auf der alliierten Außenministerkonferenz im Dezember 1947 in London. Mit seiner Schwerindustrie war das Gebiet damals ein Filetstück. Die Franzosen machten kein Hehl aus ihren Annektionsabsichten, aber die Alliierten wiesen dieses Ansinnen zurück. Als Kompromiss entstand ein provisorisches staatsähnliches Gebilde, das wirtschaftlich Frankreich angegliedert war, mit dem französischen Franc als Währung. Die Saarländer erhielten eine eigene Staatsbürgerschaft, sie waren »Sarrois«, und bekamen auch eine eigene Fahne – ein weißes Kreuz auf blau-rotem Grund, also die Farben der Trikolore. Ministerpräsident war der Frankreich-hörige Johannes Hoffmann, seine Regierung hatte in Paris eine eigene Botschaft. Diese wunderliche politische Einheit hatte auch einen Regierungssprecher, er hieß Peter Scholl-Latour.

Rigide grenzte sich das Saarland seit 1949 gegen die Bundesrepublik ab. Zur Eigenstaatlichkeit gehörte die eigene Fußball-Nationalmannschaft, sie unterlag 1954 bei den Qualifikationsspielen zur Weltmeisterschaft gegen die Bundesrepublik mit eins zu drei. Von größerer Bedeutung war die Einschränkung der Pressefreiheit. Politische Betätigungen mit deutschfreundlichem Charakter wurden verfolgt, pro-deutsche Parteien waren verboten. Die Bundesregierung unter Konrad Adenauer äußerte wiederholt scharfe Kritik. Wie ließ sich das Verhältnis zu Bonn entspannen und gleichzeitig das Wesentliche retten, nämlich der französische Zugriff auf Saarkohle und Saarstahl? Ein neues Status-Konstrukt wurde aus der Taufe gehoben, das europäisierte Saarland – ein autonomes Territorium, gedacht als Sitz europäischer Behörden, nach außen durch einen Kommissar der Westeuropäischen Union vertreten, wirtschaftlich aber weiterhin an Frankreich angegliedert. Im Oktober 1954 unterzeichneten Frankreichs Regierungschef Pierre Mendés-France und Bundeskanzler Adenauer das Abkommen über ein künftiges europäisches Saar-Statut. Ein Jahr später stimmte die saarländische Bevölkerung darüber ab und wies es zurück. Der Slogan »Ja für Europa« wurde, nicht ganz zu Unrecht, als »Ja zu Frankreich« begriffen. Daraufhin willigten die Franzosen in die Rückgliederung des Saarlands nach Deutschland ein. Im Januar 1957 wurde sie mit Hilfe des Grundgesetzartikels 23 vollzogen, das Saarland wurde zum zehnten Bundesland. Bekanntlich hat man diesen Artikel 1990 noch einmal für die flotte Eingliederung der ostdeutschen Länder gebraucht.

Geblieben ist im Saarland als Markenzeichen eine gewisse Frankreich-Orientierung. Man versteht sich gern als Scharnier zwischen beiden Ländern und hält sich ein dem französischen nicht unähnliches »savoir vivre« zugute, dem die saarländische Devise »Hauptsach, gudd gess« zweifellos nahekommt. Grenzüberschreitendes wird gepflegt: Das Nahverkehrsmittel Saarbahn verbindet Saarbrücken mit Sarreguemines und fördert Einkaufstrips zum jeweiligen Nachbarn. In Bliesbrück-Reinheim ist quasi auf der Grenze ein französisch-deutscher Archäologiepark entstanden, in dem römische Thermen und Keltengräber präsentiert, aber auch Gallier-Feste und Wildschweinessen organisiert werden. In der Landeshauptstadt findet jedes Jahr das französische Theaterfestival »Perspectives« statt. Besonders rege in deutsch-französischen Belangen ist auch der *Saarländische Rundfunk*. Er pflegt das französische Chanson, hat zweisprachige Sendungen im Programm und kooperiert intensiv mit Sendern in Frankreich.

Annäherung mit Hindernissen

De Gaulles Ideen zur Dekonstruktion Deutschlands hatte der Kalte Krieg zunichte gemacht, auch wenn die deutsche Teilung, die mit der Gründung der DDR am 7. Oktober 1949 vorerst besiegelt wurde, dem französischen Interesse an einem kleineren, geschwächten Nachbarland entgegenkam. In den Jahren der auf die provisorische Regierung folgenden und von de Gaulle heftig kritisierten Vierten Republik änderte sich die offizielle französische Haltung gegenüber Deutschland. Nicht mehr Isolierung, sondern Bändigung durch Einbindung in europäische Strukturen hieß das neue Konzept. 1951 wurde mit der von Jean Monnet, dem Leiter des französischen Planungsamtes, ersonnenen und von Außenminister Robert Schuman zusammen mit Konrad Adenauer durchgesetzten Montanunion eine entscheidende Weichenstellung vorgenommen. Hinter der Europäischen Gemeinschaft für Kohle und Stahl stand die Idee, die kriegswichtige Schwerindustrie zu vergemeinschaften und damit Krieg zwischen den Partnerländern unmöglich zu machen. Der europäische Gedanke war allerdings noch nicht sehr verbreitet und rief einiges Misstrauen hervor. Dennoch trat die Montanunion in Kraft und wurde zur Keimzelle der Europäischen Gemeinschaft.

Eine Europäische Verteidigungsgemeinschaft sollte dem gleichen Prinzip folgen. Vor dem Hintergrund des sich verschärfenden Kalten Kriegs und des 1950 ausgebrochenen heißen Koreakriegs drängten die Amerikaner auf die westdeutsche Wiederbewaffnung – für viele Franzosen eine Schreckensvorstellung. Daher entstand der Plan, die deutsche Bewaffnung in eine europäische Struktur einzubinden und so unter Kontrolle zu halten. Im Mai 1952 wurde der entsprechende Vertrag von Frankreich, der Bundesrepublik, Italien und den Benelux-Staaten unterschrieben. Er sah ein gemeinsames Verteidigungsministerium vor und schloss rein deutsche Einheiten aus, die größer wären als ein Regiment. Unterzeichnung bedeutete aber noch nicht Ratifizierung. Entschiedener Widerstand kam von den französischen Kommunisten, die den Vertragsbefürworter Schuman als »Boche« beschimpften. Aber auch die Gaullisten waren strikt dagegen. Der General selbst wetterte gegen die »vaterlandslose Mixtur, wo Frankreich, zusammengewürfelt mit Deutschland und Italien, also den Besiegten, als einzige unter den großen Nationen seine eigene Armee verliert«[26]. Er kündigte an, notfalls werde er eine Revolution auslösen, um dies zu verhindern.

Als im August 1954 die Europäische Verteidigungsgemeinschaft in der Pariser Nationalversammlung abgelehnt und damit beerdigt wurde, stimmten die Vertragsgegner triumphierend die »Marseillaise« an. Einige Monate später, im Mai 1955, wurde die Bundesrepublik auf Betreiben der USA in die NATO aufgenommen.

Abschied von den Kolonialreichen in Indochina und Algerien

Vor der europäischen Einigung standen für das in Kolonialkriege verstrickte Frankreich noch ganz andere Probleme an. Kaum war der Zweite Weltkrieg beendet, wurde in Südostasien erneut Krieg geführt. Eigentlich war die französische Herrschaft in Indochina schon vertrieben worden. Die Vichy-treue Kolonialverwaltung war von den Japanern abgesetzt worden, nach der japanischen Kapitulation hatte am 2. September 1945 Ho Chi Minh in Hanoi die unabhängige Republik Vietnam ausgerufen. Aber Frankreich sollte unbedingt seine Weltgeltung wiederfinden, und so begann die militärische Rückeroberung des Kolonialreichs, dem man nun einen gefälligeren Namen gab: Union française. Dem in Hanoi installierten Ho Chi Minh bot man an, im Rahmen dieser Kolonialstruktur weiterzuregieren, allerdings mit begrenzter Autonomie und der französischen Armee im Lande. Der aber wollte echte Unabhängigkeit. In dem folgenden Konflikt wurde die Nationalbewegung der Viet Minh ab 1949 vom kommunistischen China unterstützt, auf der anderen Seite finanzierten die Amerikaner den Krieg der in Bedrängnis geratenen Franzosen. Als sich die Lage während der zwei Monate dauernden Schlacht von Dien Bien Phu dramatisch zuspitzte, wurde in Gesprächen des französischen Außenministers Georges Bidault mit seinem amerikanischen Amtskollegen gar der Einsatz von Atomwaffen erwogen.[27] Dieser Wahnsinn wenigstens konnte vermieden werden. Mit der französischen Niederlage von Dien Bien Phu endete der Krieg für die Franzosen. Er ging fast nahtlos in den amerikanischen Vietnamkrieg über.

Übrigens waren im französischen Krieg auch Deutsche recht aktiv. Rund 35 000 waren dort in der Fremdenlegion im Einsatz und stellten damit mehr als 70 Prozent der Legionäre. Deutsch war denn auch die Kommandosprache der Legion, und deutscher Gesang, etwa das »Horst-Wessel-Lied«, erschallte im vietnamesischen Dschungel. Dien Bien Phu wurde deshalb als letzte Schlacht der Waffen-SS bezeichnet. Etwa 5000 Deutsche sind in Indochina gefallen.

Kaum war 1954 der Kolonialkrieg in Südostasien beendet, begann im selben Jahr in Algerien schon der nächste. Und dessen Nachwirkung in der französischen Gesellschaft war ungleich größer. Denn Algerien war keine ferne Kolonie, sondern wurde als ein Teil Frankreichs betrachtet. Relativ hoch war der Anteil der Algerienfranzosen an der Bevölkerung: Auf zehn Millionen Einwohner kam eine Million Europäer, »Pieds noirs« (»Schwarzfüße«) genannt, viele von ihnen spanischer, italienischer oder maltesischer Herkunft. Die heute in Frankreich lebenden »Schwarzfüße« und ihre Nachfahren sind von der Erinnerung an diesen Krieg ebenso betroffen wie die algerischen Immigranten und ihre Kinder und natürlich die vielen Hunderttausenden, die als wehrpflichtige Soldaten nach Algerien geschickt worden waren. Dieser Krieg hat die Intellektuellen mobilisiert, die politische Landschaft verändert, den Wechsel der Republik bewirkt.

Barrikaden der »Pieds noirs« am 26. Januar 1960 in Algier

Wie aktuell der Algerienkrieg weiterhin ist, zeigte sich in der Diskussion um die Folterungen Gefangener, ausgelöst durch den Bericht einer ehemaligen algerischen Unabhängigkeitskämpferin, den die Zeitung *Le Monde* im Juni 2000 veröffentlichte.[28] Kurz darauf folgten die öffentlichen Bekenntnisse hoher französischer Militärs. Besonders schockierend wirkten die Äußerungen des 84-jährigen Generals Paul Aussaresses, der freimütig über die gängigen Verhörmethoden Auskunft gab, so den sehr üblichen Einsatz der »Gégène«, eines tragbaren Stromgenerators. Dies sei eben nötig gewesen, sagte er ohne irgendein Anzeichen von Reue. Das öffentliche Echo war enorm, ganz so, als habe man zum ersten Mal davon erfahren.

Tatsächlich hatten die Historiker durchaus ihre Arbeit getan, nur waren ihre Erkenntnisse kein Gegenstand der offiziellen Erinnerungspolitik. Die Leichen im Keller der Republik wurden von der breiten Öffentlichkeit kaum wahrgenommen. Erst 40 Jahre nach Kriegsende begann man, sie wirklich zu entdecken. Seitenlange Presseartikel, Filme, Bücher, Diskussionen: Eine »Wiederkehr des Verdrängten«, ein Bedürfnis nach Wahrheit, eine neue Bereitschaft, sich den unrühmlichen Kapiteln der Vergangenheit zu stellen, setzte ein.

Dabei hatte es bis vor kurzem offiziell gar keinen Krieg gegeben, die Rede war von »Operationen zur Aufrechterhaltung der Ordnung«. Entsprechend hieß ein Film von Bertrand Tavernier aus dem Jahr 1992 »La guerre sans nom«. Bilanz des »Kriegs ohne Namen«: 1,7 Millionen mobilisierte Männer, etwa 30 000 Tote auf französischer und mindestens 500 000 auf algerischer Seite. Erst 1999 beschloss die französische Nationalversammlung, das Geschehen zwischen 1954 und 1962 solle von nun an »Guerre d'Algérie«, Algerienkrieg, genannt werden.

Seit 1830 hatte Algerien zum französischen Kolonialreich gehört. Politisch hatte die muslimische Mehrheit so gut wie keinen Einfluss. Zu den frühen Forderungen der algerischen Nationalbewegung gehörte daher die rechtliche Gleichstellung. Aber nach Jahrzehnten der Verweigerung wurde die Idee der Assimilation aufgegeben. Nach dem Zweiten Weltkrieg hoffte man auf die Einlösung der von den Siegermächten gegebenen Versprechen auf Selbstbestimmung. 200 000 algerische Soldaten hatten sich ja für Frankreich an diesem Krieg beteiligt. Aus einer Demonstration am 8. Mai 1945 in der Stadt Sétif im Nordosten Algeriens, die daran erinnern sollte, entwickelte sich ein lokaler Aufstand, den französische Truppen mit extremer Brutalität niederschlugen. Auf mindestens 15 000 wird die Zahl der Todesopfer geschätzt. An friedliche Koexistenz war nicht mehr zu denken, auch wenn inzwischen die Algerier offiziell als französische Staatsbürger galten. Massiver Wahlbetrug zugunsten der Europäer und das Ausbleiben substantieller Reformen begünstigten die Entstehung der Befreiungsbewegung FLN (Front de Libération Nationale), die dann Allerheiligen 1954 eine konzertierte Serie von Anschlägen verübte. »Algerien ist Frankreich! Von Flandern bis zum Kongo gibt es ein Recht, eine einzige Nation, ein einziges Parlament«, so tönte der damalige Innenminister François Mitterrand und kündigte scharfe Gegenmaßnahmen an.[29]

Die Situation eskalierte weiter: Ausnahmezustand, Bombenattentate, Internierungslager für unsichere Bevölkerungsgruppen – der Sozialist Guy Mollet empörte sich 1956 über diesen »schwachsinnigen und ausweglosen Krieg«[30], dann wurde er Regierungschef und brachte den Krieg erst richtig in Gang. Algerien wurde in eine »Operationszone«, eine »Pazifizierungszone« und eine »verbotene Zone« eingeteilt, individuelle Freiheiten wurden suspendiert, 350 000 französische Soldaten, meist Wehrpflichtige, übers Mittelmeer transportiert, unter ihnen der 23-jährige Unterleutnant Jacques Chirac. In Paris hielt man den ägyptischen Staatchef Gamal Abdel Nasser für den Drahtzieher des Aufstands. Nachdem dieser den Suezkanal verstaatlicht hatte, startete Frankreich zusammen mit Großbritannien und Israel eine militärische Aktion gegen Ägypten, die von Washington und Moskau zurückgepfiffen wurde und in einem diplomatischen Fiasko endete. Dafür begann sich nun die UNO mit dem Krieg in Algerien zu befassen. Internierung, Folter, summarische Erschießungen – auf Frankreich wurde international mehr und mehr mit dem Finger gezeigt.

Innerhalb Frankreichs kam der Widerstand aus den Kreisen der Intellektuellen und von einigen linken Zeitschriften. Für die Vertreter sämtlicher Parteien war der Gedanke an die Unabhängigkeit Algeriens zu dieser Zeit tabu. Selbst die Kommunisten verweigerten den algerischen Kämpfern ihre Unterstützung. Die kam stattdessen von einem Untergrund-Netzwerk, das der Philosoph Francis Jeanson gegründet hatte, den sogenannten »Kofferträgern«. Jeanson war ein enger Mitarbeiter von Jean-Paul Sartre, der 1956 befand: »Der Kolonialismus ist dabei, sich selbst zu zerstören. Es ist unsere Aufgabe, ihm Sterbehilfe zu leisten.«[31] Die »Kofferträger« besorgten falsche Pässe und Waffen, und manchmal waren die Koffer auch voller Geld, das für die FLN gesammelt worden war. Häufig wurden gefährdete FLN-Mitglieder über die grüne Grenze in die Bundesrepublik geschleust.

Denn es gab auch deutsche Helfer, daran erinnert das Buch »Kofferträger. Das Algerien-Projekt der Linken im Adenauer-Deutschland« des Politologen Claus Leggewie. Städte wie Frankfurt, Köln und Düsseldorf wurden zu logistischen Rückzugsbasen für die algerischen Aktivisten. Die französische Féderation der FLN zog sogar zeitweilig von Paris nach Düsseldorf um. Viele der deutschen Unterstützer waren vom schmutzigen Krieg enttäuschte Frankophile. Für sie war Algerien, wie Leggewie schreibt, »die Partitur, mit der man in den pathetischen Orgelton der verordneten deutsch-französischen Aussöhnung ein paar kakophone antikoloniale Töne einmischen konnte«. Bundeskanzler Adenauer war das alles sehr peinlich, er wusch aber seine Hände in Unschuld. »Da sin Se bei mir janz verkehrt«, soll er dem französischen Botschafter gesagt haben, als der bei ihm protestierte. »Da müssen Se zur SPD jehen, ich kann da jar nix machen.«

Nicht vergessen werden soll in diesem Zusammenhang der »Staatsfeind« Si Mustapha, ein in Wiesbaden als Winfried Müller geborener Revoluzzer und Abenteurer, der zur FLN gestoßen war und einen Abwerbe- und Rückholdienst für deutsche Fremdenlegionäre organisierte. Die Deutschen stellten auch in Algerien wieder das Hauptkontingent der Legion. Mustapha Müller wusste, dass viele die Schnauze voll hatten. Gemäß seinen Anweisungen ergaben sie sich mit dem Ruf »Alemani«. Er war dabei recht erfolgreich und schaffte es, mehrere Tausend Legionäre zur Desertion zu bewegen. Kein Wunder, dass die Franzosen nicht gut auf ihn zu sprechen waren. Mehrfach wurde versucht, seine Abwerbungstätigkeit durch Sprengstoffattentate zu beenden, allerdings vergeblich. So konnte er 1992 zum Helden eines Dokumentarfilms werden, für den seiner Autorin Erika Fehse der Deutsch-Französische Journalistenpreis verliehen wurde.[32]

Im Frühjahr 1958 schien in Frankreich ein militärischer Staatsstreich unmittelbar bevorzustehen. Nachdem die Generäle in Algerien der Regierung die Gefolgschaft verweigerten, sah diese sich in einer aussichtslosen Lage und übergab die Macht an General de Gaulle, der sich als Retter bereithielt und das Amt des Regierungschefs übernahm. Wenig später bescherte er dem Land eine neue Verfassung. Die Vierte Republik war am Algerienkrieg zugrunde gegangen.

In Algier rief de Gaulle den Algerienfranzosen sein berühmtes »Je vous ai compris!« zu – »Ich habe euch verstanden«! Mit seiner Rückkehr an die Macht war die Überzeugung verbunden, er werde das französische Algerien retten. Zu Recht sollten sie sich bald getäuscht fühlen. Denn der General, dem noch 1945 die Rückkehr Frankreichs nach Indochina unerlässlich erschienen war, hatte aus dem Debakel gelernt. Auch Tunesien und Marokko waren nicht zu halten gewesen, bald würden die schwarzafrikanischen Kolonien in die Unabhängigkeit entlassen werden. Für Algerien sah de Gaulle zunächst noch eine Form der Assoziierung vor, Selbstverwaltung mit enger Bindung an Frankreich. Auch dafür aber war es zu spät. Anfang 1961 nahm er offizielle Verhandlungen mit der provisorischen FLN-Regierung in Tunis auf. In Algier scheiterte der Putschversuch von vier Generälen, die an der Schimäre der Algérie française festhalten wollten. Gleichgesinnte Offiziere und Zivilisten gründeten in dieser Phase die Terrorgruppe OAS (Organisation Armée Secrète).

Und in Paris kam es in dieser chaotischen Endphase zu einem Massaker, bei dem wahrscheinlich 200 Algerier von der französischen Polizei erschlagen und in die Seine geworfen wurden. Die FLN hatte für den 17. Oktober 1961 die algerischen Arbeitsimmigranten der Vorstädte zu einer friedlichen Demonstration gegen ein soeben erlassenes Ausgehverbot aufgerufen. Der Pariser Polizeipräfekt Maurice Papon ließ sämtliche Kräfte mobilisieren und ordnete hartes Durchgreifen an. Die Ordnungshüter veranstalteten die ganze Nacht hindurch in den Straßen der Lichterstadt eine wilde Hatz auf Araber und richteten ein blutiges Gemetzel an. Noch Tage später wurden Leichen aus dem Fluss gefischt. Danach wurde die Mordnacht über 20 Jahre verschwiegen. Erst seit den 1980er Jahren beschäftigen sich Zeitungsartikel, Dokumentarfilme und Buchpublikationen mit den Ereignissen des 17. Oktober. Das Datum ist heute regelmäßig Anlass für Gedenkveranstaltungen und hat einen hohen Symbolwert für die politisch aufgewachten jungen Nachfahren der algerischen Immigranten.

Je näher die Unabhängigkeit rückte, desto schlimmer wütete die Geheimorganisation OAS. Nach dem gescheiterten Putsch der Generäle erschien sie als letzte Hoffnung angesichts einer Regierung, die das französische Algerien im Stich ließ. Ihr schwarzes Schaf war der »Verräter« de Gaulle, gegen den Anschläge unternommen wurden. In Algerien organisierte die OAS Streiks und Demonstrationen, zündelte mit Plastik-Sprengstoff, verübte Attentate gegen Regierungsvertreter. Sie schwamm in der »Piednoirs«-Bevölkerung wie ein Fisch im Wasser. Ihr Slogan lautete: »Die OAS schlägt zu, wo sie will, wann sie will, wie sie will« und eine Zeit lang schien das zu stimmen. Weitaus isolierter war die OAS im Mutterland, wo Mordanschläge auf Kommunisten, FLN-Unterstützer und Gaullisten verübt wurden. Die öffentliche Meinung hatte wenig übrig für die Algérie-française-Aktivisten. In Paris fanden Großdemonstrationen gegen den Terror statt.

Nach langen Verhandlungen erkannte Frankreich 1962 im Abkommen von Evian das Recht Algeriens auf Selbstbestimmung an. In der Folge praktizierte die OAS eine Politik der verbrannten Erde. Die Einrichtungen von Post und Telekommunikation wurden in die Luft gejagt, die Gaswerke, die Öltanks in den Häfen, selbst die Forschungslabore der Universität von Algier wurden gesprengt. Nur ein Trümmerfeld wollte man den verhassten

»Fellaghas«, den Unabhängigkeitskämpfern, hinterlassen. Der harte Kern der OAS fand sich später unter den Führungskräften von Jean-Marie Le Pens Partei Front National wieder.

Für die Algerienfranzosen folgte mit der algerischen Unabhängigkeit am 5. Juli 1962 die panische Flucht in ein Land, dessen Staatsangehörigkeit sie zwar besaßen, das ihnen aber fremd war und sie auch nicht gerade mit offenen Armen aufnahm. Auch wenn sie oft sehr rasch wieder auf die Beine kamen, blieb bei vielen ein schwelendes Ressentiment – gegen die Gaullisten und gegen die algerischen Immigranten. Vor allem in den Städten des Südens wie Nizza, Toulon oder Montpellier spielen die »Pieds noirs« heute eine beachtliche Rolle, sowohl im wirtschaftlichen als auch im politischen Leben. Einige von ihnen haben nichts vergessen und nichts verziehen. Mit Erstaunen nahm die französische Öffentlichkeit im Jahr 2005 die Einweihung eines Gedenksteins in Marignane bei Marseille zur Kenntnis, der an die »Märtyrer« der OAS erinnert.

Die größten Verlierer des Kriegs aber waren die »Harkis«, jene Algerier, die in französischen Diensten gestanden hatten, sei es als Beamte oder als Soldaten, und die 1962 beim Abgang der Franzosen als Kollaborateure der Rache der Sieger ausgeliefert waren, weil die Kolonialmacht ihnen die Übersiedelung verweigerte. Zehntausende wurden umgebracht. Die sich nach Frankreich retten konnten, wurden – manchmal für Jahrzehnte – fern von der französischen Bevölkerung in schäbigen Lagern geparkt, mit Waldarbeiterjobs und Almosen abgespeist. Seit einigen Jahren erst macht die Generation der Enkel auf das schreiende Unrecht aufmerksam. Mit großer Verspätung sind die »Harkis« zum Thema in der französischen Gesellschaft geworden.

Der Freundschaftsvertrag

Nachdem Frankreich endlich von der algerischen Last befreit war, sollte das Land nach dem Willen de Gaulles einen energischen Sprung in die Gegenwart vollziehen. Jetzt, da Größe und Einfluss nicht mehr durchs Kolonialimperium bestimmt waren, drängten sich neue Orientierungen auf, um Frankreichs Rolle in der Welt zu sichern. Was sich der General vorstellte, war ein wirtschaftlich prosperierendes und militärisch potentes Westeuropa

Charles de Gaulle (r.) und Konrad Adenauer nach der Unterzeichnung des Freundschaftsvertrages am 22. Januar 1963 in Paris

unter französischer Führung. Als Partner für diesen Weg, auf dem er den amerikanischen Einfluss zurückdrängen wollte, brauchte er die ökonomisch starke Bundesrepublik, die ihrerseits politische Anerkennung suchte. 1962 startete er, der noch vor kurzem Deutschland von der Landkarte hatte verschwinden lassen wollen, seine Charme-Offensive. Sie begann mit dem Hochamt in der Kathedrale von Reims, an dem er gemeinsam mit Konrad Adenauer teilnahm, und setzte sich fort in seiner Triumphreise durch Westdeutschland. Deren Krönung war seine Rede an die deutsche Jugend in Ludwigsburg: »Sie alle beglückwünsche ich! Ich beglückwünsche Sie zunächst, jung zu sein. (...) Ich beglückwünsche Sie ferner, junge Deutsche zu sein, das heißt, Kinder eines großen Volkes.« Die Werbung des alten Realpolitikers war erfolgreich. Schon im Jahr darauf, am 22. Januar 1963, wurde im Pariser Élysée-Palast der deutsch-französische Vertrag unterzeichnet. Fürs deutsche Fernsehen beschrieb Georg Stefan Troller live das Geschehen: »Und nun kommt eine ungeheure historische

Szene. De Gaulle und Adenauer küssen sich nach französischer Sitte auf beide Wangen. ›Ich danke Ihnen, Herr Kanzler‹, sagt de Gaulle, indem er den Bundeskanzler lächelnd umarmt. Und damit ist die Aussöhnung zwischen den beiden Nachbarvölkern, die sich im Laufe ihrer Geschichte so tiefe Wunden beigebracht haben, eine geschichtliche Tatsache geworden, verbrieft und gesiegelt.«

Allerdings folgte dann in Deutschland ein Hickhack um die Ratifizierung. Die Amerikaner witterten ein Komplott. Auf keinen Fall sollten sie, darauf bestanden die »Atlantiker« in den Regierungsparteien CDU und FDP, vor den Kopf gestoßen werden. Erst 1961 war die Berliner Mauer gebaut worden, man brauchte die amerikanischen Freunde. Und so kam es, dass dem deutsch-französischen Vertrag eine Präambel vorgeschaltet wurde, in der die Bundesrepublik ein Bekenntnis zur Partnerschaft mit den USA, zur NATO und zum britischen EWG-Beitritt abgab. Das war eine Ohrfeige für die Franzosen. Der ursprüngliche Sinn des Vertrags, die Schaffung einer deutsch-französischen Achse, war damit hinfällig.

Was blieb, waren weitgehend Absichtserklärungen. Zu den konkreten Ergebnissen zählt aber immerhin die Organisation des Jugendaustauschs, die Schaffung eines Deutsch-Französischen Jugendwerks. Es hat seither Millionen von Schülern, Studenten, Azubis und jungen Berufstätigen Begegnungen mit Altersgenossen aus dem Nachbarland ermöglicht. Wenn es außerdem aber hieß, man wollte sich bemühen, »konkrete Maßnahmen zu ergreifen, um die Zahl der deutschen Schüler, die Französisch lernen, und die der französischen Schüler, die Deutsch lernen, zu erhöhen«, so lässt das Ergebnis dieser Bemühungen arg zu wünschen übrig. Auf der politischen Ebene legt der Vertrag regelmäßige Konsultationen und Ministertreffen fest – Rituale, die seither eingehalten wurden und der Beziehung zwischen beiden Regierungen einen institutionellen Rahmen gegeben haben.

Obwohl sich de Gaulles ursprüngliche Ziele nicht erfüllten, hat der Freundschaftsvertrag den beiden Ländern und ihrer Bevölkerung einiges gebracht. Echte Konflikte sind kaum mehr denkbar. Man geht weniger verkrampft miteinander um und lernt sich besser kennen, auch wenn die beiderseitige Imageverbesserung gelegentliche Rückschläge erleidet. Ein Glas Champagner wäre das aber auf jeden Fall wert gewesen.

Die Mairevolte und ihre Folgen

Schon bald darauf wurden beide Länder von parallelen politischen Aufwallungen erschüttert. In Frankreich ging das Phänomen als Mai 68 in die Geschichte ein – eine zunächst von Studenten, dann auch von Arbeitern getragene Bewegung, die zu den großen Revolten des Landes gezählt wird.

Es war die Zeit der Trente glorieuses, der dreißig fetten Jahre – eine Epoche von Wachstum und Vollbeschäftigung. Nach dem Algerienkrieg hatte eine hektische Modernisierung eingesetzt. Großprojekte wurden lanciert, neue Industriekomplexe und Satellitenstädte aus dem Boden gestampft, Universitäten an die Stadtränder gesetzt. Eine davon war die Universität Nanterre, in einem tristen Vorort westlich von Paris.

Bei aller Modernisierung waren aber die alten autoritären Verhaltensweisen geblieben, die Moralvorstellungen und Denkmuster von vorgestern. Kein Zufall, dass das Verbot, Kommilitoninnen in deren Wohnheimen zu besuchen, einer der Auslöser für die Proteste der Nanterre-Studenten war. Die Rebellion gegen das spießige Reglement in Form einer Hausbesetzung führte am 2. Mai 1968 zum Einsatz der Polizei, wodurch der Funken auf die Pariser Sorbonne übersprang. Zur Kerntruppe aus Nanterre gehörte Daniel Cohn-Bendit, der sich im weiteren Verlauf als Pariser Rädelsführer profilierte. Für die Vertreter von Recht und Ordnung war er der Feind aus dem Ausland. KP-Chef Georges Marchais schmähte ihn als »anarchiste allemand«[33]. Als die Regierung dem deutschen Staatsbürger Cohn-Bendit nach einem Besuch in Berlin die Wiedereinreise verweigerte, skandierten die Mai-Demonstranten: »Nous sommes tous des juifs allemands.« Straßenschlachten im Quartier Latin und prügelnde Sondereinheiten der Polizei machten aus einer Handvoll Protestler bald Zehntausende. Die Malaise an den Universitäten, der gaullistische Staat, der Paternalismus von Professoren und Politikern, der Vietnamkrieg – vieles vermengte sich dabei. Sicher gehörte dazu auch der Spaß am Regelverstoß. In der Revolte schlummerte ein Fest. Aber der französische Mai ging weit darüber hinaus. Er griff auf die Betriebe, auf die Arbeiter über. Bald hatte die Revolte ganz Frankreich ergriffen. Punktuelle Arbeitsniederlegungen verdichteten sich zum Generalstreik, dem bis zu elf Millionen Menschen folgten. Es war der größte Streik in der französischen Geschichte.

Nicht nur die Fabriken wurden bestreikt, auch in den Häfen rührte sich kein Kran, es streikten Landarbeiter, Lehrer, Zöllner, ja sogar die Totengräber. Die Eisenbahn fuhr nicht, Busse und Metros blieben in den Depots, die Tankstellen waren geschlossen.

In der Bundesrepublik und Westberlin hatte sich bereits seit Mitte der sechziger Jahre eine linke Studentenbewegung entwickelt. Das Aufbegehren gegen verkrustete Universitätsstrukturen, Proteste gegen den Vietnamkrieg und die Kritik an der Verdrängung der Nazizeit vermischten sich mit Vorstellungen einer radikalen gesellschaftlichen Umgestaltung. Anders als in Frankreich blieb die Bewegung jedoch weitgehend auf das Studentenmilieu beschränkt. »Jeht doch rüba!«, mussten in Berlin demonstrierende Studenten von Arbeitern hören.

Man konnte kaum glauben, was da im Nachbarland vor sich ging, daran erinnerte später der Essayist und Frankreich-Kenner Lothar Baier: »Alles, was 1968 Augen im Kopf hatte, hatte im Mai 68 sehnsüchtig nach Frankreich gestarrt: Die Verbrüderung von protestierenden Studenten, Arbeitern, sympathisierenden Kleinbürgern, auf die nach dem Attentat auf Rudi Dutschke vergeblich gewartet worden war, fand dort massenhaft auf der Straße und vor den Fabriktoren statt.«[34]

De Gaulle selbst konnte nicht fassen, was da passierte, und erlebte schlaflose Nächte. Am 28. Mai machte er sich auf nach Baden-Baden, ins Hauptquartier der französischen Streitkräfte in Deutschland, zu General Jacques Massu. Aber weshalb nur? Wollte er mit den Truppen nach Paris einrollen? Nach Auskunft von Massu hatte er etwas anderes vor. »Man will mich nicht mehr«, habe de Gaulle geklagt und ihm mitgeteilt, er wolle in der Bundesrepublik um Asyl für sich und seine Familie bitten. Massu, will dann über eine Stunde auf ihn eingeredet haben: »Die Front ist in Frankreich, in Paris.«[35] Tatsächlich riss sich de Gaulle wieder zusammen, kehrte anderntags zurück und hielt eine kämpferische Ansprache im Radio, in der er eindringlich die Gefahr einer kommunistischen Machtergreifung beschwor. Es war das Signal für die Trendwende. Die Gewerkschaften handelten noch ein paar arbeitnehmerfreundliche Reformen aus, aber das war es dann auch. Die vorgezogenen Wahlen brachten einen Rechtsruck, und die Pflastersteinstraßen des Quartier Latin, unter denen bekanntlich der Strand lag (»Sous le pavé la plage – Unter dem Pflaster der Strand« war eine zentrale Parole des Mai 68), wurden mit einer Asphaltdecke überzogen.

Die Ära de Gaulles endete ein Jahr später, als der General nach einem verlorenen Referendum über die Frage der Regionalisierung am 28. April 1969 zurücktrat.

Von der großen Mairevolte war bald nicht mehr viel zu spüren. In der Folgezeit entwickelten sich zwar zunächst verschiedene Einzelströmungen – die Bewegungen der Frauen, der Schwulen, der Regionalisten, der Umweltschützer – und mit Jean-Paul Sartres Hilfe wurde *Libération* als radikales Blatt gegründet. Aber insgesamt waren die Auswirkungen wenig nachhaltig. Es hatte sich nicht solch ein Bruch ereignet wie in Deutschland, wo es ja während der Studentenbewegung auch um die Auseinandersetzung mit dem Nationalsozialismus und den Verdrängungen der Elterngeneration ging. Rasch vollzog sich in Frankreich die Rückkehr zur Normalität. Auch das Phänomen des linken Terrorismus blieb dem Land weitgehend erspart, während in der Bundesrepublik 1970 die Rote Armee Fraktion (RAF), auch als Baader-Meinhof-Gruppe bezeichnet, mit ihren Banküberfällen und Bombenanschlägen begann. Allerdings verfolgte man in Frankreich die Aktionen der RAF und die Reaktionen des Bonner Staates mit großer Aufmerksamkeit. So stattete Jean-Paul Sartre demonstrativ am 4. Dezember 1974 Andreas Baader einen Besuch im Stammheimer Hochsicherheitsgefängnis ab. Der Schriftsteller Jean Genet sang Loblieder auf den Chef der RAF. Pariser Intellektuelle zogen gegen den vermeintlich faschistischen deutschen Polizeistaat zu Felde.

In diese Zeit des tatsächlich recht unbehaglichen »Deutschen Herbstes« von 1977 fiel zufällig meine Übersiedlung nach Frankreich. Ich hatte angesichts der langwierigen Kontroll-Exzesse an der Grenze bewusst einen kleinen Grenzübergang gewählt, in dem Glauben, dort würde es schneller gehen. Auf der französischen Seite stand das Begrüßungskomitee in Gestalt zweier schnauzbärtig-biederer Zollbeamter. Ich war ihr einziger Kunde. Sie meinten, einen ganz großen Fang gemacht zu haben, führten aufgeregte Telefonate, filzten minutiös mein Gepäck, ließen mich neben dem RAF-Fahndungsplakat mit den vielen zum Teil schon durchgestrichenen Köpfen zwecks physiognomischen Vergleichs Aufstellung nehmen, dann wandten sie sich meinem verbeulten R4 zu, um ihn so weit wie möglich zu demontieren. Offenbar war ihnen nicht bekannt, dass die Baader-Meinhof-Leute schnelle BMWs bevorzugten. Ein denkwürdiger Empfang in meiner neuen Wahlheimat.

Am selben Abend kam ich schließlich in Paris an. An der Theke eines Cafés blätterte ich in einer deutschen Zeitung, woraufhin mich eine junge Dame ansprach. »Sie sind Deutscher?« Schnell verstand ich, dass sie mich für einen Flüchtling aus diesem gnadenlosen Polizeistaat hielt. Und sie konnte sich kaum beruhigen, was für ein entsetzlicher Faschist dieser Kanzler Helmut Schmidt wäre. Ich zog es vor, mich rasch zu verabschieden. Am 18. Oktober 1977 waren drei RAF-Mitglieder tot in ihren Stammheimer Zellen aufgefunden worden. Skeptiker stellten die These vom kollektiven Selbstmord in Frage. In Paris fungierte dies als Auslöser für antideutsche Reflexe. In jenen Tagen wurden die Reifen deutscher Touristenautos aufgeschlitzt und Steine in die Fenster deutscher Firmen geworfen. Vermutlich lieferte die Empörung über das Schicksal der RAF-Leute für manche den Vorwand, antideutschen Ressentiments freien Lauf zu lassen.

Das politische Engagement der 68er-Generation verkümmerte in Frankreich zusehends, es gab keine Entwicklung in Richtung Alternativbewegung wie in Deutschland. Die Rebellen krochen zurück in den Schoß der Nation, mit der sie sich auch nie so entzweit hatten wie ihre deutschen Altersgenossen. Und bald vollzogen sie – passend dazu – die antitotalitäre Wende. Auslöser war das Erscheinen von Alexander Solschenizyns Buch »Der Archipel Gulag« von 1974. Bis dahin hatte sich ein Großteil der denkenden und schreibenden Zunft im geistigen Umfeld der Kommunistischen Partei angesiedelt oder sich maoistisch betätigt. Nun aber traten die sogenannten Neuen Philosophen auf den Plan und stellten in Frage, was bisher verbindlich war. Alles Linke, Marxistische wurde verworfen und als totalitär gebrandmarkt. Während man vorher gegen den US-Imperialismus agitiert hatte, wurde nun das Sowjetimperium zum Hauptgegner.

Für Deutsche und Franzosen, zumal für die Intellektuellen, begann eine Zeit von Missverständnissen und gegenseitigem Misstrauen. Man lebte aneinander vorbei, hatte sich wenig zu sagen, aber vieles vorzuwerfen. Mit Befremden reagierten die meinungsbildenden Kräfte Frankreichs auf das Aufblühen der Umweltbewegung drüben bei den Nachbarn. Im November 1981 schrieb das Nachrichtenmagazin *L'Express* über die Demonstrationen gegen die Startbahn West des Frankfurter Flughafens: »In diesem überindustrialisierten Land mit großer Bevölkerungsdichte ist das ökologische Thema sehr mobilisierend. Zudem stellt der Wald für die germanische Seele stets das Mysteriöse und Heilige dar.«

Auch mit dem spöttisch gebrauchte Begriff »Le Waldsterben« mokierte man sich über deutsche Naturbesessenheit, während man in der Bundesrepublik die französische Unbekümmertheit in Sachen Nuklearenergie anprangerte. »Gefährlicher Atomnachbar Frankreich«, so überschrieb der Spiegel am 8. September 1986 eine Reportage im Zusammenhang mit dem Bau des grenznahen Atomkraftwerks Cattenom in Lothringen. Heftige Empörung rief in Deutschland auch der Anschlag auf das Greenpeace-Schiff »Rainbow Warrior« im Hafen von Auckland in Neuseeland hervor. Die Umweltaktivisten wollten gegen französische Atomversuche im Pazifik protestieren. Beim Versuch französischer Geheimdienstler, das Schiff am 10. Juli 1985 mittels Sprengstoff zu versenken, kam ein Fotograf ums Leben.

Eine Breitseite gegen die deutschen »Ökos« wiederum feuerte der Philosoph Luc Ferry 1992 mit seinem Buch »Le nouvel ordre écologique« ab. Er stellt darin das missliebige Phänomen unter generellen Faschismusverdacht. Es gäbe, so Ferry, eine typisch deutsche Ideologie des naturverherrlichenden Antihumanismus und Antiliberalismus, deren aktuellste Erscheinungsform eben die »Grünen« und ihr Anhang seien. Nicht Ozonloch, Artensterben, Klimaverschiebungen oder die Unwägbarkeiten der Nuklearenergie wurden von diesem Pariser Denker, der später für kurze Zeit Bildungsminister werden sollte, als Gefahren dingfest gemacht, die Gefahr lag für ihn vielmehr in der Ökologie selbst. Kaum jemand kam auf den Gedanken, dass die Umweltthematik nicht nur in der Bundesrepublik, sondern auch in vielen anderen europäischen Ländern wichtig genommen wurde und größere Menschenmengen mobilisierte, dass es also weniger Deutschland als vielmehr Frankreich war, das hier eine Ausnahme bildete. Die Nazi-Keule lag bereit, also wurde sie geschwungen.

Noch mehr aber als den übertriebenen Umweltschutz und die als fortschrittsfeindlich aufgefasste Verunglimpfung der Atomenergie verübelte man der Ökopax-Bewegung den Pazifismus. »Munich!«, hieß das anklagende Stichwort. Der Ungeist des Münchner Abkommens, der Defätismus von Briten und Franzosen gegenüber Hitler – flugs wurden da Parallelen zur deutschen Friedensbewegung gezogen, die gegen die Installierung der Pershing-Nuklearraketen demonstrierte. »Die Raketen sind im Osten, die Pazifisten sind im Westen«, verkündete Mitterrand, als er 1983 im Bundestag Werbung für die Nachrüstung machte. Dass es auch im Osten, in der DDR, eine Friedensbewegung gab, wurde entweder ignoriert oder als Beleg für heimliche deutsch-deutsche Neutralismus-Neigungen gewertet.

Das andere Deutschland

Als 2003 in Berlin die neue französische Botschaft eingeweiht wurde, konnten die Besucher die Foto-Ahnengalerie der früheren französischen Botschafter in Deutschland bewundern. Es waren aber nur die Fotos der Bonner Botschafter aufgehängt, die der französischen Diplomaten in Ostberlin fehlten. Empfand man plötzlich die recht lebendige Beziehung zwischen Frankreich und der DDR als peinlich und wollte nicht mehr daran erinnern?

Frankreich war 1973 das zweite westliche Land nach Großbritannien, das die DDR völkerrechtlich anerkannte, die erste westliche Macht, die einen Außenminister in die DDR sandte, die erste, die in Ostberlin ein Kulturzentrum eröffnete, die erste, die Erich Honecker empfing.

In der französischen Bevölkerung hatte das »andere« Deutschland durchaus seine Anhänger. Für manche politisch links orientierten Franzosen war die DDR das bessere Deutschland. Eine Sichtweise, wie sie auch die Zeitschrift *Connaissance de la R.D.A.* (Kenntnis der DDR) vermittelte. Gewisse Defizite in Sachen Demokratie galten lange Zeit als Kinderkrankheiten.

Alain Lance, langjähriger Leiter des Pariser Literaturhauses Maison des Ecrivains, französischer Übersetzer von Christa Wolf, Volker Braun und Ingo Schulze, war 1962 während seines Germanistik-Studiums nicht wie die meisten anderen für ein Jahr in die Bundesrepublik gegangen, sondern in die DDR, nach Leipzig. Als ich ihn nach seinen Erinnerungen fragte, verklärte sich sein Blick: »Gewiss, da waren die sinnlichen Eindrücke: Braunkohlegeruch, keine Reklame, viele düstere, kaum beleuchtete Straßen – aber: Ich war in dem Alter voller politischer Begeisterung, es gab die Hoffnung, hier werde eine neue Gesellschaft aufgebaut, und da war für mich auch der Hintergrund des Algerienkrieg – ich traf in Leipzig Kommilitonen aus Vietnam, aus Algerien, aus Indonesien, aus Kuba –, und ich dachte: Jetzt gibt es eine neue Solidarität für eine bessere Welt.«

Wichtigste Fürsprecher der DDR in Frankreich waren die starke Kommunistische Partei und ihre Unterorganisationen, vor allem die Freundschaftsgesellschaft Association pour les Echanges Franco-Allemands (Verein für französisch-deutschen Austausch). Zwischen DDR-Städten und kommunistisch geführten Gemeinden existierten rund 150 Städtepartnerschaften, funktionierten allerdings, was nicht überrascht, zum größten Teil als Einbahnstraße.

Ein Schock war für beide Seiten der Freundschaftsvertrag von 1963 und die folgende Gründung des Deutsch-Französischen Jugendwerks (DFJW). Die SED wetterte gegen die »Versöhnungsdemagogie«.[36] Den Versuchen des westdeutschen Imperialismus, unter Aufwendung großer finanzieller Mittel »seine Ideologie in die Jugend Frankreichs zu infiltrieren«[37], sollte verstärkt ein eigener Jugendaustausch entgegengesetzt, die Wirkung der DFJW-Aktivitäten konterkariert werden. Der Erfolg war mäßig. Zwar fuhren französische Jugendliche in die DDR, umgekehrt aber kamen allenfalls Funktionäre.

Auch in bürgerlich-konservativen Kreisen gab es Sympathien für die DDR, allerdings weniger für ihr politisches System, sondern allein für die Tatsache, dass sie existierte. Dahinter steckte die alte Germanophobie, wie sie sich ironisch im vielzitierten Diktum des Schriftstellers François Mauriac tarnt: »Ich liebe Deutschland so sehr, dass ich lieber zwei habe als eines.«[38]

Und dann gab es die höchst eigensinnige Haltung von Michel Tournier, dem germanophilen Schriftsteller, der das DDR-Regime zwar ablehnte, aber geschmeichelt war, zum Mitglied in der Ostberliner Akademie der schönen Künste erkoren zu werden und auch sonst einige Sympathien für das Land und seine Bewohner hatte: »Ich wurde da regelmäßig eingeladen. In der DDR habe ich sehr wichtige Erfahrungen gemacht. Aber das Regime fand ich natürlich scheußlich! Das war ein Polizeistaat! Und ich war absolut dagegen«, erzählt er, als ich ihn in seinem alten Pfarrhaus in einem kleinen Dorf südlich von Paris besuche.

Mit Bedauern denkt er an die von ihm als Ikonen einer neuen Weiblichkeit verehrten DDR-Sportlerinnen zurück, die muskulöse glatte Schönheit, die das Stereotyp der zerbrechlichen schutzbedürftigen Frau ad absurdum führte. Ihr wollte er einen Roman widmen, aber leider ... »Leider ist die DDR inzwischen verschwunden. Ich schreibe zu langsam, wissen Sie. Ich kann erst ein Buch schreiben, wenn ich einen guten Titel habe. Und da hatte ich einen sehr schönen Titel: ›Eva, oder die Republik der Körper‹. Das wäre also ein Buch über die Sportfrau und gleichzeitig über die DDR geworden.«

Und keine Kritik an der aktenkundig gewordenen Dopingpraxis? Tournier winkt ab: »Was das Dopingproblem betrifft, sollten wir ganz still sein, besonders wir Franzosen, mit unserer Tour de France!« Und bricht in schallendes Gelächter aus. Dann erzählt er, wie ihn François Mitterrand besucht hat. Mehrfach war er zum Mittagessen gekommen. Schon frühmorgens tauchten jedes Mal die Sicherheitskräfte auf, um sich Tourniers Haus anzusehen und nach einer Wiese zu suchen, wo der Präsidentenhubschrauber landen konnte. Man habe dann oft über Deutschland gesprochen, und er, Tournier, habe gesagt, dass er die DDR für ein artifizielles Gebilde halte, für einen nicht überlebensfähigen Staat, der von der überwiegenden Mehrheit seiner Bürger abgelehnt werde. »Ich wusste nicht, dass meine Meinung Mitterrand sehr missfiel. Er legte viel Wert auf die Existenz der DDR. Er fürchtete sich vor einem großen vereinigten Deutschland.«

Schmunzelnd erwähnt Tournier dann den großen Empfang zu Ehren des Staatsgastes Erich Honecker im Januar 1988. Schriftsteller, Schauspieler und Unterhaltungskünstler waren hinzugebeten worden – darunter Juliette Gréco, Marcel Marceau, Alain Robbe-Grillet, Georges Moustaki, Gilbert Bécaud und: Michel Tournier. »Und als ich ankam, erfuhr ich, dass ich nicht vom Élysée-Palast eingeladen war, sondern von der DDR-Botschaft. Er hatte mich nicht dazu eingeladen, der Mitterrand.« Der Überbringer der schlechten Nachricht war in Ungnade gefallen.

Trauma »réunification«

Dann kam das befürchtete oder erhoffte, jedenfalls kaum für möglich gehaltene Ereignis: der Fall der Berliner Mauer am 9. November 1989 und in der Folge die Wiedervereinigung – eine Phase, in der die deutsch-französischen Beziehungen auf eine harte Probe gestellt wurden.

Bei den spontanen Reaktionen zeigte sich eine gewisse Euphorie. »La chute du mur« wurde zum stehenden Ausdruck. Die Franzosen waren bewegt. Ein totalitäres System brach zusammen! Darüber musste man sich einfach freuen im Land der Menschenrechte. Bei einer in der Zeitung *Libération* veröffentlichten Umfrage vom Februar 1990 sprachen sich 68 Prozent der Franzosen für die deutsche Wiedervereinigung aus. Aber seitens der Politiker und in den Medien wurde bald schon das alte französische Unbehagen artikuliert. Gewiss, die Führungsriege gab Lippenbekenntnisse ab: »Ich denke, dass dies glückliche Ereignisse sind«, sagte François Mitterrand mit säuerlicher Miene.

Aber nach der Begeisterungswelle kam die Besorgnis: »Der Kopf ist für die deutsche Einheit, aber der Bauch krampft sich zusammen«, schrieb der Historiker und Deutschland-Spezialist Joseph Rovan in *Le Monde*. Denn vor dem, was sich jetzt anbahnte, hatte man stets die allergrößte Angst gehabt. Zwar hatte sich Frankreich offiziell immer zum deutschen Recht auf Wiedervereinigung bekannt. Aber das war mehr eine Art symbolische Pflichtübung gegenüber dem Partner.

Zunächst konnte man die Schreckensvision noch ein wenig verdrängen. Unmittelbar nach dem Mauerfall bezeichnete Verteidigungsminister Jean-Pierre Chevènement die Wiedervereinigung als eine irrealistische Hypothese. Und Präsident Mitterrand meinte im Dezember 1989, mehr als eine Art Konföderation der beiden deutschen Staaten sei kaum zu erwarten.

Das Nachrichtenmagazin *Le Nouvel Observateur* veröffentlichte im November 1989 ein optimistisches und ein pessimistisches Szenario für 1999: Im optimistischen bleibt Deutschland geteilt, die Bundesrepublik ist eingebunden in die Europäische Gemeinschaft, die ehemaligen Satellitenstaaten der Sowjetunion sind neutral. Im pessimistischen ist Deutschland vereinigt und hat Osteuropa zu seiner Einflusssphäre gemacht.

Die Ereignisse in Deutschland lösten eine Flut von Analysen und Karikaturen aus. Ausdrücke wie »Le Blitzkrieg du chancelier Kohl«, »L'Anschluss«, »Pangermanismus«, das »Vierte Reich« oder »Großdeutschland« brachten Unruhe unters Volk. Auf einer Titelseite des *Nouvel Observateur* sah man, wie der deutsche Adler, auf einer schwarz-rot-goldenen Dampfwalze sitzend, den französischen Hahn und andere europäische Symboltiere plattwalzt.

Kurze Zeit darauf schlug die Stunde der Pamphletisten: Ein ganzer Schwall von antideutschen Werken füllte die Vitrinen der Buchhandlungen. Darunter Titel wie »Frankreich – Deutschland: Bismarcks Wiederkehr«, »Die deutsche Versuchung«, »Vom nächsten Krieg mit Deutschland«, »Die Reise ans Ende von Deutschland«, »Ist der Dämon ein Deutscher?« – Es konnte einen frösteln.

Und Präsident Mitterrand? »Sie können mit der Solidarität Frankreichs rechnen«, hatte er den Repräsentanten der moribunden DDR noch im Dezember 1989 bei seinem Staatsbesuch in Ostberlin versichert. Von ihm hatte man früher mehrfach gehört, er habe keine Angst vor einer deutschen Wiedervereinigung. Er meinte damit wohl: Man brauche vor ihr keine Angst zu haben, da sie ohnehin nicht kommen werde, weil die Sowjetunion dies zu verhindern wisse. Als er vom sowjetischen Staatschef Michail Gorbatschow erfahren musste, dass darauf kein Verlass mehr war, fügte er sich ins Unvermeidliche: »Es wäre uns lieber gewesen, Deutschland geteilt zu halten«, sagte François Mitterrand 1995 im Rückblick. »Aber niemand konnte das durchsetzen. Nicht die Supermächte. Nicht das ostdeutsche Militär. Es war kein Putsch. Es gab keine Unruhen, es fiel einfach die Mauer. Es war eine Volksrevolution, in der gewöhnliche Menschen der ganzen Welt ihre Meinung aufzwangen. Wenn daher Margaret [Thatcher] und ich die gleichen historischen Ängste vor einem wiedervereinigten Deutschland hatten, so unterschieden wir uns doch in diesem Punkt: Ich hielt es für eine unerschütterliche Tatsache, an der niemand etwas ändern konnte.«[39]

Der steinige Weg nach Europa

Für Frankreich brach die Nachkriegsordnung zusammen. Beklemmend deutlich wurde, dass man durch die deutsche Einheit und den Zusammenbruch des Sowjetreichs von der Mitte weiter an den Rand dieses Europas rutschte, Deutschland hingegen ins Zentrum.

Nicht zuletzt um deutsche Alleingänge zu verhindern und das größer gewordene Deutschland einzubinden, wurde im Februar 1992 in Maastricht der Vertrag über die Europäische Union beschlossen. Als dann im September desselben Jahres in Frankreich eine Volksabstimmung zu »Maastricht« stattfand – Gegner des Vertrags verunstalteten den Namen als Schreckensruf zu »Mass-Tritsch« –, wurde sowohl von den Befürwortern als auch den Gegnern auf erstaunliche Weise die deutsche Gefahr beschworen. Es war auf der Ja-Seite viel von den »Dämonen« die Rede, auch von »romantisch-irrationalen Kräften«, vor denen die Deutschen durch Einbindung in Europa bewahrt werden müssten, während die Nein-Seite das Gespenst der drohenden deutschen Hegemonie über Europa und damit über Frankreich an die Wand malte. Während die französische Bevölkerung gar nicht solch eine Angst vor Deutschland verspürte, wurde sie ihr zum Zwecke wahltaktischer Instrumentalisierung durch Politiker und Publizisten eingeredet.

Über das germanophobe Geraune, das manche angeblich kluge Köpfe von sich gaben, konnte man sich nur wundern. Nach einer Rede des deutschen Außenministers Joschka Fischer über die föderale Zukunft Europas gab der Linksnationalist Jean-Pierre Chevènement warnend zu bedenken, Deutschland träume immer noch vom Heiligen Römischen Reich Deutscher Nation, sei keineswegs geheilt von der Entgleisung des Nationalsozialismus und versuche mit dem Föderalismus in Europa bloß, ein deutsches Modell durchzudrücken.

Andere Denker witterten schleichenden Pangermanismus. Als 1999 Jörg Haider in Österreich auftrumpfte, erkannte Alexandre Adler, eine omnipräsente Mediengröße, nun habe »der lange Marsch Haiders auf Berlin« begonnen. Und der gefragte Spezialist erklärte weiter: »Die Stärken des neuen nationalen germanischen Egozentrismus befinden sich in der Alpen-Trinität Haider-Blocher-Stoiber und der sozialen Basis des Dreiecks Wien–Zürich–München. Diese Basis könnte sich nun nach Antwerpen, Dresden und Berlin ausweiten.« Adler ist eine Zentralgestalt der Pariser Publizistik, und dieser Artikel erschien am 24. Februar 2000 in *Le Monde*, dem Referenzblatt der Intelligentsija.

Bisweilen gibt es aber auch ganz andere Töne. Im Magazin *L'Express* überschrieb ein Star-Kommentator seine Kolumne auf Deutsch mit: »Zum Glück gibt es Deutschland« und lobte dort die deutsche Europa-Orientierung. Als Gegenkraft zu den Deutschland-Paranoikern ist auch die Berlin-Korrespondentin Pascale Hugues zu erwähnen, die sich bemüht – unter anderem in ihrem Buch »Le bonheur allemand« (dt. »Deutsches Glück«) –, ihren

Landsleuten das Nachbarland auf unverkniffene und möglichst klischeefreie Weise näherzubringen. Und unverdrossen arbeitet der Politologe Alfred Grosser daran, beide Seiten übereinander aufzuklären und gegen den verbreiteten Unfug anzukämpfen.

An das vereinte Deutschland haben sich die Franzosen inzwischen gewöhnt, auch an die Hauptstadt Berlin. Sie ist sogar bei jungen Leuten und Künstlern in Mode geraten, wegen ihres kreativitätsfördernden Reizklimas und des billigen Wohnraums. Der deutsche Riese hat weiter an Bedrohlichkeit eingebüßt, als klar wurde, wie sehr er an den Folgen der Vereinigung zu laborieren hat.

Allerdings scheinen die Deutschen an Selbstvertrauen gewonnen zu haben. Sie sind nicht mehr so bescheiden wie früher, legen sich quer beim Streit um EU-Agrarsubventionen. Das wirkt irritierend nach einer so langen Phase der Junior-Partnerschaft. Richtigen Familienkrach gab es 2000 auf dem EU-Gipfel von Nizza. Erst in der gemeinsamen Ablehnung des Irakkriegs kam es wieder zu einer Annäherung.

Als die Franzosen dann allerdings im Mai 2005 beim Referendum zur EU-Verfassung mehrheitlich mit Nein stimmten, kam das wie ein Paukenschlag. In Sachen Europa schien sich Frankreich damit an den Rand manövriert zu haben. Eine zusätzliche Abkühlung brachte der Regierungswechsel in Berlin von Gerhard Schröder zu Angela Merkel. Bang konstatierte die Pariser Presse Entfremdung und Umorientierung. Eine gewisse Lauheit scheint seither auf der politischen Ebene im deutsch-französischen Verhältnis eingekehrt.

Tatsächlich steckt Frankreich in einer ganz eigenen Krise, die Verschiebungen im Verhältnis zum deutschen Partner sind dabei nur ein Aspekt. Es ist eine tiefe Krise des Selbstverständnisses. Lange konnten sich die Franzosen in einem stabilen nationalen Korsett geborgen fühlen, das sie mit klaren Regeln versorgte und die Mentalitäten bestimmte, eine Geborgenheit, die nun in Frage gestellt wird. Globalisierung und europäische Evolution lassen bisherige Konstanten zerbröckeln und zwingen dazu, alte Gewissheiten aufzugeben. Es ist ein schwieriger und schmerzlicher Abschied, auch einer von Illusionen und Anachronismen.

Die Republik: Stärken und Schwächen

Die großen Erinnerungen

Die Franzosen haben traditionell ein sehr positives Verhältnis zur eigenen Geschichte, aber nicht alle huldigen den gleichen geschichtlichen Ereignissen. Es ist für Außenstehende einigermaßen verwirrend, wie leicht eine fiebrige Erregung, ein inbrünstiger Streit ausbrechen kann, wenn es um die historischen Mythen und das Selbstverständnis der Nation geht.

Deutlich wurde das 1996 bei den Auseinandersetzungen um das Chlodwig-Jubiläum vorgeführt. Chlodwig? In der Kölner Südstadt gibt es einen belanglosen Chlodwig-Platz, mit dem verbinde ich allenfalls das frühere Stammlokal der Rockgruppe »Bap«. Über den historischen Merowingerkönig, der sich angeblich im Jahr 496 hatte taufen lassen, weiß man wenig, aber wie viel reichhaltiger ist der mit ihm verbundene Gründungsmythos! Im 9. Jahrhundert hatte ein Erzbischof von Reims namens Hinkmar die Legende in die Welt gesetzt, es sei der Heilige Geist in Gestalt einer Taube erschienen und habe die Heilige Ampulle zur Salbung des Konvertiten herbeigebracht. Dadurch wurde der königlichen Macht Chlodwigs göttliche Legitimität verliehen, und mit ihm dem gesamten Frankenreich. Unter Chlodwig erreichte es seine europäische Machtstellung, und Paris wurde Hauptstadt. Durch Chlodwigs Taufe entstand auch der Mythos von Frankreich als der »ältesten Tochter der Kirche«. Frankreichs Herrscherdynastien machten von diesem Mythos eifrig Gebrauch. Stets ließen sie sich in Reims krönen, und kein Name wurde den Thronfolgern so oft gegeben wie Louis, das heißt Ludwig, und das kommt von Chlodwig.

In Frankreich wurde aus der 1500-Jahr-Feier ein Politikum ersten Ranges. Ein Nationales Komitee der Erinnerung an die Ursprünge der Nation war auf Betreiben von Premierminister Alain Juppé zur Organisation zahlreicher Festlichkeiten anlässlich des Clovis-Jahres gebildet worden. Seinen Höhepunkt sollte das

Festjahr mit dem Besuch von Papst Johannes Paul II. in Reims erreichen. Aber weder wurde der Pontifex maximus von allen freudig erwartet, noch gab es einen Konsens über Chlodwig selbst.
Die Medien sprudelten über vor polemischen Pamphleten, Protesten, Tiraden. Besonders engagiert zeigte sich der Grand Orient
de France, die größte Freimaurervereinigung. Ich bat also um eine
Audienz beim Großmeister am Pariser Hauptsitz, einem stahl-
verkleideten Tempel in der Rue Cadet.

Die Freimaurer sind ein nicht zu unterschätzender Faktor in der
französischen Gesellschaft. Der Grand Orient, eine der ältesten
Freimaurerlogen in Europa, hat vor allem in den Parteien der
Linken starken Einfluss und versteht sich als Hüter der republika-
nischen Werte. Unter Präsident Mitterrand gehörten ihm mehrere Regierungsmitglieder an. Das Arbeitszimmer des Großmeis-
ters hat denn auch staatsmännischen Zuschnitt, man meint eine
Machtzentrale zu betreten. Was hielt man hier von der Chlodwig-
Feier und dem angekündigten Papstbesuch? Großmeister Jacques
Lafouge war kategorisch: »Hier wird die Idee von Frankreich
als ›ältester Tochter der Kirche‹ wieder belebt. Für uns aber hat
Frankreich spätestens 1789 aufgehört, die ›älteste Tochter der Kirche‹ zu sein!«

Denn um nichts Geringeres geht es als um die Grundlagen der
Nation. Wann ist sie entstanden? Verkörpert sich in ihr die christ-
lich-monarchistische Tradition, hervorgegangen aus dem Grün-
dungsakt der Taufe Chlodwigs, oder basiert sie nicht vielmehr
erst auf der Revolution, auf den Prinzipien der Laizität? Es sind
dies französische Leidenschaften, die, für Nicht-Franzosen sehr
erstaunlich, selbst in jüngster Zeit wie aus heiterem Himmel
hervorbrechen. Diesen Chlodwig habe man während des Vichy-
Regimes wieder ausgegraben, einen König, der nützlicherweise
ein bisschen französisch, aber auch ein bisschen deutsch gewesen
sei, schimpfte der Großmeister des Grand Orient. Tatsächlich
hatte das Pétain-Regime einiges übrig für den Frankenkönig. Als
Symbol wählte es die Francisque, die fränkische Doppelaxt. Und
auch bei der heutigen extremen Rechten um Jean-Marie Le Pen
wird Chlodwig in Ehren gehalten.

Die Französische Revolution war dann der entscheidende Ein-
schnitt, und das ist wörtlich zu nehmen, denn nichts konnte die
Entheiligung des Königs so radikal zum Ausdruck bringen wie
seine Enthauptung. Demonstrativ wurde dann auch noch die Hei-

lige Ampulle zu Reims zerbrochen. Der alte Chlodwig wurde zur Apanage der Royalisten, der katholischen Antirepublikaner.

»Die Wahrheit, die schmerzliche Wahrheit ist, dass es innerhalb derselben geographischen Grenzen zwei Frankreichs gibt. Die Frage ist, welches von beiden am Ende siegreich sein wird«, hatte 1896, zur 1400-Jahr-Feier der Chlodwig-Taufe, Kardinal Féraud in der Kathedrale von Reims verkündet.

Der alte Gegensatz, der das 19. Jahrhundert bestimmte, ist noch immer nicht völlig verschwunden, auch wenn der Konflikt zwischen den zwei Identifikationsmodellen, dem »ewigen« Frankreich, dem der Könige, und dem der Revolution von 1789 zugunsten der letzteren entschieden scheint. »Frankreich wird stets nur einen einzigen unauslöschlichen Namen haben, seinen wirklichen, ewigen Namen: die Revolution!« stellte der Historiker Jules Michelet klar.[40] Die Revolution ist der Gründungsmythos der Republik. Aus ihr bezieht sie ihre Symbole: die »Marseillaise«, den 14. Juli und die Parole Liberté – égalité – fraternité, die an den einstmals universellen Anspruch erinnert.

Freilich war der Durchsetzungsprozess der Republik von Rückschlägen begleitet. Das ganze 19. und 20. Jahrhundert war ein Hin und Her von Revolution und Restauration. Lange hat es gedauert, bis sich die Republik als Staatsform wirklich durchsetzen konnte. Und die alten Konfrontationen prägen zum Teil auch noch manche aktuelle Auseinandersetzung. Das in großem Rahmen begangene Chlodwig-Jubiläum von 1996 kann so als Antwort einer konservativen Regierung auf die von einer linken Regierung begangene große 200-Jahr-Feier der Französischen Revolution im Jahr 1989 interpretiert werden.

Die Idee der Größe

Das moderne Frankreich hat eine historische Mythologie geerbt, die besonders durch die Schule der Dritten Republik (1871 bis 1940) konstruiert worden ist. Die Revolution hatte den Nationalstaat verwirklicht, nun musste die Idee der Nation durchgesetzt werden. An die Stelle der Bindekraft, die Königtum und Religion dargestellt hatten, trat nun eine quasi-religiöse Vorstellung von dem einen, unteilbaren Frankreich, das die Husaren der Republik, wie die Schullehrer genannt wurden, den Kindern eintrichterten.

Der ländlichen Bevölkerung war »la patrie«, das Vaterland, bis dahin recht gleichgültig gewesen. Nun aber schrieb ein Historiker namens Ernest Lavisse einen patriotisch-verbindlichen Text für die Schulen fest. Frankreich hatte danach seine Wurzeln in einem mythischen Gallien, das lieferte die Fiktion einer ethnischen Kontinuität, die man über alle Bevölkerungsteile stülpen konnte. »Nos ancêtres les gaulois« – Unsere Vorfahren, die Gallier: Generationen von Schulkindern beteten es nach, egal welcher Herkunft sie tatsächlich waren. Es galt, die Nation zusammenzuschweißen durch die Vereinheitlichung von Sprache, Zugehörigkeitsgefühl und Nationalstolz.

Gar nicht zu haben für die Nationalreligion des post-revolutionären Frankreich waren die Herren Marx und Engels: »Das Unglück der Franzosen, sogar der Arbeiter, sind die großen Erinnerungen! Es wäre notwendig, dass die Ereignisse diesem reaktionären Kult der Vergangenheit ein für alle Mal ein Ende machten«, schrieb Karl Marx im September 1870 an Engels. Aber mit dem Kult um die Vergangenheit ging es jetzt überhaupt erst richtig los. Als Held wurde während der Dritten Republik – vor dem Hintergrund des verlorenen Krieges gegen die Preußen – der gallische Heerführer Vercingétorix aufgebaut, der den Römern mutig die Stirn geboten hatte. Sein Ruhm ist zwar heute verblasst, Spuren finden sich allenfalls in der Asterix-Saga. Aber eine gewisse Faszination geht weiterhin von legendenumwobenen Stätten der Gallier aus, so von der verschwundenen Stadt Bibracte, die auf dem Mont Beuvray im Morvangebirge gestanden hat. François Mitterrand wollte ursprünglich dort oben unter einer mächtigen Eiche sein Mausoleum errichten lassen. Die Parzelle war schon erworben. Als das Vorhaben dann durch Indiskretion publik wurde und despektierliche Kommentare auslöste, verzichtete er darauf.

Die eigene Geschichte ist in Frankreich – radikaler Unterschied zur Situation in Deutschland – eine verklärte, vergoldete Erzählung. Die Vergangenheit war, über Jahrzehnte zumindest, keine Last, sondern Grund für nationale Erbauung. Die Verherrlichung der universellen Mission nahm bisweilen Formen an, die auch dem wohlwollenden Zugereisten bizarr erscheinen können. »Die französische Nation war und ist das Heil des menschlichen Geschlechts«[41], dekretierte der große Michelet. Punktum. Und in die gleiche Kerbe hieb später Charles de Gaulle: »Frankreich ist das Licht der Welt, sein Genie ist dazu bestimmt, das Universum zu erleuchten.«[42] Er hatte nämlich erkannt: »Unser Handeln ist auf Ziele gerichtet, die, eben weil sie französisch sind, dem Interesse aller Menschen entsprechen.« Darf's ein bisschen mehr sein? François Mitterrand hatte ganz ähnliche Erkenntnisse. Er pries »jenes undefinierbare Genie, das es Frankreich ermöglicht, die tiefen Bedürfnisse des menschlichen Geistes zu erfassen und auszudrücken«, deshalb sei es dazu auserkoren, »den Pfad der Menschheit zu erhellen«.[43] Da kann man sich nur demütig verneigen.

In deutschen Medien wird mit schöner Regelmäßigkeit der Ausdruck »La grande nation« benutzt, schon um nicht immer Frankreich sagen zu müssen. Die Franzosen selbst benutzen diesen Begriff nicht, denn es haftet ihm schon lange etwas Abwertend-Spöttisches an. Dennoch sucht sich eine spezifisch französische Idee von Größe weiterhin ihren Ausdruck, sei es in pompösen Staatsritualen wie der Pantheonisierung großer Franzosen – »Den großen Männern. Das dankbare Vaterland« steht auf dem Giebel des nationalen Ruhmestempels –, in der alljährlichen Militärparade zum Nationalfeiertag, dem letzten europäischen Ereignis dieser Art nach dem Ende des Sowjetimperiums, oder grundsätzlich in der Sorge um den eigenen Großmachtstatus. Zwar sind die realen Einflusszonen arg zusammengeschrumpft, sogar die ehemaligen afrikanischen Kolonien wenden sich nach und nach von der Ex-Kolonialmacht ab und anderen Ländern zu, aber es bleiben immerhin noch die über den Globus verteilten Rest-Konfetti des Imperiums, die DOM-TOM genannten Überseegebiete – Départements d'outre-mer-Territoires d'outre-mer. Sie verschaffen Frankreich eine eigene Bananenproduktion und die Kontrolle über riesige Meereszonen. Ihnen ist zu verdanken, dass die Europäische Union im Département Französisch-Guyana eine gemeinsame Grenze mit Brasilien hat.

Noch wichtiger für die Weltgeltung sind der ständige Sitz im UN-Sicherheitsrat und die Force de frappe, Frankreichs atomare Streitmacht. Der erste Nukleartest hatte 1960 in der algerischen Wüste stattgefunden, der bislang letzte nach Jacques Chiracs Amtsantritt als Präsident unter weltweiten Protesten 1995 auf dem Mururoa-Atoll in Polynesien.

Trennung von Staat und Kirche

Wenn auch seit einiger Zeit die Idee der Größe und das Sendungs-
bewusstsein den republikanischen Diskurs nicht mehr im gleichen
Maße bestimmen, bleibt doch ein anderes Element sehr aktuell,
das auch in der Diskussion um Chlodwig eine Rolle spielte: das
Prinzip der Laizität.

Im heutigen Frankreich gibt es keine Kirchensteuer, keinen
Religionsunterricht und keine Kruzifixe in den öffentlichen Schulen, keine theologischen Fakultäten an den staatlichen Universitäten, auch sitzen keine Kirchenvertreter in Rundfunkräten
öffentlich-rechtlicher Anstalten. Denn seit einem Gesetz von 1905
ist die Verbindung von Staat und Kirche gelöst. Das Laizitäts-
gesetz war Ergebnis eines langen Kampfes, der die ganze Dritte
Republik in Atem hielt, die 1871 auf das kirchenfreundliche
Zweite Kaiserreich folgte. Personifiziert war er im Curé, dem
Priester, und seinem Erzwidersacher, dem Lehrer, dem Vermittler
des aufklärerisch-patriotischen Geistes. Eine antiklerikale Folklore breitete sich aus, die Kirchenmänner wurden als Kraken
oder böse schwarze Vögel karikiert, in republikanischen Hochburgen versammelten sich Bürger am Karfreitag vor der Kirche,
um dort demonstrative Fleischgelage abzuhalten. Und aus Kreisen der Libre-penseurs, der Freidenker, kamen populäre Chansons
wie die »Antiklerikale Marseillaise«: »Auf, Söhne der Republik,
der Wahltag ist gekommen! Die Kriegsfahne gegen das schwarze
Gesindel ist gehisst! Hört ihr das Krächzen ihrer albernen Ge-
sänge? Unsere Kinder und Frauen wollen sie verderben. Zu den
Wahlurnen, Bürger! Verjagen wir die klerikalen Krähen mit unse-
ren Stimmen!«

Auf der anderen Seite errichteten katholisch-restaurative Kreise
zu dieser Zeit über der sündigen Stadt Paris die Zuckerbäcker-
kirche Sacré-Cœur als Bußmonument für gottlos-revolutionäre
Untaten, dafür stellten ihnen wiederum die Antiklerikalen das
Denkmal des wegen Blasphemie hingerichteten Chevalier de la
Barre vor die Eingangstür. Die Auseinandersetzung um die Rolle
der Kirche schaukelte sich zum Kirchenkampf hoch. 1883 wurden
die Kruzifixe aus den Klassenzimmern entfernt. Premier- und
Erziehungsminister Jules Ferry verkündete: »Wenn die gesamte
französische Jugend aufgewachsen sein wird unter diesem Drei-
gestirn der Kostenlosigkeit, der Schulpflicht und der Laizität,

dann müssen wir keinen Rückfall in die Vergangenheit mehr befürchten!«

Aber die Gefahr war damit noch nicht gebannt, wie sich bald mit der Dreyfus-Affäre zeigen sollte, eine der tiefsten Krisen der französischen Geschichte. Anlass war der Fall des jüdischen Hauptmanns Alfred Dreyfus, der 1894 der Spionage zugunsten Deutschlands für schuldig befunden und auf die Teufelsinsel in Guyana deportiert wurde. Die eigentliche Affäre begann, als sich die Anzeichen eines Justizirrtums häuften und die Forderung nach Revision des Urteils aufkam, besonders nach dem Erscheinen von »J'accuse« (»Ich klage an«), Emile Zolas berühmtem Pamphlet von 1898. Zwischen Befürwortern und Gegnern der Revision, zwischen »Dreyfusards« und »Antidreyfusards«, brach ein Graben auf, und das ganze Land spaltete sich in zwei Lager. Die Affäre ließ zwei entgegengesetzte Vorstellungen von Frankreich aufeinanderprallen. Die katholische Kirche war ein treibendes Element auf der Seite der antirepublikanischen Kräfte. Die katholische Zeitung *La Croix*, die es damals schon gab, bezeichnete sich stolz als das »antisemitischste« unter Frankreichs Presseorganen. Für die »Antidreyfusards« war es ein Sakrileg, an der Autorität der Armee zu rütteln. Sie verkörperte das ewige Frankreich und durfte nicht wegen irgendeines jüdischen Hauptmanns in Frage gestellt werden. Auch der anderen Seite, den »Dreyfusards«, ging es ums nationale Ideal. Sie ergriffen Partei für das Frankreich der Menschenrechte, der großen Revolution, der Aufklärung. Am Ende lohnte sich ihr Einsatz. Der Prozess wurde wiederaufgenommen, Dreyfus zunächst begnadigt und später rehabilitiert.

Die Notwendigkeit, diesen Krieg, den »Guerre des deux France«, zu befrieden, war durch die Affäre offenkundig geworden. Mit dem Gesetz von 1905 trennte die Republik zwei Welten voneinander, die bis zur Französischen Revolution eine organische Einheit gebildet hatten. Dramatische Formen nahm in einigen frommen Gegenden die Inventarisierung des Kirchenbesitzes an: Bauern mit Mistgabeln rotteten sich vor den Kirchen zusammen, im Baskenland wurden zur Abschreckung leibhaftige Bären vors Portal gestellt, um das Allerheiligste zu schützen. Staatsbeamte holten sich blutige Nasen, das Militär musste eingesetzt werden. Aufgehetzt von Papst Pius X. und seiner zornigen Enzyklika, leisteten fromme Franzosen heftigen Widerstand gegen das Ansinnen des vermeintlich gottlosen Staats.

Dabei definiert sich die Laizität keineswegs als Feindseligkeit gegenüber der Religion: »Artikel 1: Die Republik sichert Gewissensfreiheit zu. Sie garantiert die freie Ausübung der Kulte. Artikel 2: Die Republik erkennt keine Religion an, noch finanziert sie sie, noch unterstützt sie sie.«

Keine Glaubensrichtung wird also bevorzugt, alle haben im Prinzip das gleiche Existenzrecht, auch der Nicht-Glauben. Mit diesem Kompromiss war ein Modus Vivendi der Republik gefunden. Auch wenn es noch lange dauern sollte, bis sich das Verhältnis zwischen der »katholischen« und der »republikanischen« Nation normalisierte.

Glauben und Aberglauben

Wie aber halten es die Franzosen heute mit der Religion? Als Katholiken bezeichneten sich 1965 noch 96 Prozent, inzwischen sind es nurmehr 65 Prozent. Weniger als zehn Prozent erklären, mindestens ein Mal im Monat zur Messe zu gehen.[44] Die Kirchen sind also leer, Ausnahmen bilden fromme Landstriche in der Vendée oder manche Ecken der Bretagne. Die Zahl der Priester nimmt rapide ab. Da die Geistlichen nicht über eine Kirchensteuer vom Staat bezahlt werden, sind sie auf den freiwilligen Obulus der Gläubigen angewiesen. Die katholische Kirche ist arm und somit wieder näher an ihren Ursprüngen. Auch Bischöfe sind arme Schlucker und können froh sein, wenn sie über 1000 Euro im Monat verfügen. Immerhin werden die 1905 enteigneten Kirchengebäude vom Staat als Kulturerbe gepflegt.

Eine größere Bedeutung hat die Kirche noch im Bereich der Privatschulen. Unter der Voraussetzung einer Angleichung der Unterrichtsprogramme hat sie der Staat den öffentlichen Schulen assoziiert und subventioniert sie sogar. Aus den anfangs viel stärker religiös orientierten konfessionellen Privatschulen sind die Schulen der besseren Kreise geworden – ein Kuriosum, dass ausgerechnet das laizistische Frankreich diese katholischen Lehranstalten für den Nachwuchs der Privilegierten fördert.

Während die katholische Kirche sich anfangs nur schwer mit dem Verlust ihrer religiösen Monopolstellung in der Gesellschaft abfinden konnte, war für die Protestanten das Gesetz von 1905, das ihnen Glaubensfreiheit garantierte, ein eindeutiger Fortschritt.

Sie stellen, anders als in Deutschland, eine winzige Minderheit dar und machen gerade rund zwei Prozent der Bevölkerung aus, die meisten sind Calvinisten. Zu ihren wenigen Hochburgen gehört das Cevennengebirge; hier hatten die Protestanten zur Zeit von Ludwig XIV. den Attacken der königlichen Dragoner getrotzt. Während des Zweiten Weltkriegs versteckten sie in ihren Dörfern verfolgte Juden und Widerstandskämpfer. Jedes Jahr im September treffen sich die Gläubigen zu Tausenden auf einer Wiese bei Anduze im Département Gard zur Versammlung in der Wüste, einer großen protestantischen Wallfahrt plus Picknick zum Gedenken an die Zeit der Verfolgung. Von konservativer Seite wird den Protestanten mit Misstrauen begegnet, häufig nennt man sie in einem Atemzug mit Juden und Freimaurern. Das mag daran liegen, dass sie zur Linken tendieren und eine auf politischem wie intellektuellem Gebiet überrepräsentierte Minderheit darstellen. Zu den bekanntesten Protestanten gehören die früheren Premierminister Michel Rocard und Lionel Jospin.

Auch die Juden haben sich mit der Laizität gut arrangiert. Etwa 600 000 von ihnen leben in Frankreich, das ist die größte jüdische Bevölkerungsgruppe Europas. Die meisten sind in der Pariser Region zu Hause. Seit der Unabhängigkeit der Maghreb-Staaten haben sich die Mehrheitsverhältnisse von den aus Europa stammenden Aschkenazim zugunsten der sephardischen Juden aus Nordafrika verschoben. Im 13. Jahrhundert hatte König Ludwig IX., der »Heilige Ludwig«, alle Juden aus dem Land vertrieben. Nur in einer kleinen Enklave, dem päpstlichen Gebiet um Carpentras, durften sie bleiben, dort befindet sich heute die älteste funktionierende Synagoge des Landes. Spanische und portugiesische Juden siedelten sich schon früh in Bayonne und Bordeaux an, und durch die Annektion des Elsass im 17. Jahrhundert kamen die elsässischen Juden dazu. Mit der Französischen Revolution wurden den Juden die Bürgerrechte zugestanden.

Im Elsass herrschen in Sachen Religion übrigens noch immer besondere Verhältnisse: 1905, zum Zeitpunkt der Trennung von Staat und Kirche, war das Gebiet deutsch, ebenso wie das lothringische Département Moselle. 1918, bei der Wiederangliederung an Frankreich, sollte, um die Bevölkerung nicht vor den Kopf zu stoßen, der traditionelle Zustand beibehalten werden. Folglich gilt dort weiter das Napoleonische Konkordat von 1802 – Priester, Pastoren und Rabbiner werden vom Staat bezahlt.

Wenn allgemein ein Rückgang der religiösen Praxis festgestellt wird und sich 27 Prozent als »sans réligion« (ohne Religion) definieren, heißt das noch nicht, dass die Leute nichts glauben würden. Während in den Kirchen gähnende Leere herrscht, nehmen an die zwölf Millionen Franzosen die Dienste des zaubernden, weissagenden und sterndeutenden Gewerbes in Anspruch. In großen Hotels und Tagungszentren finden alle naselang Hellseher-Kongresse statt. Massenhaft werden Parapsychologie- und Esoterik-Messen besucht. Wie Ärzte oder Notare weisen Wahrsager, Kartenleger und Magnetiseure mit Schildern am Hauseingang auf ihre Sprechstunden hin. Auf dem Bürgersteig bei mir vorm Haus wird jeden November ein kleiner Wohnwagen aufgestellt, in dem Madame Ranah empfängt. Sie liest aus der Hand, pendelt und betreibt spirituelle Lebensberatung für die kleinen Leute aus dem Viertel. Die Aberglaubensepidemie beschränkt sich aber keineswegs auf Bevölkerungsschichten mit niedrigem Bildungsniveau, wie eine soziologische Studie herausfand. Danach sind sogar vorwiegend Personen mit Abitur oder Studium für Paranormales empfänglich.[45] Und auch französische Unternehmen heuern Astro- oder Numerologen zur Beurteilung von Bewerbern an. Sehr förderlich für den Irrationalismus-Boom waren zweifellos die Konsultationen des früheren Staatspräsidenten Mitterrand bei der Star-Astrologin Elisabeth Tessier. Für den bescheideneren Bedarf empfiehlt sich der Besuch bei einem der zahllosen afrikanischen Marabouts, die an den Metroausgängen mit kleinen Visitenkarten werben, und wer etwas Abgehobeneres sucht, sei auf die Sekte der Raëlianer verwiesen, die mit Außerirdischen in Kontakt stehen und angeblich Menschenklonung betreiben. Hokuspokus hat Konjunktur im Land der kartesianischen Vernunft.

Viele Franzosen sind stolz auf die Laizität, sie gilt als französische Erfolgsgeschichte. Aber ausgerechnet die 100-Jahr-Feier des Gesetzes im Jahr 2005 wurde zum Anlass kritischer Infragestellungen. Es geht dabei um die Muslime: Mit rund fünf Millionen bilden sie inzwischen die zweitgrößte Religionsgemeinschaft. 1905 allerdings spielten sie zahlenmäßig noch keine Rolle. Daraus ergibt sich das Problem der Moscheen. Zwar verbietet das Gesetz die staatliche Beteiligung am Bau neuer Kultstätten, aber vor dem Hintergrund der islamistischen Gefahr, wie sie von zahllosen unkontrollierbaren Hinterhof-Betstuben mit möglicherweise fanatischen Predigern ausgehen könnte, wird die Errichtung größerer Zentralmoscheen zu einer Frage der Staatsräson, ebenso wie die Ausbildung der Imame. Freimaurer und andere stramme Republikaner bekommen bei solch pragmatischem Umgang mit dem sakrosankten Gesetz Bauchschmerzen. Im Jahr 2003 war auf Betreiben des Innenministers der Französische Rat des muslimischen Kults als Dachorganisation und Ansprechpartner entstanden. Enttäuscht musste die Regierung mittlerweile feststellen, dass sich dort Hardliner aus dem Umfeld der islamistischen Muslimbrüder durchsetzen konnten.

Eine noch größere Herausforderung für die Verfechter der Laizität war aber die Kopftuch-Debatte, die zum ersten Mal 1989 aufkam. Damals wurden drei Mädchen in der Pariser Vorstadt Creil vom Unterricht ausgeschlossen, weil sie ihren Hidschab nicht abnehmen wollten. Es entbrannte eine Großdiskussion im ganzen Land. Was hat Priorität, das Laizitätsprinzip oder die Bildungschance für Immigrantenkinder? 2003 erlebte die Debatte eine Neuauflage. Der Staatspräsident setzte diesmal eine Kommission zur Durchführung des Laizitätsprinzips in der Republik ein, nach ihrem Vorsitzenden Bernard Stasi allgemein Stasi-Kommission genannt, die Vorschläge für eine gesetzliche Regelung des Problems machen sollte. Zu ihren ausgewogenen Empfehlungen gehörte zwar ein Verbot der »provozierenden Zurschaustellung religiöser Symbole« an öffentlichen Schulen, aber die Kommission sprach sich auch für Maßnahmen zur sozialen Eingliederung von Immigranten, Bekämpfung von Diskriminierung oder die Einführung eines jüdischen und eines muslimischen Feiertags im Schulkalender aus. Einzig das Verbot, »Kopftuch, Kippa und große Kreuze« zu tragen, wurde ins neue, 2004 verabschiedete Gesetz übernommen. Und letztlich war klar, dass es dabei einzig um die Kopftücher ging. Erneut entstand eine heftige Debatte um Pro und Kontra. Manche Feministinnen begrüßten das Schleierverbot mit Nachdruck, Vertreter muslimischer Vereinigungen kritisierten es heftig. Aber Kritik kam auch aus Kreisen globalisierungskritischer Organisationen wie Attac, die hier das Problem der Ausgrenzung ganzer Bevölkerungsgruppen sahen. Die Integration von Immigrantenkindern sei wichtiger als ein Fetzen Stoff, so wurde argumentiert. Die laizistische Prinzipienreiterei vergehe sich gegen den eigentlichen republikanischen Geist der Laizität, nach dem allen, unbeschadet von Herkunft und Religion, gleicher Zugang zur französischen Gesellschaft eröffnet werden sollte.

Bevölkerung: Jeder Dritte kommt von auswärts

In meiner Pariser Straße wird der Obst- und Gemüseladen von einem Algerier geführt und die Apotheke von einer Chinesin, der Schuster ist ein frommer Jude aus Tunesien mit einer Sammelbüchse für das Sozialwerk der Lubawitscher auf dem Tresen. Der Friseur stammt aus Kambodscha, die Dame am Postschalter aus Martinique, das sieht man, weil sie die Insel als Goldanhänger an der Halskette trägt. Der athletische Wachmann im Supermarkt in seinem dunklen Anzug und gestreiften Schlips, immer wie aus dem Ei gepellt, aus Senegal. Selbstverständlich gibt es auch einige türkische Döner-Imbisse. Der Uhrmacher hat einen armenischen Namen, mein Zahnarzt ist ein Vietnamese aus Saigon, seine Assistentin eine Marokkanerin. Meine Concièrge kommt aus Portugal. Und die Schülerinnen und Schüler, die täglich auf dem Weg von der Metro zum Collège bei mir vorbeigehen, ähneln den Kids aus der Benneton-Werbung.

Ein anrührendes, harmonisches Bild, wie die Realisierung eines republikanischen Traums. Ein Drittel der französischen Bevölkerung hat Großeltern, die anderswo geboren wurden. Viel früher schon und viel massiver als in Deutschland, wo ab den 1960er Jahren die »Gastarbeiter« kamen, haben hier Migrationen stattgefunden. Seit Mitte des 19. Jahrhunderts hat das Einwanderungsland Frankreich eine Zuwanderungswelle nach der anderen absorbiert.

Die Integration der vielen Immigranten wird gern ein wenig verklärt, als habe es sich dabei um eine humanitäre Maßnahme für Notleidende und Verfolgte gehandelt. Die Menschenrechte freilich standen beim Empfang der von außen Kommenden nicht immer im Vordergrund. Je nach wirtschaftlicher und demographischer Situation wurden Aufnahme und Einbürgerung mal mehr, mal weniger großzügig gehandhabt. Zuwanderer glichen die Geburtenschwäche aus und wurden als Arbeitskräfte rekrutiert. Oder auch als Kanonenfutter. Entscheidende Neuerungen brachte ein Gesetz von 1889: Nachdem seit Napoleon das »droit du sang« (Blutrecht) die Staatsangehörigkeit bestimmte – französisch war das Kind französischer Eltern –, wurde nun das »droit du sol« (Bodenrecht) eingeführt: Französisch war, wer auf französischem Boden geboren wurde. Das anfängliche Ziel war dabei, die Kinder von Ausländern zum Militärdienst zu verpflichten. Den brauchten

Nicht-Franzosen nicht zu leisten, aber angesichts des Soldaten-bedarfs gegenüber dem demographisch damals explodierenden deutschen Erbfeind schien das nicht mehr hinnehmbar.

Der Erste Weltkrieg kurbelte die Einwanderung in besonderem Maße an: Zum einen musste während des Kriegs die Industrie am Laufen gehalten werden, dafür wurden unzählige Kolonialarbeiter angeworben. Und nach dem blutigen Inferno fehlten 1,4 Millionen Männer, auch die galt es zu ersetzen.

Da Bedarf bestand, war die Bereitschaft groß, auch jene aufzunehmen, die vor Revolutionen, Diktaturen oder Völkermorden flohen: polnische Juden, Russen, Armenier, später auch Spanier und Portugiesen. Für die Neuankömmlinge begann ein meist schwieriger Assimilationsprozess. Dass sich frühere Einwanderergenerationen problemlos in die Gesellschaft eingeschmolzen hätten, ist eine Legende. Auf spontane Sympathie sind sie kaum gestoßen. Sie wurden ausgegrenzt, stigmatisiert, wegen ihres Akzents und ihrer Sitten verspottet, was bei vielen den Wunsch beförderte, möglichst rasch die alten Identitätsreste abzuschütteln. Eine Weile waren sie noch zerrissen zwischen zwei Welten, erst die dritte Generation war dann völlig in Frankreich »angekommen«.

1945 übernahm ein Nationales Amt für Einwanderung die Rekrutierung und Verteilung ausländischer Arbeitskräfte. Auch wenn es der erklärte politische Wille der provisorischen Regierung nach der »Libération« war, Ausländer zu integrieren, verhielt man sich gegenüber der Herkunft der Zuwanderer nicht ganz gleichgültig. Im Juni 1945 schrieb Regierungschef Charles de Gaulle ans Justizministerium: »In ethnischer Hinsicht empfiehlt es sich, den Zustrom der Menschen aus dem Mittelmeerraum und aus dem Osten zu begrenzen, die seit einem halben Jahrhundert die Zusammensetzung der französischen Bevölkerung gründlich verändert haben. Ohne so weit zu gehen, wie in den Vereinigten Staaten ein strenges Quotensystem zu benutzen, wäre es doch wünschenswert, nordischen Naturalisierungen den Vorrang zu geben.«[46]

Die Menschen aus dem Mittelmeerraum stellten im Folgenden dennoch den größten Anteil unter den Zuwanderern, das Gros kam aus dem Maghreb. 1962 strömten über eine Million »Pieds noirs« aus Algerien nach Frankreich, auch aus Schwarzafrika, vor allem aus Senegal, Mali, Benin oder der Elfenbeinküste, kamen nach der Unabhängigkeit der Kolonien Hunderttausende Immigranten.

Ende der siebziger Jahre setzten größere asiatische Einwanderungswellen ein. Zuerst kamen die »Boat people«, Kommunismusflüchtlinge meist chinesischer Herkunft aus Vietnam, Laos und Kambodscha. Ihnen folgten Chinesen aus der südchinesischen Hafenstadt Wenzhou. Warum gerade von dort? Das geht auf den Ersten Weltkrieg zurück. Damals hatte man Arbeiter für die Rüstungsindustrie aus Wenzhou angeworben, die, zurückgekehrt in ihre Heimatstadt, das Hohe Lied auf Paris sangen. Und nun reißt seit den neunziger Jahren der Strom von Wenzhou-Chinesen nicht mehr ab, die von Schleppern illegal auf dem Landweg an die Seine gelotst werden. Außerdem kommen seit ein paar Jahren, ebenfalls illegal, aus dem Norden Chinas, der früheren Mandschurei, die Dong Bei, von denen viele als Schwarzarbeiter von ihren inzwischen arrivierten Landsleuten aus Wenzhou ausgebeutet werden. Mittlerweile wird die chinesische Bevölkerung auf über 500 000 geschätzt, die meisten leben in der Hauptstadtregion.

Klare Zahlen existieren aber zu keiner Einwanderergruppe, denn es dürfen keine statistischen Angaben über Abstammung und Religion gesammelt werden. Minderheiten existieren in Frankreich nicht, es gibt nur Staatsbürger, Citoyens. Dem offiziellen Dogma zufolge soll die ethnische Zugehörigkeit keine Bedeutung haben, die Republik gibt sich farbenblind. Die Fiktion der Herkunftslosigkeit blendet aber Realitäten aus, die für eine große Zahl von Citoyens von großem Belang sind. So behindert sie die Auseinandersetzung mit Phänomenen wie der rassistischen Benachteiligung bei der Arbeitssuche.

Das französische Modell war trotz aller Einschränkungen erfolgreich bis zum Ende der Wachstumsphase Mitte der 1970er Jahre. So lange gab es Arbeit und das Angebot eines gesellschaftlichen Aufstiegs. Seither aber ist Sand ins Getriebe der Integrationsmaschine geraten, ihre alten Mechanismen funktionieren nicht mehr so recht. Die republikanische Schule steckt in der Krise, und die Wehrpflicht ist abgeschafft. Für die Kinder der Zuletztgekommenen hat die Gesellschaft nur wenige Perspektiven zu bieten. Zu einem großen Teil sind sie in Ghetto-ähnliche Vorstadtsiedlungen abgeschoben, haben meist zwar die französische Staatsangehörigkeit, aber nicht viel mehr. Und gerade die Kinder

Kinder im Pariser Immigrantenviertel Barbès

algerischer Immigranten machen permanent die Erfahrung, auf Misstrauen und Vorurteile zu stoßen, die aus kolonialen Zeiten stammen. Nie werde ich vergessen, wie mich auf meiner ersten Reise per Anhalter durch Südfrankreich in Nîmes eine nette ältere Dame im Auto mitnahm und ganz reizend auf mich einplauderte. Als wir aber an einer Gruppe algerischer Frauen mit Kopftüchern vorbeikamen, die auf den Bus warteten, verhässlichten sich ihre Züge. »Vous savez, Monsieur, les arabes, c'est une mauvaise race!«, zischte sie. (Die Araber sind eine schlechte Rasse). Als wollte sie mich, den Fremdling, auf einen Fluch hinweisen, der auf Frankreich lastet. Mehr als 60 Prozent der Franzosen stimmen Umfragen zufolge der Feststellung »Il y a trop d'arabes« – Es gibt zu viele Araber – zu.[47] Das unverdaute Trauma des Algerienkriegs wirkt lange nach.

Die Araber, die in Wirklichkeit meistens Kabylen sind, werden öfter als andere von der Polizei kontrolliert, sie haben einfach die falschen Gesichter. Sie werden auf der Jobsuche zurückgewiesen, denn sie heißen Rachid, Kamel oder Farida, haben also auch die falschen Namen, sind mehr als andere Bevölkerungsgruppen rassistischen Herabsetzungen ausgesetzt. Es sind junge Franzosen, denen das Gefühl gegeben wird, unerwünscht zu sein und als der letzte Dreck betrachtet zu werden. Die Wut auf den Staat, von dem sie sich betrogen fühlen, entlädt sich gelegentlich in Aggressionen gegen seine Symbole. Ein markantes Beispiel war das Niederpfeifen der »Marseillaise« beim Fußball-Länderspiel Frankreich–Algerien am 6. Oktober 2001 im Pariser Stade de France durch Jugendliche algerischer Herkunft. Staatspräsident Chirac geriet außer sich vor Zorn.

Aus den Vorstädten kommen seit einigen Jahren Alarmmeldungen über neue Formen von Antisemitismus. Jugendliche, die eine Kippa tragen, werden angepöbelt, Rabbiner angerempelt, es gab auch vereinzelt Brandanschläge auf jüdische Schulen. Solche Vorfälle ereignen sich in Siedlungen, wo sowohl Muslime als auch Juden leben, wobei beide Bevölkerungsgruppen in der Regel aus Nordafrika stammen. Sprunghaft angestiegen waren die Übergriffe Ende 2001. Das Datum ist kein Zufall: Kurz zuvor hatte die zweite palästinensische Intifada gegen die israelische Besatzung begonnen. Die antijüdischen Übergriffe wurden von US-Medien aufgegriffen, die Frankreich als antisemitisches Land anschwärzten, dies vor dem Hintergrund der wegen des Irakkriegs verschlechterten Beziehungen. Und der damalige israelische Premierminister Ariel Sharon rief die französischen Juden auf, sofort nach Israel auszuwandern: »Es ist absolut notwendig, dass Frankreichs Juden sich in Bewegung setzen. In Frankreich breitet sich ein entfesselter Antisemitismus aus.«[48] Jüdische Organisationen verbaten sich allerdings umgehend solche Einmischungen. »Wir sind ein Teil der Seele dieses Landes«, teilte der Pariser Großrabbiner mit, der dennoch keinen Zweifel daran ließ, dass Grund zur Beunruhigung besteht.[49] Dominique Vidal, Redakteur der Zeitschrift *Le Monde diplomatique*, hat sich in Büchern und Artikeln mit Frankreichs Juden und dem Nahostkonflikt befasst. Von dem griffigen Ausdruck »Banlieue-Intifada«, der gern in den Medien benutzt wird, hält er nichts. Es handele sich bei den Akteuren überwiegend um marginalisierte Jugendliche aus den sogenannten Problemzonen der Vorstädte, die Juden attackierten, so wie sie Polizisten angriffen oder Telefonzellen demolierten. Der Nahostkonflikt sei bloß ein Vorwand. Mit dem Kampf der Palästinenser habe das ebenso wenig zu tun wie mit dem, was traditionell unter Antisemitismus verstanden werde. Kein Grund freilich, die Sache zu verharmlosen: Um einer Ausbreitung des gefährlichen Phänomens entgegenzuwirken, tat sich Vidal mit der palästinensischen Politikerin Leila Schahid und dem israelischen Friedensaktivisten Michael Warschawski zusammen und veranstaltete mehrere Jahre hindurch landauf, landab pädagogische Aufklärungstourneen durch Frankreichs Problemzonen.

Dominique Vidal gehört im Übrigen zu jenen jüdischen Intellektuellen, die sich von einer zunehmenden Instrumentalisierung des Antisemitismus-Vorwurfs distanzieren, der jede Kritik an Israel abwürgen soll. Der Nahostkonflikt verwirrt nicht nur die Köpfe gewaltbereiter Banlieue-Jugendlicher, sondern auch die Gemüter vieler französischer Juden und ihrer Organisationen, die allergisch auf jede Infragestellung der israelischen Politik reagieren. Zeitungen wie *Libération* und *Le Monde* wurden bereits des Antisemitismus bezichtigt, ebenso die Nachrichtenagentur AFP und das öffentliche Fernsehen *France Télévision*. Nun bildet die jüdische Bevölkerung natürlich keinen homogenen Block, und es mangelt in ihren Reihen nicht an Kritikern der aktuellen israelischen Politik. Gerade sie aber werden von den Hardlinern mit besonderer Wut attackiert und beschuldigt, von jüdischem Selbsthass getrieben zu sein.

Explosion der Vorstädte: Unruhe in den Randzonen der Republik

Ungläubig schaute die Welt im Herbst 2005 auf Frankreich: Frust und Wut jugendlicher Banlieue-Bewohner entluden sich in einer Orgie der Zerstörung. »Frankreich brennt. Behörden reagieren hilflos«, lautete eine Schlagzeile im *Spiegel*, und eine andere: »Randale in Vorstädten, Pariser schlürfen Austern« – ganz so, als wären die Vorstädte kurz davor, nach Paris einzufallen und die Austernschlürfer an der nächsten Laterne aufzuknüpfen. In US-Medien hieß es denn auch mit heimlicher Schadenfreude, Frankreich stehe vor dem Bürgerkrieg. Besorgte Freunde riefen aus Deutschland an: »Um Gottes Willen, ist bei euch alles in Ordnung?«

Der Ausbruch ereignete sich plötzlich, war aber nicht wirklich überraschend. Der Zündfunke kam aus dem Pariser Vorort Clichy-sous-Bois, wo zwei Jugendliche bei einer Verfolgungsjagd der Polizei in einem Transformatoren-Häuschen zu Tode gekommen waren. Öl goss dann Innenminister Nicolas Sarkozy aufs Feuer mit seinen gezielt herabsetzenden Äußerungen: Er beschimpfte die Jugendlichen als »racaille«, so viel wie Abschaum oder Gesindel. Daraufhin wollte das große Kfz-Abfackeln gar nicht mehr aufhören. Fast drei Wochen lang hielt es an, Hunderte öffentliche Gebäude wurden beschädigt, rund 10 000 Autos mussten dran glauben. Nun sind Regelübertretungen zu Zwecken des Protests in Frankreich nichts Ungewöhnliches, aber diesmal überraschten doch die Ausmaße. Anders als man hier und da lesen konnte, waren die Unruhen keineswegs von Islamisten angezettelt worden. Die Gewaltexzesse hatten auch keine politische Zielsetzung. Eher konnte man sie interpretieren als eine diffuse Revolte gegen die nicht gehaltenen Versprechen der Republik, die Ausgrenzung ins soziale Abseits, die alltägliche Erfahrung von Rassismus, die demütigenden Polizeikontrollen, das Gefühl, betrogen worden zu sein, all das in dem Land, das sich stets die Menschenrechte zugutehält. Die Jugendlichen, die da randalierten und die als Ausländer wahrgenommen wurden, waren überwiegend Franzosen, allerdings »zweiter Klasse«. Bezeichnend, dass viele Eltern sich mit ihren aufgebrachten und zündelnden Söhnen solidarisch zeigten. Auch für sie war die Egalité-Fiktion längst zusammengebrochen. Mit den Autos der Vorstädte ging das französische Integrationsmodell in Flammen auf.

So etwas wie die französischen Banlieue-Siedlungen gibt es in Deutschland nicht. Es sind Orte, in denen sich urbanistische Sündenfälle mit den Ergebnissen sozialpolitischen Versagens verbinden. Zustande gekommen waren sie im Zuge der mit den 1960er Jahren einsetzenden großen Industrialisierungs- und Modernisierungsaktion, als es galt, den rapiden Bevölkerungszustrom vom Lande in die städtischen Ballungszentren unterzubringen, wie auch die aus Nordafrika angeworbenen Arbeitsimmigranten, die bis dahin in trostlosen Barackensiedlungen gehaust hatten. Mit euphorischem Planungseifer waren Frankreichs Staatsfunktionäre an das Problem herangegangen. Eine Armee von 6000 Architekten wurde mobilisiert, Jahr für Jahr entstanden über 500 000 Wohnungen. In den Randlagen der verstädterten Zonen, wo der

Der Pariser Vorort Clichy-sous-Bois am 2. November 2005: Jugend-
liche steckten in diesen Tagen Hunderte von Autos in Brand.

Baugrund billig war, wuchsen die neuen »Cités« wie Pilze empor. Bei ihrer baulichen Großoffensive stützten sich die gaullistischen Technokraten auf die Prinzipien des Funktionalismus, der hier freilich gereinigt war von allen Träumen und utopischen Vorstellungen, welche die Pioniere des Neuen Bauens einst damit verbunden hatten. Frei von sozialen Phantasien operierte man ganz pragmatisch im Hier und Jetzt. In Baukastenmanier wurden Massenpläne aufgestellt und Wohnmaschinen hochgezogen. Mit ästhetischen Erwägungen hielten sich die staatlich bestallten Demiurgen nicht weiter auf. »Form follows function«, das hieß hier oftmals: Form und Ausrichtung der Bauten orientierten sich an den Vorgaben der Kanalisation, was den belgischen Architekten Lucien Kroll von »Kloakenurbanistik« sprechen ließ. Gleichwohl war man damals höchst zufrieden mit den eigenen Leistungen. Schließlich hatte man mit den »Grands ensembles« gewaltige Herausforderungen gemeistert. Anstelle von Slums und Bidonvilles gab es nun für die unteren Einkommensschichten einen nie zuvor gekannten Komfort: Wohnungen mit Badezimmer und WC, Licht, Luft, Sonne und Grün drumherum. Tatsächlich erfüllten diese Siedlungen zunächst ihren Zweck als Schlafstädte für Arbeitnehmermassen. Bald aber wanderte ab, wer es sich leisten konnte. Ärmere Mieter rückten nach, häufig Immigrantenfamilien nord- oder schwarzafrikanischer Herkunft. Als sich mit der Wirtschaftskrise der siebziger Jahre die Arbeitslosigkeit ausbreitete, wurden die »Cités« in einem fatalen Konzentrationsprozess zu Sammelplätzen der sozial Schwachen und Chancenlosen, samt der zugehörigen Phänomene: Schulversagen, Bandenbildung, Kleinkriminalität und Drogendelikte.

Allgemein wahrgenommen wurde die Misere der Vorstädte freilich erst, als es krachte: Den explosiven Auftakt lieferten zu Beginn der Ära Mitterrand die jugendlichen Bewohner der Siedlung Les Minguettes bei Lyon. Nächtelang loderten dort die Flammen. Die Überraschung war groß, niemand hatte das erwartet. Ebenso wenig wie die Politiker hatten Frankreichs Intellektuelle vorher den Zuständen in der Banlieue größere Aufmerksamkeit geschenkt. Damals beauftragte Mitterrand eine Gruppe von Architekten unter Leitung von Roland Castro, neue Ideen für die Vorstädte zu entwickeln. »Banlieue 89« wurde die Mission getauft. Bis zum Revolutionsjubiläum von 1989 sollte das Problem bewältigt, die neue »Bastille« erobert sein. Grundidee von »Banlieue 89« war es, urbane Reizpunkte zu schaffen, die Banlieue mit attraktiven Elementen zu bereichern. Besonders stolz war man auf die Umgestaltung der Problemgemeinde Vaulx-en-Velin bei Lyon. Drei Jahre hatte man hier urbanistische Chirurgie betrieben, die Fassaden farbenfroh gestaltet, so etwas wie ein Stadtzentrum geschaffen. Im September 1990 gab es ein großes Fest mit viel politischer Prominenz. Ausgerechnet hier aber brach nur eine Woche später die Hölle aus. Der Tod eines jugendlichen Motorradfahrers bei einer rüden Verkehrskontrolle löste einen hemmungslosen Zerstörungsexzess aus, bei dem unter anderem ein Einkaufszentrum in Flammen aufging. Bei Politikern und Urbanisten herrschten Ratlosigkeit und Bestürzung. Reparierte Treppenhäuser, postmoderne Fassadenelemente, Sporteinrichtungen, bessere Verkehrsanbindungen: All das war wichtig, aber bei Weitem nicht hinreichend. Am Kern des Problems hatten die städtebaulichen Anstrengungen nichts geändert, daran, dass die Vorstädte zu Depots für die Verlierer im ökonomischen Prozess geworden sind, zu Stätten der Nicht-Teilhabe, der sozialen Perspektivlosigkeit. Die Banlieue-Gewalt wurde zu einem neuen Bestandteil der französischen Gesellschaft. 1995 wurde sie erstmals zum Spielfilmthema in »La Haine« (dt. »Hass«), von Mathieu Kassovitz.

Ein Stadtministerium wurde gegründet, Milliarden wurden in Rehabilitierungsvorhaben gepumpt, immer neue Notprogramme aufgelegt. Dringlichkeitspläne wurden verabschiedet, Kommissionen und Studiengruppen gebildet, Projekte lanciert. Hieß um 1990 unter Premierminister Michel Rocard die Devise: »Fahrstühle reparieren, Treppenhäuser streichen«, setzte kurz darauf der Stadtminister Bernard Tapie vor allem auf Sport, insbesondere Fußball, um das Problem in den Griff zu bekommen. Mit mäßigem Erfolg. Ein neues Patentrezept schien dann 1996 die Idee der »Zones franches«, der Sonderwirtschaftszonen, zur Schaffung von Arbeitsplätzen in den Banlieue-Gemeinden. Indessen blieben die Ergebnisse weit hinter den Erwartungen zurück. All die hektisch entfesselten Maßnahmen haben nicht verhindert, dass sich das Problem weiter zuspitzte. Für 22 Risikokommunen waren 1982 Förderprogramme lanciert worden. Zehn Jahre später gab es 320 Problemkommunen, und 2002 zählte man 750 schwierige urbane Zonen. Längst ist die anfängliche Zuversicht geschwunden. Auch die Idee, die sozial Schwachen gleichmäßiger zu verteilen, indem auch die reichen Gemeinden zum Bau von Sozialwohnungen verpflichtet werden, setzte sich nicht durch. Viele Gemeinden ziehen es vor, Strafe zu zahlen. Wodurch sich die Sozialfälle weiter in denselben Gemeinden konzentrieren.

Die Banlieue ist Frankreichs Schicksalsterrain geworden. Es ist nicht mehr möglich, sich auf den Lorbeeren vergangener Integrationsleistungen auszuruhen. Die Frage, welche Lösungen für die lange genug verschleppten Probleme gefunden werden, entscheidet über die Zukunft der französischen Gesellschaft.

Korrekturen am Geschichtsbild

Erste politische Initiativen neuen Typs kamen aus dem Immigrantenmilieu selbst schon 1983 mit dem »Marche des Beurs«. Beur ist ein Slang-Ausdruck für Araber und hat sich als Bezeichnung für junge Leute nordafrikanisch-muslimischer Herkunft eingebürgert. Jugendliche aus der Lyoner Banlieue marschierten quer durch Frankreich, um Staat und Öffentlichkeit auf ihre Lebensbedingungen aufmerksam zu machen und ihren Platz in der Gesellschaft einzufordern. Offiziell hieß die Aktion »Marsch für Gleichheit und gegen Rassismus«. Bei der Ankunft in Paris wurden die Marschierer von 100 000 euphorischen Menschen begleitet. Beur-Vertreter wurden von Ministern empfangen, es gab vollmundige Versprechungen, und die Jugendlichen kehrten hoffnungsfroh in ihre Vororte zurück. Dort hat sich seither nichts Wesentliches geändert, viele Marschierer haben inzwischen Zuflucht im Islam gesucht.

Aber sie waren Vorläufer einer Politisierung, die sich heute immer deutlicher bemerkbar macht. Nicht alle Beurs schmoren im eigenen Saft in hoffnungslosen Vorstadtghettos. Aus den Kreisen der Immigranten sind nicht nur Fußballer wie Zinedine Zidane, sondern auch Intellektuelle hervorgegangen, die einen gewissen Bekanntheitsgrad erreicht haben und sich in den Medien zu Wort melden: Ärzte, Anwälte und Lehrer, Filmemacher wie Rachid Bouchareb oder seine Kollegin Yasmina Benguigui, Schauspieler wie Roschdy Zem und Djamel Debbouze, oder der Präsident des Pariser Radiosenders Beur FM, Nacer Kettane.

Citoyens wie diese stellen eine neue Öffentlichkeit her, pochen auf den Anteil und Beitrag der Einwanderer an der französischen

Gesellschaft und beginnen damit, Korrekturen am Geschichtsbild der Republik anzubringen.

Unterschlagungen, Beschönigungen und Zumutungen gehen nicht mehr so einfach durch. Immigrantenkinder waren es, die durchsetzten, dass 2001 auf dem Pariser Pont Saint-Michel eine Gedenktafel zur Erinnerung an den mörderischen 17. Oktober 1961 angebracht wurde: ein Teil ihrer und der französischen Geschichte.

Rachid Boucharebs Film »Indigènes« (Eingeborene), der im September 2006 herauskam, konfrontierte erstmals die breite Öffentlichkeit mit dem Beitrag nordafrikanischer Soldaten an der Befreiung Frankreichs im Zweiten Weltkrieg. Der Film war ein so großer Publikumserfolg, dass sich der Staatspräsident veranlasst sah, die mickrigen Renten der verbliebenen Veteranen aufzustocken, die bis dahin einen Bruchteil von dem bezogen, was ihren französischen Kameraden als Pension zustand.

Auch die französischen Schwarzen treten allmählich aus der historischen Unsichtbarkeit hervor und fordern ihren Platz in der nationalen Geschichte. Als die farbige Abgeordnete Christiane Taubira aus Französisch-Guyana es 2001 schaffte, ein Gesetz durchzubringen, das den Sklavenhandel als Verbrechen gegen die Menschlichkeit anerkennt, signalisierte dies einen Aufbruch. Vereinigungen schwarzer Franzosen haben sich seither unter anderem für mehr »Sichtbarkeit« in den Medien eingesetzt. Mit großer Verspätung tauchten erste dunkelhäutige Journalistinnen und Journalisten im Fernsehen auf, und seit 2006 gibt es mit Harry Roselmack aus Martinique gar einen schwarzen NachrichtenModerator.

Eine Pioniertat hatte bereits 1992 die Hafenstadt Nantes vollbracht, als sie die große Ausstellung »Anneaux de mémoire«, Ketten der Erinnerung, organisierte. Ihr Thema war der Sklavenhandel, der den Reichtum der Stadt begründete. Stark gemacht hatte sich dafür der damals frisch gewählte Bürgermeister Jean-Marc Ayrault, heute einer der Spitzenpolitiker der Sozialisten. Unter seinem rechten Vorgänger seien Versuche dieser Art stets abgeschmettert worden, erzählte mir der gelernte Germanist Ayrault auf Deutsch. Die Elite der Stadt, das eingesessene Bürgertum, habe keinen Wert darauf gelegt, die alten Geschichten ans Tageslicht zu bringen, unter ihnen gebe es noch eine Menge direkter Nachfahren der großen Kaufmannsfamilien von einst. Aber nicht nur sie, die ganze Stadt, ihr bäuerliches Hinterland, auch die Kirche haben sich am Sklavenhandel bereichert. So sei die Ausstellung eine Art kollektive Therapie gewesen, ein Befreiungsschlag. »Keine leichte Sache, eine so grausige Realität anzuerkennen«, meinte Ayrault und fügte stolz hinzu: »Heute ist Nantes die Stadt, die es wagte, ihrer Geschichte ins Auge zu sehen!« Die Ausstellung hat der Stadt weltweite Sympathien eingebracht. Afrikanische und UN-Politiker würdigten die Geste, die ehemalige Sklavenhändlerstadt Liverpool nahm sich an Nantes ein Beispiel und richtete ein Sklavereimuseum ein.

Aber das Bewusstsein entwickelt sich nicht linear, es gibt auch Rückschläge. Im Februar 2005 verabschiedete die Pariser Nationalversammlung ein Gesetz, nach dem »die positive Rolle der französischen Präsenz in Übersee, besonders in Algerien« im Schulunterricht betont werden sollte. Offenbar in der Absicht, die »Pied-noir«-Wählerschaft günstig zu stimmen, wurde noch einmal versucht, den Mythos von der großzügigen Kolonialmacht und ihrer zivilisatorischen Mission zu zelebrieren – ungeachtet der blutigen Eroberungszüge, der Unterwerfung und Enteignung der »Eingeborenen«, der Massaker von Sétif, Haiphong oder Madagaskar, der Folterpraxis und der Hunderttausenden Toten des Algerienkriegs. Daraufhin erregten sich nicht nur Historiker und der algerische Präsident Abdelaziz Bouteflika. In den karibischen Überseedépartements kochte der Protest gegen die vorgeschriebene Verherrlichung kolonialer Wohltaten ebenso hoch wie im Mutterland, wo Dutzende von Vereinen und Initiativen in einem Appell den Rückzug dieses »Gesetzes der Schande« forderten. Wieder einmal brach einer dieser französischen Stürme aus, der die politische Elite kalt erwischte und zum plötzlichen Rückzug zwang. Der Paragraph musste vollständig gestrichen werden. Eiligst bemühte man sich nach diesem peinlichen Flop um Beschwichtigung. Gleich nachdem das Kolonialverherrlichungsgesetz gekippt war, wurde mit dem 10. Mai ein Sklavereigedenktag eingeführt. »Die Größe einer Nation besteht darin, ihre gesamte Geschichte anzunehmen – die glorreichen ebenso wie die düsteren Seiten«, sagte Präsident Jacques Chirac. Das war bisher keineswegs selbstverständlich.

Frankreich ist dabei, die vielfältigen Geschichten seiner Minderheiten und Immigranten als Teile des nationalen Kulturerbes zu entdecken, auch wenn die Republik offiziell gar keine Min-

derheiten kennt. Aber der alte Geschichtsmythos beginnt zu brö-
ckeln. Erinnerungen von Einwanderern an ihre Herkunft, die Erfahrungen und Konflikte mit der neuen Umgebung – das waren
früher allenfalls private Aspekte, die mit Frankreich nichts weiter
zu tun hatten. Wer Franzose wurde, bekam eine neue Identität,
basta. Nun aber hat eine neuartige Erinnerungsarbeit eingesetzt,
bei der die vielfältigen Erzählungen der Zugewanderten in den
Vordergrund treten. Deutliches Zeichen für diese Evolution ist der
Beschluss zur Schaffung eines Nationalen Zentrums der Immigra-
tionsgeschichte, das die Wege der verschiedenen Einwanderungs-
ströme nachzeichnet und ihre Bedeutung für die Entwicklung der
französischen Gesellschaft würdigt. Anfang 2007 wurde es eröffnet. Unglücklicherweise im einstigen Pariser Kolonialmuseum,
aber das stand halt gerade leer.

Die Hauptstadt: befriedetes Machtreservat

Ist die Banlieue der »Nicht-Ort« der Republik, dann ist Paris ihr
Zentralort, das Machtzentrum, das sie vom Absolutismus geerbt
hat. Die Spinne im Netz des Hexagon, wie Frankreich aufgrund
seiner sechseckigen Form genannt wird, ist mit 87 Quadratkilo-
metern flächenmäßig Europas kleinste Hauptstadt, beherbergt
zwei, drei Millionen Menschen, bildet aber zusammen mit der
umliegenden »région parisienne« einen Moloch von zehn Millionen Einwohnern. In keinem anderen Land gibt es wohl einen derart extremen Gegensatz zwischen der Metropole und dem Rest
des Landes, der Provinz. Seit Jahrhunderten hat die Kapitale die
besten Kräfte und Talente aufgesogen.
    »In Frankreich gibt es nur Paris und einige weit abgelegene
Provinzen, die sich einzuverleiben Paris noch keine Zeit gehabt
hat.« Gut, gar so schlimm wie zu Montesquieus Zeiten ist es nicht
mehr. Dennoch ist hier immer noch fast alles versammelt, was
zählt, sind die politischen und wirtschaftlichen Schaltzentralen,
Bildungseinrichtungen, Kulturinstitutionen. »On monte à Paris«,
man »steigt auf« aus der Provinz nach Paris, wenn man etwas
werden will, wie es schon Honoré Balzac beschrieb.
    Die Ballung von Macht, Kapital und Kultur hat dieser Stadt
ein einzigartiges Gesicht verschafft, eine Konzentration von Mo-
numenten und Symbolen, und dazu eine schier unglaubliche ar-

chitektonische Homogenität. Man stelle sich vor, was geschehen wäre, wenn im August 1944 der deutsche Militärkommandant General Dietrich von Choltitz den Hitlerbefehl ausgeführt und Paris in ein Ruinenfeld verwandelt hätte! Mit der deutsch-französischen Freundschaft wäre es wohl nichts geworden.

Die Stadt ist nicht nur Sitz von Regierungen und Parlamenten, sondern sie hat immer wieder selbst Geschichte gemacht. Hier fanden der Sturm auf die Bastille und die Einnahme des Tuilerienschlosses statt, ebenso wie die Revolutionen von 1830 und 1848 – Ereignisse, die von der Pariser Bevölkerung selbst ausgingen.

Das bedeutete aber auch: Diese Stadt war immer höchst ungemütlich für die Regierenden. Und so wurde ihr schon früh verweigert, was für andere Städte selbstverständlich war: kommunale Demokratie und ein gewählter Bürgermeister. Napoleon setzte stattdessen einen Präfekten ins Rathaus und gesellte ihm sicherheitshalber auch noch einen Polizeipräfekten hinzu.

Paris stand unter Vormundschaft. Ein Intermezzo bildete die Pariser Kommune von 1871, die, wie der Name sagt, eine gewählte Gemeindevertretung war. Das Experiment ging blutig unter. Bald war Paris als Gemeinde wieder politisch unmündig und blieb es für lange Zeit. Seine Bevölkerung war einfach zu anfällig für Aufruhr.

Aus dieser Sorge erklärt sich das Bestreben, die Stadt von ihren »gefährlichen Klassen« zu säubern. Lanciert wurde dieses Programm im Zweiten Kaiserreich, vom allgewaltigen Pariser Präfekten, dem Baron Georges-Eugène Haussmann. Als er sich energisch daran machte, »die beengten, schäbigen, verdreckten und ungesunden Häuser abzureißen, die überwiegend Nistplätze von Not und Elend waren«,[50] sammelten sich die vom Stadtumbau Vertriebenen zunächst in den 1860 eingemeindeten Randgebieten, wodurch neue unruhige Proletarierviertel entstanden, allerdings weit weg vom Zentrum.

In einem dieser ehemals gefährlichen Stadtteile wohne ich. Seine Entwicklung ist bezeichnend für die aktuelle Evolution von Paris. Zur Verstörung auswärtiger Besucher heißt das Viertel Stalingrad. Eigentlich ist das der Name eines Platzes und der dazugehörigen Metrostation im 19. Arrondissement. Erinnert werden soll nicht an Josef Stalin, sondern an die folgenreiche Schlacht des Zweiten Weltkriegs, die eine Voraussetzung für die Befreiung Frankreichs

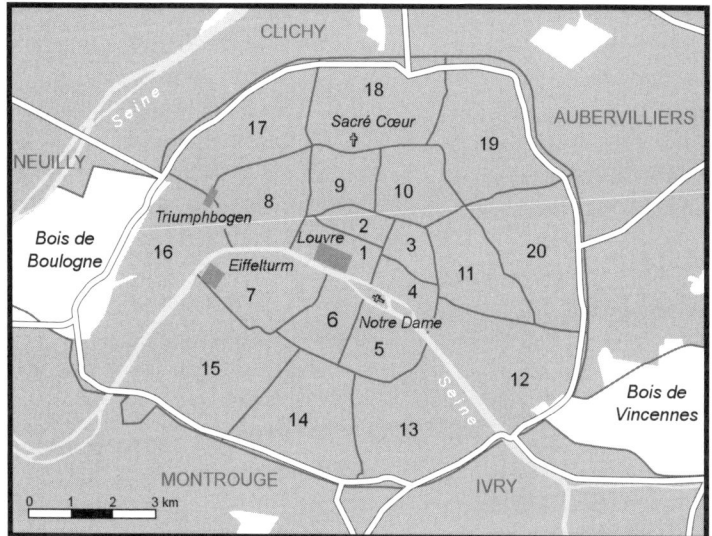

Paris: Der Autobahnring Périphérique umfasst die innerstädtischen Arrondissements, die ausgehend von den Seine-Inseln im Herzen der Stadt spiralförmig durchnummeriert sind.

war. Für die Anwohner ist dies aber einfach der Name ihres Quartiers. Es hat in den letzten Jahren deutlich an Attraktivität gewonnen. Der Kanal Saint-Martin mündet hier ins Bassin de la Villette, eine von Kinos und Cafés gesäumte Wasserfläche, auf der in Theater umgewandelte Lastkähne vertäut sind – eine neue Szene mit Liegestühlen, Joggern und Flaneuren ist hier entstanden. Das Bassin, unter Napoleon I. eigentlich zur Trinkwasserversorgung angelegt, entwickelte sich im 19. Jahrhundert zum Frachthafen, in der Umgebung wurden zahlreiche Fabriken gebaut, darunter die Compagnie de Gaz mit 4000 Arbeitern. 6000 Menschen gar arbeiteten um 1900 im Viehmarkt und in den Schlachthöfen. In diesem Arrondissement wurde alles an Ver- und Entsorgungsstätten konzentriert, was schmutzte, stank, lärmte und was man nicht so gern vor Augen hatte. Seit 1873 befand sich in der Rue d'Aubervilliers der Sitz des städtischen Bestattungsdienstes mit einer Halle für Leichenwagen und Pferde.

Bald begann sich außerhalb der Stadtgrenzen die Banlieue auszudehnen. Neue Fabriken siedelten sich nun vorwiegend dort draußen an, vormalige Dörfer wuchsen zu diffusen Industriestädten heran, während aus Paris die Industrie nach und nach ausgelagert wurde. Das demographische Wachstum »intra muros« stagnierte, die Bevölkerung der Vorstädte entwickelte sich rapide. Dennoch wurde seit Haussmanns Stadterweiterung von 1860 das Gebiet von Paris nie wieder ausgeweitet. Denn draußen, wo sich die verstädterte Zone ausdehnte, konzentrierten sich die gefährlichen Klassen in ihren roten Bastionen, und die wollte man sich nicht durch Stadtvergrößerung hereinholen, auch wenn es der urbanistischen Vernunft entsprochen hätte. Der Befestigungsgürtel blieb als unsichtbare Grenzlinie bestehen und wurde somit eine Art Klassenverteidigungs-Bollwerk. Der alte Traum des Zweiten Kaiserreichs, Industrie und Arbeiter aus Paris zu verjagen, realisierte sich schrittweise.

Besonders einschneidende Veränderungen wurden in den Jahrzehnten nach dem Zweiten Weltkrieg in Angriff genommen. Was in den Trente glorieuses stattfand, war die größte Transformation von Paris seit Haussmanns Zeiten, und wie damals war der Staat in besonderer Weise federführend, worauf der Paris-Chronist Philippe Meyer hinweist. Als »L'Assassinat de Paris« (Ermordung von Paris), so der Titel seines Pamphlets, bezeichnete der zornige Historiker Louis Chevalier die Vorgänge, in deren Verlauf die Sozialsanierung der Hauptstadt mächtig voranschritt, zusammen mit der Austreibung der Industrie und der Begünstigung des tertiären Sektors. Es galt, Paris für den Konkurrenzkampf der Metropolen zu rüsten.

Um den Ansprüchen mittlerer und höherer Kader sowie internationaler Führungskräfte zu genügen, bedurfte es einer sicheren Insel des Wohlstands und Konsums. Die nach außen abgegrenzte Festung musste auch im Inneren konsolidiert werden.

Die vielgepriesene Rehabilitierung des Marais-Viertels 1969 nahm Prozesse der Musealisierung und Verbürgerlichung anderer Stadtteile voraus, in deren Verlauf das urbanistische und architektonische Erbe zwar gerettet wurde, die alte Einwohnerschaft aber das Nachsehen hatte. Die Erhaltung des Quartiers beschränkte sich auf seine bauliche Gestalt, ansonsten verwandelte es sich in ein teures Pflaster. Das allmähliche Umschichten der in Paris ansässigen Berufsgruppen zugunsten des tertiären Sektors, das verstärkt mit den 1960er Jahren begann, setzte sich in den folgenden Jahrzehnten fort.

Blick über die Dächer von Paris auf den Montmartre und die Kirche Sacré Cœur

Paris wurde tendenziell zum Wohnplatz für mittlere und höhere Einkommen. Auch wenn die Arbeiterschaft wie ein »peau de chagrin«, ein Chagrinleder, zusammenschrumpfte, behauptete sich der Nordosten noch eine Weile als proletarische Bastion, weshalb sich die Kommunistische Partei 1971 im 19. Arrondissement ihr schmuckes Hauptquartier errichten ließ. Heute steht Oscar Niemeyers Glashaus verloren an dem Place du Colonel Fabien in einer weitgehend entproletarisierten Umgebung. Die notleidende Partei vermietet die zu groß gewordene Zentrale inzwischen für Modenschauen und Ähnliches.

Nachdem Paris so lange unter Vormundschaft gestanden hatte, war der Bevölkerungsaustausch so weit fortgeschritten, dass die kommunale Freiheit kein Risiko mehr zu bergen schien. Innenminister Jacques Chirac allerdings sträubte sich noch 1974 gegen diesen Gedanken: »Der sehr spezielle Charakter der Stadt Paris gestattet es in gar keinem Fall, einen gewählten Bürgermeister ins Auge zu fassen. Ich habe daher nicht die Absicht, eine Reform vorzuschlagen, die auf die Einführung eines gewählten Bürgermeisters in Paris hinauslaufen würde!«[51] Drei Jahre später wurde er dann selbst dieser gewählte Bürgermeister.

Jedenfalls trat nun zum Akteur Staat in Sachen Urbanismus die Stadt hinzu. Es waren noch einige unbereinigte Zonen und vor allem geographische Ungleichgewichte bei der Infrastruktur verblieben. 1983 wurde daher von Bürgermeister Chirac Le Grand Projet de l'Est de Paris lanciert, ein Großvorhaben zur Verbesserung des lange vernachlässigten östlichen Teils der Stadt. Er sollte endlich mit dem Westen gleichziehen, was Wohnkomfort, Bildungsstätten, kulturelle Einrichtungen und Freizeitattraktionen betraf.

Der Plan aus dem Rathaus wurde in idealer Weise ergänzt durch einige große Projekte unter Staatspräsident François Mitterrand, die ebenfalls dem östlichen Paris zugedacht waren: Die Bastille-Oper, das Finanzministerium in Bercy und der Park von La Villette – architektonische Landmarken der symbolischen Aufwertung. Die Verbesserung des Ostens führte alsbald zu empfindlichen Bodenwertsteigerungen und ging wieder auf Kosten der alteingesessenen Bevölkerung. Das neue Singspielhaus, das im Auftrag des sozialistischen Präsidenten an dem Place de la Bastille emporwuchs, wurde anfangs noch ostentativ Opéra populaire genannt, schließlich sollte es Kultur in einen »volkstümlichen« Stadtteil bringen. Inzwischen hat die Oper wesentlich dazu beigetragen, dem Faubourg seinen plebejischen Charakter zu nehmen. Erst kam eine Vorhut von Künstlern und bezog die leeren Fabriketagen der fortgezogenen Möbelhersteller, dann folgten Szenelokale, der Stadtteil entwickelte sich rasch zur Amüsierzone, nach einigen Jahren wurden die kargen Künstlerlofts in Edelwohnungen für Bessergestellte umgestylt. Kein Wunder, dass niemand mehr von Opéra populaire spricht.

Seit den achtziger Jahren rückt eine neue Mittelschicht in die Kleine-Leute-Quartiers vor, wechselt aus den inzwischen als zu kommerziell und langweilig empfundenen Stadtteilen in den Osten und Nordosten, wo im Übrigen auch die Immobilienpreise noch einigermaßen erträglich sind. Von der Bastille und dem Faubourg Saint-Antoine ging der Zug weiter in nordöstlicher Richtung, in das Gebiet rund um die Rue Oberkampf, das früher durch kleine metallverarbeitende Betriebe geprägt war. Die Oberkampf-Gegend erlebte eine spektakuläre Metamorphose zum trendigen »Village« mit Bars und Restaurants im Stil »néo-populo«, wo die Neusiedler in Lokalen, die mit altem Arbeitsgerät geschmückt sind, ihren Mojito schlürfen.

Allmählich installiert sich in den Kleine-Leute-Vierteln des Ostens eine sozioprofessionelle Kategorie, für die sich die Bezeichnung »Les Bobos« eingebürgert hat. Das steht für »Bourgeois Bohèmes« und stammt aus einem Buch des amerikanischen Publizisten David Brooks.[52] Der »Bobo« ist ein Besserverdiener mit höherer Schulbildung, der das Interesse an materiellem Wohlstand mit unkonventionellem Lebensstil und politischem Nonkonformismus verbindet. »Bobos« haben beruflich im weitesten Sinne mit Kultur zu tun, sind Leute mit Geschmack und wollen es schön haben. Sie legen Wert auf die Patina der alten Arbeiterviertel, in denen sie bevorzugt Quartier nehmen, und verteidigen sie energisch gegen Abrissversuche. »Bobos« zeigen sich gegenüber dem kosmopolitischen Aspekt und der sozialen Vielfalt der von ihnen erkorenen Stadtteile des Nordostens aufgeschlossen, sie schätzen das multikulturelle Ambiente. Wichtig sind für sie nicht nur die eigenen vier Wände, sondern auch das ästhetische Umfeld und andere Aspekte urbaner Lebensqualität, etwa der Zustand der öffentlichen Verkehrsmittel oder das Vorhandensein von Fahrradwegen. Weshalb sie neben der Sozialistischen Partei mit Vorliebe die Grünen wählen. Dem »Bobo«-Phänomen wird denn auch das sensationelle Ergebnis der Kommunalwahlen vom März 2001 zugeschrieben: der Einzug des sozialistischen Bürgermeisters Bertrand Delanoë ins Pariser Rathaus. Es waren die Bobos, die Paris nach links kippen ließen, nicht die Prolos. Die neue, am gehobenen Konsum interessierte Mittelschicht der »Bourgeois Bohèmes« ist als Klientel der Linken an die Stelle der abgedrängten Arbeiterbevölkerung getreten.

Zu den Veränderungen der Ära Delanoë zählen ungewohnte Maßnahmen zur Bekämpfung des Autoverkehrs. Mehrspurige Verkehrsadern wurden in begrünte Flaniermeilen mit Bus- und Radspuren umgewandelt. Tatsächlich hat die Zahl der Radfahrer in wenigen Jahren enorm zugenommen, so bescheiden sie sich auch im Vergleich zu anderen europäischen Städten noch ausnehmen mag. Für Radler, Fußgänger und Rollerblader sind jetzt an Wochenenden die Seine-Quais reserviert, und jeden Sommer werden sie zum Schauplatz der Großaktion Paris Plage. 2500 Tonnen Sand, Hunderte von Sonnenschirmen, Liegestühlen, Hängematten, Palmen machen drei Kilometer Flussufer zum Gratis-Strand für die Daheimgebliebenen – ein Riesenerfolg für die Rathausmannschaft.

Paris Plage: Ein Mal im Jahr verwandelt sich das Seine-Ufer in einen Strand.

Paris sei zu einem touristischen Themenpark, zu einer sand-strahlgereinigten historischen Fassade geworden, wird gelegent-lich geklagt. Tatsächlich haben die Stadtteile mit den berühmten Attraktionen ähnlich wie Rom oder Venedig etwas von einem gro-ßen Museum, ergänzt durch Neppeinrichtungen zum Ausnehmen der Touristen, von denen jährlich 40 Millionen anrollen.

Die Tatsache, dass sich außerdem ehemalige Handwerker-viertel in angesagte Wohngegenden für Besserverdienende ver-wandeln, scheint die komplette Verbürgerlichung der Stadt an-zukündigen. Bis es so weit ist, herrscht in einigen Teilen noch ein Zwischenzustand der ethnischen und sozialen Koexistenz und Vielfalt – ein schönes, vergängliches Bild vor der endgültigen Mu-sealisierung.

Ungewöhnlich ist dabei nicht, dass Kleine-Leute-Quartiers eine soziale Aufwertung erfahren, das gibt es auch in London, Barce-lona oder Berlin, sondern dass eine Hauptstadt sich als homo-genisiertes Machtzentrum von der Außenwelt derart radikal ab-grenzt, das Drinnen vom Draußen so sorgsam scheidet. Wie ein künstliches Gebilde liegt dieses eiförmige, vom Autobahnring Périphérique umfasste Paris mit dem Autokennzeichen und der Postleitzahl 75 inmitten vermeintlich gefährlicher Zonen, als ge-säuberter und geschützter Kern des zentralistischen Staats.

Zentralismus und Dezentralisierung

Dass die Fäden der Macht, des Geldes und der Kultur in Paris zu-sammenliefen, dass dort alle Entscheidungen getroffen wurden, von dort alles Wichtige kam, hat sich ins Bewusstsein und in die Gewohnheiten der Franzosen als etwas ganz und gar Selbstver-ständliches eingestanzt. Genau wie die hierarchische Organisa-tionsstruktur des gesamten Hexagon, die seit mehr als 200 Jahren für Stabilität und Ordnung sorgte: das gleichmäßige Mosaik der Départements mit ihren Präfekten und Unterpräfekten, den Ver-tretern der Pariser Regierung, von denen sie ihre Weisungen emp-fingen.

Die Verwaltungseinheit des Départements wurde während der Französischen Revolution geschaffen. Ursprünglich gab es 83 da-von, heute sind es mit den vier Überseedépartements genau 100. Bei der Festlegung ihrer Grenzen galt das Prinzip, dass kein Ort weiter als einen Tagesritt zu Pferde vom Hauptort entfernt sein sollte. Sie ersetzten in ihren willkürlichen Begrenzungen die gewachsenen Provinzen des Ancien Régime, von denen sie sich auch durch die Namensgebung unterschieden: Statt historischer Kriterien wurden geographische gewählt. Die Départements sind vor allem nach Flüssen oder nach Gebirgen benannt. Dem Alphabet entsprechend hat jedes eine Zahl – Ain ist 01, Aisne 02 und so weiter –, die sowohl als Autokennzeichen als auch als Postleitzahl dient. Bei den alljährlichen Autofahrten in die Sommerferien werden die Kinder gerne mit dem Abfragen der vorbeifahrenden Autonummern beschäftigt: 74? Haute Savoie! 57? Moselle! 07? Ardèche! 13? Bouches-du-Rhône!

Im Hauptort, dem Sitz der Préfecture, herrscht der Präfekt, eine napoleonische Erfindung: Er repräsentiert den Staat. Es gibt auch noch zwei Unterpräfekturen mit zwei Unterpräfekten, die wiederum natürlich dem Präfekten unterstellt sind. Allesamt werden sie nicht gewählt, sondern durch die Regierung eingesetzt. Gewählt wurde zwar schon vor der Dezentralisierung ein Rat des Départements, der Conseil général, aber er hatte wenig zu sagen. Demokratischer geht es traditionell auf der Ebene der Commune mit ihren gewählten Gemeinderäten und Bürgermeistern zu. Mehr als 36 000 Gemeinden gibt es, die Anzahl hat sich in 200 Jahren kaum verändert, größere Flurbereinigungen und Zusammenlegungen haben nie stattgefunden. Jede Gemeinde hat ein Rathaus, in vielen Fällen beherbergt es auch gleich die Schule. Über dem Eingang steht, wie sich das gehört: Liberté – égalité – fraternité. Das Dienstzimmer des Bürgermeisters ist mit einem Porträt des jeweils aktuellen Präsidenten geschmückt. Außerdem steht in jedem Rathaus die Büste der Marianne, Verkörperung der Republik, mit dem »bonnet phrygien«, dem kecken Revolutionsmützchen. In gewissen Abständen sitzen prominente französische Damen Modell für dieses patriotische Accessoir. So finden sich Mariannen mit den Zügen von Brigitte Bardot, Mireille Mathieu, Catherine Deneuve oder Laetitia Casta. Viele Gemeinden sind allerdings auch mit ihren ererbten anonymen Mariannen sehr zufrieden.

Nimmt der Bürgermeister eine Amtshandlung vor, etwa eine Eheschließung, so legt er sich seine blau-weiß-rote Schärpe um. Den Bürgern ist er – in der Regel – lieb und teuer, er steht für die Nähe der lokalen Demokratie. Französische Parlamentsabgeordnete legen oft großen Wert darauf, gleichzeitig auch irgendwo

Bürgermeister zu sein, und sei es in einem kleinen Nest. Sie stellen als Député-Maire ihre Verwurzelung im hexagonalen Alltagsleben unter Beweis, das ist für die politische Karriere auf jeden Fall ein Plus. François Mitterrand war Bürgermeister der burgundischen Kleinstadt Château-Chinon, bevor er Staatspräsident wurde. Sein erster Premierminister Pierre Mauroy herrschte über die Großstadt Lille, Nicolas Sarkozy über den Pariser Reichenvorort Neuilly-sur-Seine, Alain Juppé in Bordeaux, Michèle Alliot-Marie in Saint-Jean-de-Luz.

Der Zentralismus mag im jakobinischen Verständnis der »République une et indivisible« einen quasi-religiösen Wert darstellen, er erwies sich immer mehr als Handicap. Verwaltungsentscheidungen zeichneten sich durch bleierne Schwerfälligkeit aus, über jede Kleinigkeit wurde in fernen Pariser Ministerien befunden, das war ineffizient und teuer. Lokale Eigeninitiativen konnten sich nicht entwickeln, die Provinz verkümmerte ökonomisch wie kulturell. So wurde unter Präsident Mitterrand 1982 eine Politik der Dezentralisierung eingeleitet, die den Franzosen mit 22 Regionen neue Gebietskörperschaften bescherte.

Die regionale Aufteilung des Hexagon wurde damit nicht erfunden, sie existierte schon seit den fünfziger Jahren. Die 22 Regionen hatten allerdings keinerlei Eigenständigkeit, sondern dienten dem Zentralstaat nur zur Erleichterung großräumiger Planung. Ziemlich willkürlich waren sie am Reißbrett als Zusammenfassung mehrerer Départements entstanden. Einige orientierten sich an den alten Provinzen, wie Bretagne, Auvergne, Franche-Comté, andere waren Retortenprodukte wie Centre, Rhône-Alpes oder Midi-Pyrénées. Durch die Dezentralisierung wurden sie zu demokratischen Einheiten mit gewählten Regionalräten. Der Staat delegierte Kompetenzen und Finanzmittel, etwa die Einnahmen aus der Wohnsteuer und aus Teilen der Gewerbesteuer. Mit deutschen Bundesländern haben französische Regionen freilich wenig gemein. Der Haushalt Bayerns etwa ist dreißig Mal so groß wie der von Provence-Alpes-Côte d'Azur, vom Unterschied der politischen Bedeutung gar nicht zu reden.

Zuständig sind die Regionalräte für Transportwesen, Infrastruktur, regionale Wirtschaftsförderung und einen Teil der Bildungseinrichtungen, nämlich für Bau und Unterhalt der Gymnasien. Für die Grundschulen sind allerdings die Gemeinden und für die Schulgebäude der Mittelstufe die Départements zustän-

dig. Die Bereiche wurden sorgfältig aufgesplittert, um die Dezentralisierung in engen Grenzen zu halten. Und es ist weiterhin ausschließlich der Zentralstaat, der die Bildungsprogramme bestimmt.
Die Départements wurden ihrerseits mit erweiterten Kompetenzen ausgestattet und demokratisch aufgewertet. Die Exekutive
ging vom Präfekten an den gewählten Président du conseil über.
Der Präfekt, den es weiterhin gibt, erfüllt unter anderem die Funktion einer staatlichen Schlichtungs- und Kontrollinstanz.

Das Dezentralisierungs-Konstrukt wirkt ein wenig zaghaft:
Gemeinden und Départements sind keineswegs der Region unter-
geordnet, diese ist ihnen gegenüber nicht weisungsberechtigt,
sondern alle drei Gebietskörperschaften stehen gleichberechtigt
nebeneinander. Und noch seltsamer erscheint, dass der Staat den
Départements um einiges mehr an Kompetenzen und Finanz-
mitteln übertragen hat als den Regionen.

So bleibt die Regionalisierung einigermaßen halbherzig. Sie
war unerlässlich, schon weil die Europäische Union den Regionen größte Bedeutung beimisst. Frankreich kann an den regional
orientierten EU-Förderungsprogrammen nur mittels der Regionen partizipieren. Und letztendlich sind sich die Dezentralisie-
rungsplaner darüber im Klaren, dass die Region die Bezugsgröße
der Zukunft sein muss, dass mit den Départements eine adminis-
trative Ebene zu viel existiert. Nur, wie kann man sie verschwinden lassen? Schließlich ist die Bevölkerung an ihre Départements
gewöhnt, mit den Regionen kann sie noch nicht viel anfangen.
Und dann gibt es eine starke Département-Lobby, die dafür sorgt,
dass ihre Einflusszone erhalten bleibt. Viele Generalräte sind auch
Abgeordnete und vor allem Senatsmitglieder, und sie wissen ihre
Posten und Pfründe zu verteidigen.

So bescheiden sich diese Ansätze zur Dezentralisierung auch
ausnehmen, manchen gehen sie schon viel zu weit. Verbirgt sich
dahinter nicht die Idee eines föderativen Frankreich? Der Linksnationalist und frühere Minister Jean-Pierre Chevènement malte
schon das Schreckgespenst einer »landerisation« an die Wand,
einer »Verländerung« nach deutschem Vorbild. Wehret den An-
fängen!

In »Französische Zustände« schrieb Heinrich Heine: »Paris ist
eigentlich Frankreich; dieses ist nur die umliegende Gegend von
Paris.« Dies immerhin lässt sich heute nicht mehr sagen. Regionen und Städte betonen wie nie zuvor ihre eigene Identität. Die

Bretagne etwa besinnt sich stolz auf ihr keltisches Erbe und pflegt die Verwandtschaft mit Iren und Schotten. Die regionale Eigenart ist nicht nur förderlich für den Tourismus, sie ist zum positiv bewerteten Standortfaktor geworden. Tiefgreifende Wandlungen hat auch der lange Zeit vor sich hin dämmernde Süden erfahren. Zwar ist in Teilen des Midi, so im Languedoc, die Arbeitslosenquote immer noch überdurchschnittlich hoch, aber zugleich zeichnet sich ein industrieller Aufbruch neuen Typs ab: Bei der High-Tech-Industrie ist ein deutlicher Trend nach Süden zu erkennen. Die Ansiedlung neuer Unternehmen orientiert sich vor allem am Freizeitwert und am angenehmen Klima, an der Nähe von Mittelmeer und Atlantik, Pyrenäen und Alpen. Unbestreitbarer Star unter den neuen High-Tech-Zentren ist Toulouse mit seiner Luft- und Raumfahrtindustrie, aber auch Bordeaux und Montpellier sind aus provinzieller Ödnis erwacht und haben sich in quirlige Regionalmetropolen verwandelt, und das lange verschriene Marseille ist inzwischen gar zu einem Anlaufpunkt für Kreuzfahrtschiffe geworden.

Auch das Kulturleben ist vielerorts aus dem Provinzschlaf erwacht. Während früher durchreisende Operettentruppen für allenfalls bescheidenes Niveau auf den Bühnen sorgten, hat die kulturelle Dezentralisierung ernstzunehmende Theater entstehen lassen. Städte wie Lille, Toulouse, Lyon oder Nantes wurden durch Nationalorchester aufgewertet, die Museen profitieren seit den achtziger Jahren von den Regionalfonds für zeitgenössische Kunst, und das lothringische Metz hat jetzt sogar nach Paris das zweite Centre Pompidou bekommen.

Die Sprache als nationales Heiligtum

Nicht nur ist laut Verfassung die französische Republik »une et indivisible«, sie legt auch seit 1992 fest: »La langue de la République est le français.« Eigentlich hatte daran niemand gezweifelt, aber durch den Verfassungsrang wurde noch einmal bekräftigt, dass in Frankreich die Sprache ein Politikum von höchster nationaler Bedeutung ist, dass sie zum Tafelsilber der Republik gehört.

Tatsächlich hat die Sprache einen sehr speziellen Stellenwert im Leben der Franzosen. Sie wird gehegt und gepflegt wie ein

Schatz, wird poliert im intellektuellen Diskurs, geschliffen in der politischen Attacke, gedrechselt in der privaten Konversation. Man begeistert sich an eigenen und fremden Formulierungen, treibt Kunststücke mit ihr, kaut sie, schlürft sie, genießt sie.

Die Franzosen lieben das Sprechen und verehren Leute, die gut reden. Unterhaltungen nehmen nicht selten die Form eines Wettbewerbs um die spritzigsten Repliken, die originellsten Wendungen an. Der verbale Schlagabtausch ist ein Gesellschaftsspiel, das weder Hartnäckigkeit noch Bierernst verträgt. Eh man sich's versieht, wird das Thema gewechselt. Es ist üblich, andere mitten im Satz zu unterbrechen. Viele haben sich daher ganz schnelles Sprechen angewöhnt, aus Angst, ihre Botschaft oder Pointe nicht rüberzubringen.

Der französische Rundfunk ist reich an Diskussionssendungen, in denen sich Kritiker ins Wort fallen, mit Anspielungen und Bonmots brillieren, Filme oder Romane sprachgewaltig loben oder in der Luft zerreißen. Die Dampfplauderei selbst, das Gespräch als eleganter Kampfsport, ist dabei meist die Hauptattraktion fürs Publikum. Auch bei Medienauftritten von Politikern zählt genauso, ob sie sich geschliffen auszudrücken verstehen, wie das, was sie inhaltlich mitzuteilen haben.

Überall wird Esprit unter Beweis gestellt. Zeitungsschlagzeilen von *Libération* oder *Le canard enchaîné* neigen fast zwanghaft zu Wortspielen und Anspielungen. Unter der Überschrift »Donner du temps au thon« (dem Thunfisch Zeit geben) ging es um Maßnahmen gegen die Überfischung von Thunfisch. Aber »Il faut laisser du temps au temps« (Man muss der Zeit Zeit lassen) ist auch ein vielzitierter Ausspruch von François Mitterrand. »Les illusions perdurent« stand über einem Artikel, der einen karrierebewussten Jungautor vorstellte – »Die Illusionen leben fort«, anstatt der »Illusions perdues«, der »Verlorenen Illusionen« von Balzac. Die Freude an der pfiffigen Anspielung geht bis zu Titeln von Pornofilmen wie »Le Docteur m'abuse« (Der Doktor missbraucht mich, in Anlehnung an »Dr. Mabuse«).

Neue Elemente, die vor allem das Jugendidiom bereichern, kommen aus dem Slang der Vorstädte, »la tchatche« genannt, eine auch über die Rap-Musik verbreitete Mixtur, die mit Silbenverdrehungen und arabischen Einsprengseln operiert. Sie wird inzwischen auch bei den Kids aus besseren Kreisen sowie Journalisten mit der Nase im Wind freudig praktiziert. Bei der Titelzeile »Le look des keums que kiffent les meufs« dürften auch manche guten Kenner des Französischen stutzig werden. Gemeint ist: Der Bekleidungsstil der Jungs, mit dem sie bei den Mädchen Erfolg haben. »keum« (kömm) ist eine Verdrehung von »mec«, Typ, Macker, Junge. »La meuf« (möff) kommt von »femme«, und »kiffer« – schätzen, mögen, lieben – ist aus dem Arabischen entlehnt. »Je kiffe cette meuf« heißt also: Dieses Mädchen gefällt mir sehr. Das sollte man schon wissen.

Egal ob im gutbürgerlichen Salon oder in Jugendkreisen: Wer sprachlich nicht mithalten kann, wird rasch als schwerfällig, plump und humorlos eingestuft. Auf Nachsicht und aufmunternden Zuspruch, auf die der radebrechende Ausländer in anderen Ländern häufig trifft, darf er hier nicht hoffen, es gibt für ihn keinen Bonus. Vielmehr gilt es als selbstverständlich, die Sprache der Sprachen demütig und beflissen zu erlernen. Max Frisch beschreibt in seinem Tagebuch, wie er wegen seines nicht ganz korrekten Französisch von Pariser Kellnern mit Verachtung gestraft wurde.[53]

Aber die französische Sprache ist eben mehr als ein bloßes Verständigungsmittel. Einst war sie die Sprache der europäischen Eliten. 1784, gegen Ende des Ancien Régime, schrieb der »Homme de lettres« Antoine de Rivarol: »Sie ist unter allen Sprachen die einzige, mit deren Geist sich Redlichkeit verbindet. Sicher, sozial, vernünftig ist sie mehr als nur die französische Sprache, sie ist die Sprache der Menschheit.«

Vollends zum quasi-religiösen Wert wurde sie mit der Revolution, als ihr die Aufgabe zufiel, die Nation zusammenzuschweißen. Das Hexagon war zu jener Zeit ein multikultureller Flickenteppich. Französisch wurde nur von einem Viertel der Bevölkerung gesprochen. 1790 befürwortete der Abbé Grégoire, Mitglied der Verfassungsgebenden Versammlung, in einem Bericht die Ausmerzung aller Sprachen außer dem Französischen: »Es ist wichtiger, als man denkt, diese Verschiedenheit von groben Idiomen auszulöschen, die nur die Kindheit der Vernunft und das Alter der Vorurteile verlängern.« Nachdem sich drei Jahre später die Jakobiner endgültig gegen die föderalistisch gesinnten Girondisten durchgesetzt hatten, wandte sich der Konvent an die Gemeinden mit der Aufforderung: »Bürger, ihr hasst den politischen Föderalismus, schwört auch dem Föderalismus der Sprache ab. Die Sprache muss einheitlich sein wie die Republik.«

Die Ideen der Revolution und die Erklärung der Menschenrechte waren in der französischen Sprache formuliert worden, folglich war sie die »Sprache der Freiheit« und berufen, an die Stelle der »groben Idiome«, nämlich des Bretonischen, Okzitanischen, Katalanischen, Baskischen, Flämischen, Korsischen oder Deutschen zu treten.

Damit hat es dann allerdings noch ein Weilchen gedauert. Erst mit der Einführung der allgemeinen Schulpflicht in der Dritten Republik machten sich die Lehrer daran, ihren Schülern die abschätzig als »patois« bezeichneten Sprachen auszutreiben und ihnen die Sprache der Revolution, der Vernunft und des Fortschritts einzutrichtern, die ihnen in der Tat erst den Zugang zu Wissen und sozialem Aufstieg ermöglichte. »Es ist verboten, auf den Boden zu spucken und bretonisch zu sprechen«, war in öffentlichen Gebäuden der Bretagne zu lesen. Die Ausbreitung der Massenmedien im 20. Jahrhundert tat ein Übriges. Ergebnis: Die Regionalsprachen wurden bis auf ein paar klägliche Restbestände zurückgedrängt.

Aber inzwischen ist mit dem Vormarsch des Englischen eine neue Bedrohung aufgetaucht. 1964 ertönte der erste Alarmschrei mit dem von René Etiemble verfassten Pamphlet »Parlez-vous franglais?«. Seither häufen sich die Anglizismen im französischen Alltag. Man wohnt in einem »building« mit einem gewissen »standing«, möglichst in der Nähe eines Parks fürs »footing« – entspricht dem deutschen »Jogging« – und bringt seine »T-shirts« ins »pressing« – die chemische Reinigung –, kauft im »discount« (diss-kunnt) liest abends einen »bestseller« oder geht in eine »one man show«.

Hier galt es gegenzusteuern. Seit den siebziger Jahren brüten Terminologie-Kommissionen französische Alternativen für die anglophonen Parasiten aus. Und 1994 wurde unter dem damaligen Kulturminister Jacques Toubon ein Gesetz verabschiedet, das englische Bezeichnungen bei Produkt- oder Firmennamen untersagte. Für Verpackungen oder Werbung mit fremdländischem Vokabular ist die französische Übersetzung vorgeschrieben. Heißt es auf einem Werbeplakat »Happy Birthday!«, dann steht unten mit einem Sternchen versehen: »Bon anniversaire!«

Die traditionellste Einrichtung für Sprachpflege ist die altehrwürdige Académie Française. Sie wurde 1635 von Kardinal Richelieu gegründet und wacht seither offiziell über die Reinheit des Französischen. Zu ihren Aufgaben gehören die Herausgabe eines Wörterbuchs und das Austüfteln neuer Sprachregeln. Vor allem aber ist sie eine nationale Weihestätte, fast so etwas wie das Pantheon, nur dass ihre 40 Mitglieder noch am Leben sind. Da sie auf Lebenszeit gewählt werden, nennt man sie die »Unsterblichen«. Es ist ein reichlich verzopfter Klub illustrer Kulturgreise. Bei jedem Todesfall drängeln sich eitle Schriftsteller und Politiker um den frei gewordenen Platz. Letzthin ist es – gegen heftige interne Widerstände und mit hauchdünner Mehrheit – dem Ex-Präsidenten Giscard d'Estaing gelungen, in den Ehrentempel gewählt zu werden. Es wurde viel darüber gespottet, denn mit seinen sprachlichen Leistungen ist es nicht weit her. Es gibt da aus seiner Feder einen unfreiwillig komischen Liebesroman, »Le Passage« (»Der Übergang«), und seine Memoiren »Le pouvoir et la vie« (»Macht und Leben«), aber er selbst hielt wohl eher die unter seiner Ägide formulierte EU-Verfassung für sein Meisterstück. Aus der ist zwar nicht so viel geworden, dennoch konnte er das begehrte grünbestickte Akademie-Wams anziehen und sich den dazugehörigen Degen umschnallen. Jetzt darf VGE, wie er allgemein abgekürzt wird, mit darüber befinden, ob es »Madame le ministre« oder »Madame la ministre« heißt.

Die Académie Française ist als Teil des amtlichen Sprachpflegeapparats Partnerin der Délégation Générale à la Langue Française, die die neu ausgeheckten Termini unters Volk zu bringen versucht. Permanente Herausforderungen kommen vor allem aus dem Informatikbereich, der laufend mit neuen englischen Begriffen aufwartet. Einige französische Neuschöpfungen sind gut angenommen worden, so etwa »ordinateur« für Computer, »logiciel« für Software, oder »courriel« für E-Mail, aber viele erweisen sich auch als Flops: »diffusion par baladeur« für Podcasting sagt kein Mensch, ebenso wenig »gratuiciel« für Freeware oder »fenêtre jaillissante« für Pop up.

Aber darin manifestiert sich immerhin ein kultureller Selbsterhaltungswille. Franzosen müllen ihre Sprachwelt nicht masochistisch mit Anglizismen zu, wie ihre chillenden und relaxenden Nachbarn im Osten, die ihre Fahrkarte inzwischen am »ticket counter« kaufen, von der Post mit Diensten wie »speed booking« und »postage points« versorgt werden und im Fernsehen »Kiddie contests« und »Webcam Nights« verfolgen, während ihre Politiker mit Ausdrücken wie »task force« oder »job floating« um sich werfen. Dergleichen verhindern in Frankreich der politische Wille und die Liebe zur eigenen Sprache.

Nach außen hin wirkt als weltweite Vereinigung zur Abwehr des Englischen die Organisation Internationale de la Francophonie, ein Netzwerk, das die französischsprachigen Länder – Frankreich, Belgien, Schweiz, Quebec – vereint, und auch solche, die zum Französischen einen gewissen Bezug haben, wie der Libanon oder die früheren Kolonien in Afrika und Südostasien.

Die Organisation unterhält ein frankophones Fernsehprogramm, *TV5*, und veranstaltet alle zwei Jahre ein Gipfeltreffen, auf dem der Wille beschworen wird, gemeinsam die anglophone Springflut aufzuhalten, der Kulturdominanz der USA ein Korrektiv entgegenzusetzen.

Obwohl die Präsenz des Französischen in der Welt allgemein rückläufig ist, gewinnt die Frankophonie überraschenderweise Jahr für Jahr neue Mitglieder, die in diesem Rahmen etwas befremdlich erscheinen könnten, Länder wie Armenien, Moldawien, Bulgarien, Kroatien, die Slowakei oder Litauen, in denen nicht wirklich französisch gesprochen wird, die sich aber über diese Mitgliedschaft Fördermittel für Schulen und Universitäten erhoffen.

Bei allem Kult um die eigene Sprache wird leider oft verkannt, wie notwendig auch das Erlernen anderer Sprachen wäre. Gerne wird damit kokettiert, als Franzose sei man eben für Fremdsprachen nicht begabt – ein quasi genetisches Handicap, vous comprenez? Das ist natürlich blanker Unfug. Die dürftigen Kenntnisse sind vor allem eine Folge des miserablen Fremdsprachenunterrichts an französischen Schulen. Nach acht Jahren Deutsch sind viele Gymnasiasten nicht in der Lage, ein paar simple, kohärente Sätze zu formulieren. Im Unterricht haben sie sich vielleicht mit Grammatik und Literaturinterpretationen herumgeplagt, aber nicht Sprechen gelernt. Schreiben allerdings auch kaum. Wer mag wohl diese schriftliche Mitteilung an die deutsche Presse zum Spiel Paris Saint-Germain gegen Bayern München am 26. September 2000 verzapft haben? »Sie werden seit Ihrer Ausfuhr der Pressetribüne, ein signalétique finden, Ihnen die gemischte Zone zeigend ... Einziger zugang: die 1. Treppe in Ihrer Rechte Zu nehmen, aus der Pressetribüne ausgehend. Diese Treppe, dann empreinter die 1. Treppe auf Ihrer Linke hinunterzubringen. Ihm bis an tief hinunterzubringen, dann nach links zu drehen und die

1. Treppe auf Ihrer Linke, bis an tief zu nehmen ... Der Zugang zur Pressetribüne mit ein Kamera verboten. Ein Gastgeberin wird übernehmen, ihre Kamera im Salon zu bewahren, presse. Ein Abschnitt (Stoffrest) wird Ihnen als Ersatz für das Depositum (Hinterlegung) von ihrem Material übergeben sein.« Alles klar. Aber der gute Wille ist auf jeden Fall zu loben.

Zum leichtfertigen Umgang mit anderer Leute Sprachen gehört das chronische Falschaussprechen und Falschschreiben fremder Namen. Auch in den seriösen Zeitungen hieß der frühere Bundeskanzler sehr häufig »Khol«, sein Nachfolger war zuweilen mit dem Vornamen »Gehrart« geschlagen. Großzügig werden Umlautpünktchen verteilt: Aus dem Komponisten Bruckner wird Brückner, der Dirigent Günter Wand wird zu Gunter Wänd, aber man weiß ja ungefähr, wer gemeint ist. Ähnlich ist es mit dem Filmemacher Völker Schoendorff oder den Städten Dusseldörf und Wüppertal – Na, ist doch Würst! Aber sprich nur einen französischen Namen falsch aus, Fremdling! Sofort trifft dich der Bannstrahl strengster Zurechtweisung!

Und während das Französische verteidigt und gepflegt wird, dämmern die anderen Sprachen Frankreichs ihrem Ende entgegen, auch wenn punktueller Widerstand geleistet wird. Nachdem sich während der deutschen Besatzung manche Autonomisten mit den Nazis kompromittiert hatten, war nach dem Krieg das Abwerten und Disqualifizieren der Regionalbewegungen eine wohlfeile Übung. Aber dann tauchte in den sechziger und siebziger Jahren das neue Phänomen eines eher linken Regionalismus auf. In Parolen wie dem okzitanischen Spruch »Volem viure al pais« manifestierte sich die Kritik an der wirtschaftlichen Vernachlässigung ganzer Landstriche ebenso wie an der Abtötung der angestammten Sprachen. Was konnten diese marginalisierten Idiome der Republik noch anhaben? Wäre es nicht an der Zeit, ein paar Rettungsversuche zu unternehmen, damit sie nicht ganz und gar verschwinden? »Es ist Frankreichs unwürdig, in dieser beschämenden Verfolgung der Regionalsprachen fortzufahren und das letzte Land Europas zu sein, das bestimmten Bevölkerungsgruppen ihre grundlegenden kulturellen Rechte vorenthält«, verkündete 1981 der Präsidentschaftskandidat Mitterrand.

Tatsächlich wurden seither einige Maßnahmen zur Förderung des Unterrichts von Regionalsprachen im öffentlichen Bildungssystem ergriffen. Inzwischen wird das Angebot landesweit von rund 250 000 Schülern angenommen. Das scheint beachtlich, läuft aber auf ein unverbindliches Hobby hinaus und hält den effektiven Niedergang dieser Sprachen nicht auf. Auch die paar Minuten im Radio und Regionalfernsehen ändern nichts daran, dass diese Sprachen auf den Status folkloristischer Restbestände zurückschrumpfen.

Ein Hoffnungsschimmer kam mit der vom Europarat lancierten Europäischen Charta der Regionalsprachen auf, die sich dem Schutz und der Förderung derselben verpflichtet. Sie wurde zwar von der Jospin-Regierung unterzeichnet, aber 1999 vom französischen Verfassungsrat zurückgewiesen als unvereinbar mit dem Prinzip der »unteilbaren Republik«, nach dem keiner wie auch immer definierten Gruppe irgendwelche besonderen Rechte zugestanden werden dürfen. Spätjakobiner von links wie rechts hatten zuvor gegen das Teufelswerk der Charta mobil gemacht, die geradewegs zum Zerfall der Republik und zur Balkanisierung Frankreichs führen würde.

Wenn den Regionalsprachen noch ein Aufschub gewährt wird, dann ist es das Verdienst hartnäckiger privater Vereinigungen – »Diwan« in der Bretagne, »Seaska« im Baskenland, die okzitanischen »Calendretas« und die katalanischen »Bressolas« – die von der Vorschule an konsequent zweisprachigen Unterricht anbieten und sich zunehmender Beliebtheit erfreuen. Von manchen Départements bekommen sie inzwischen ein paar Subventionen. Sie werden die an den Rand gedrängten Sprachen zwar kaum retten, aber doch ihr endgültiges Verschwinden ein wenig hinauszögern.

Probleminsel Korsika

Eine Region, die entschieden aus dem Rahmen fällt, ist die Insel Korsika. Schon geographisch liegt sie etwas abseits, acht Schiffsstunden von Marseille entfernt, dafür in Sichtnähe von Sardinien und Elba. Die »Insel der Schönheit« ist ein chronischer Krisenherd, ein Alptraum für Pariser Politiker. Die korsischen Ereignisse der letzten drei Jahrzehnte stellten eine beispiellose Herausforderung der jakobinischen Prinzipien, einen Affront gegen den französischen Zentralismus dar. Will man, dass Franzosen aus der Haut fahren, braucht man nur das Gespräch auf Korsika zu lenken. Ich muss mich immer wieder über die Ausbrüche unkontrollierter Korsophobie wundern. Auch in der besseren Pariser Gesellschaft verziehen sich bei diesem Reizthema die Gesichter. Auf der Sympathieskala aller französischen Bevölkerungsgruppen stehen die Korsen an letzter Stelle. Sie sind, so will es das Vorurteil, ewig unzufrieden, arbeitsscheu, stolz, abweisend, obendrein gewalttätig. Und so undankbar! Mehr als in jede andere Region investiert Frankreich in diese Insel, und dann beißen sie die Hand, die sie füttert. Gegen die Korsen wird Dampf abgelassen, denn sie verhalten sich nicht, wie sie sollen. Korsika ist ein Stachel im Fleisch der französischen Selbstgewissheit, das korsische Aufbegehren wird als narzisstische Kränkung erfahren.

Ich habe die Korsen eigentlich immer als sehr gastfreundlich erlebt. Gewiss, wenn man ihnen pariserisch-überheblich kommt, schnappen sie schnell ein. Aber sie sind liebenswerte Menschen, wenn man ihnen mit Respekt begegnet.

250 000 Menschen leben auf der Insel, die halb so groß ist wie Rheinland-Pfalz. Seit der Römerzeit hat dort 19 Mal die Herrschaft gewechselt. »Immer okkupiert, nie domestiziert!«, heißt ein korsischer Spruch. Dazu passt die Fahne mit dem stolzen Maurenkopf. Pisaner wie Genuesen haben vergeblich versucht, das Inselvolk kleinzukriegen. Gelegentlich holten sich die Korsen in ihren Freiheitsbestrebungen auch Hilfe von außen, so als sie 1736 den deutschen Abenteurer Theodor Neuhoff aus dem westfälischen Pungelscheid zu ihrem König Theodor machten. Auch wenn seine Herrschaft nur von kurzer Dauer war, wird heute noch gern an ihn erinnert – in Korsika und natürlich auch in Pungelscheid.

Während offiziell noch die Genueser über die Insel herrschten, wurde 1755 unter Pascal Paoli eine unabhängige Regierung gebildet, mit einer Verfassung, die vom Geist der Aufklärung durchdrungen war. Jean-Jacques Rousseau, der daran mitgearbeitet hatte, wird gern mit dem Ausspruch zitiert: »Ich habe den Eindruck, dass diese kleine Insel Europa eines Tages noch in Erstaunen versetzen wird.« Die Genueser waren froh, das schwierige Eiland 1768 für zwei Millionen Livres an die Franzosen loszuwerden. Ein gutes Geschäft sei das, sowohl für Genua als auch für den französischen König, meinte Voltaire zu diesem Handel. »Bleibt zu überlegen, ob die Menschen das Recht haben, andere Menschen zu verkaufen.« 1769 wurden Paolis Truppen von den Franzosen besiegt. Einer seiner glühenden Anhänger, der junge

Napoleon Bonaparte aus Ajaccio, schwenkte zu den Siegern um und machte die bekannte Karriere.

So wurden die Korsen zu Franzosen. Wirklich? Sie waren den Leuten auf dem Festland nie so recht geheuer, auch wenn sie einen hohen Unterhaltungswert hatten: Mit Begeisterung las das gebildete Publikum Geschichten über korsische Banditen und die schaurige Sitte der Vendetta. Ein Bestseller wurde Prosper Mérimées Blutrache-Drama »Colomba«, in dem alle Klischees über die archaischen Insulaner versammelt sind. Henri Rochefort, ein bekannter Publizist, schlug 1871 vor, Korsika für einen symbolischen Franc an Italien zurückzugeben. »Die Wahrheit, die gesagt werden muss, ist, dass Korsika nie französisch war und es auch nie sein wird«, dekretierte im selben Jahr der Sozialist Jules Vallès, der im Übrigen bedauerte, dass man den Preußen anstelle des Elsass nicht Korsika abgetreten hatte. Aber man fand dann doch Verwendung für die Korsen. Im Ersten Weltkrieg dienten sie als Kanonenfutter, danach brachte man sie im öffentlichen Dienst auf dem Festland unter oder schickte sie als Soldaten und Beamte in die Kolonien. Einige landeten auch in der Marseiller Unterwelt.

Die »Insel der Schönheit« ist keine Insel der mediterranen Heiterkeit. Gleich bei meinem ersten Besuch beeindruckten mich die Einschusslöcher in den Verkehrsschildern. Auch wird man mit allerlei markigen Parolen und Symbolen konfrontiert. »Libertà per i pattriotti!« – Freiheit für die Patrioten, »avà basta«, es reicht – manchmal auch noch »IFF«, das steht für »I francesi fora«, Franzosen raus. Oder »Gloria a te Yvan« – Ruhm dir, Yvan. Gemeint ist Yvan Colonna, der im Verdacht steht, 1998 den Präfekten Claude Erignac und damit den höchsten Vertreter des französischen Staates erschossen zu haben. In der örtlichen Postille *Corse-Matin* liest man fast täglich von Bombenanschlägen, die in der Festlandspresse schon längst keine Erwähnung mehr finden.

Angefangen hat diese neuere Unruhephase mit der Schlacht von Aléria. Nach dem Ende des Algerienkriegs wurden auch in Korsika »Pieds noirs« angesiedelt, und sie kamen in den Genuss staatlicher Hilfsleistungen, die den Korsen verweigert wurden. Aus Protest besetzten 1975 20 Leute die Weinkellerei eines Algerienfranzosen in Aléria – eine Aktion mit ungeahnten Folgen.

»Das war halt eine Besetzung nach korsischer Manier, mit ein bisschen Folklore und Flinten. Aber der Staat, anstatt zu begreifen, dass der Spielraum eng war und dass man hier fein taktieren musste, schickte Panzerfahrzeuge mit Maschinengewehren, Hubschrauber und eine bewaffnete Streitmacht«, meint Gabriel Xavier Culioli, engagierter Kommentator der korsischen Aktualität und Autor von Büchern wie »Das Land der Herren« oder »Le Complexe corse« (»Der korsische Komplex«). Eine Armee von 1200 Mann mobilisierte der Innenminister gegen die Kellereibesetzer. Bitteres Ergebnis der überdimensionierten Militäraktion waren zwei tote Gendarmen und das Empfinden, es mit einem fernen und überheblichen, verständnislosen Staat zu tun zu haben.

Aléria war für viele junge Korsen die Initialzündung für ein politisches Engagement. Sie begannen, sich kritisch mit der wirtschaftlichen und kulturellen Lage Korsikas auseinanderzusetzen. Im Jahr darauf, 1976, wurde die für Unabhängigkeit der Insel kämpfende Nationale Korsische Befreiungsfront (FLNC) gegründet, die bald durch Bombennächte von sich reden machte. Zielscheiben waren Einrichtungen des französischen Staats, sehr häufig aber auch im Bau befindliche Bungalowdörfer an den reizvollen Stränden. Auf diese rabiate Weise widersetzte sich die Untergrundtruppe den Vorhaben Pariser Planer, Korsika zu einem zweiten Mallorca zu machen. Culioli erzählte mir von einer Expertenstudie, die dafür plädierte, das Innere der Insel in eine Art Eingeborenenreservat zu verwandeln und ringsum an den Küsten große Ferienzentren hochzuziehen. Das wurde mit Hilfe von Sprengstoff verhindert. Was auf dem Kontinent schlichtweg als Terrorismus galt, stieß auf der Insel selbst, auch bei Leuten, die nichts für Gewalt übrighatten, auf gewisse Sympathien.

Tatsächlich ist Korsika wie kein anderer Landstrich am Mittelmeer von Betonierung verschont geblieben. Die Bewunderer der korsischen Landschaft sollten sich klarmachen, wie sich diese Unversehrtheit erklärt, findet Culioli. Überhaupt müsse man berücksichtigen, dass zumindest in den ersten Jahren die Bewegung der Nationalisten nicht nur wild herumballerte und -zündelte, sondern Ideen produzierte und Stagnationen aufbrach. Nur infolge der Revolte sei es etwa zur Gründung der Universität von Corte gekommen. Die Neubesinnung auf die korsische Sprache und die Wiederentdeckung der verschütteten musikalischen Traditionen, der Polyphonie corse, gehe auf Gruppen aus dem nationalistischen Spektrum zurück. Positiv aufgenommen worden sei von größeren Teilen der Bevölkerung auch die Infragestellung des Klientelismus, dieses Systems aus Beziehungen, Begünstigungen und Verpflichtungen, das es einigen politischen Clans gestattete, die Insel zu kontrollieren und jede Dynamik im Keim zu ersticken. Eines der Leitmotive der Nationalisten war die Denunzierung des massiv praktizierten Wahlbetrugs.

Als der sozialistische Innenminister Pierre Joxe die Wahlbetrugsmanöver der Clan-Politiker unterband, wurde er in deren Kreisen prompt als »Terroristenfreund« und »Untergrundminister« geschmäht. Fest steht, dass sich infolge des nationalistischen Aufbruchs das politische, soziale und kulturelle Leben deutlich veränderte. Und die neuen Impulse wurden zunächst auch honoriert. Bei den Wahlen von 1991 erlangten die korsischen Nationalisten stattliche 25 Prozent.

Aber dann kam die Phase der internen Zerwürfnisse und Bruderkriege, in der sich konkurrierende Fraktionen blutige Auseinandersetzungen lieferten, und im Unterschied zu den Sprengaktionen gegen die Bauspekulation gab es bei der Eskalation von Ehrverletzungen und Rachefeldzügen eine Reihe von Toten. Die korsischen Frauen veranstalteten Protestmärsche angesichts einer Entwicklung, die wie eine Wiederkehr archaischer Unsitten erschien. Man habe gehofft, die neuen politischen Kräfte hätten dieses jahrhundertealte Übel überwunden, erzählte mir Gabriel Xavier Culioli, aber die hervorbrodelnde Gewalt scheine fast so etwas wie eine historische Invariante, wie ein korsischer Fluch zu sein. Als dann im Februar 1998 der Präfekt ermordet wurde, hatten auch viele vorherige Sympathisanten genug.

Es wurde deutlich, in welchem Maße Teile des Spektrums in mafiöse Gefilde abgedriftet waren. Die FLNC hatte von Anfang an bei Geschäftsleuten eine »Revolutionssteuer« eingetrieben, eine herrlich sprudelnde Geldquelle. Man brauchte ja nur mit Dynamit zu drohen. Da bei Untergrundaktivitäten jede demokratische Kontrolle fehlt, ist die Schwelle zu rein krimineller Bereicherung schnell überschritten. Der Prozess gegen hochrangige FLNC-Kader im Jahr 2005 brachte ein erstaunliches System von Scheinfirmen und Erpressungen an den Tag. So war der Reiseveranstalter »Nouvelles Frontières«, der einige Hotels in Korsika betreibt, gezwungen worden, den Fußballverein SC Bastia wie auch die FLNC-nahe Zeitschrift *U Ribombu* üppig zu sponsern. Die Unabhängigkeitskämpfer profitierten aber auch privat von ihrer Machtposition, was eine gewisse Dekadenz begünstigte.

Trotz allem haben sich die Nationalisten auf der Insel zu politischen Mitspielern entwickelt. Sie sitzen in der Territorialversammlung und haben einen heißen Draht zu ihren Partnern im Untergrund, die wiederum mit bis zu 600 Anschlägen pro Jahr für Unruhe sorgen. Solche Citoyens waren in der Ideologie der einen und unteilbaren Republik nicht vorgesehen.

Die Pariser Regierungen schwankten denn auch bisher zwischen Zuckerbrot und Peitsche. Die Rechten gingen den Weg von »law and order«, offiziell sollten die »Terroristen terrorisiert« werden, aber heimlich traf man sich mit ihnen. Die harte Linie nützte nichts. Gebombt wurde nur umso intensiver.

Die Linke gab sich kompromissbereiter und versuchte, durch mehrere Reformen des Statuts das »korsische Problem« zu lösen. Schon 1982 wurden der Insel größere Eigenständigkeit und fiskalische Vorteile zugestanden. Weitere Privilegien im Vergleich zu anderen Regionen bekam Korsika mit dem Statut von 1991. Allerdings war darin vom »Peuple corse« die Rede, vom »korsischen Volk«, wogegen der Verfassungsrat Einspruch erhob. In Frankreich darf es – strikt jakobinisch – nur das französische Volk geben. Vor Ort empfanden das nicht nur die Anhänger der Autonomie als Ohrfeige. Wegen der anhaltenden Unruhe versammelte Premierminister Lionel Jospin 1999 die Abgeordneten des Inselparlaments inklusive Nationalisten an seinem Pariser Amtssitz. Das Ergebnis waren die Matignon-Vereinbarungen, die eine schrittweise Teilautonomie mit gesetzgeberischen Kompetenzen, ein großzügiges Investitionsprogramm sowie eine verstärkte Förderung der korsischen Sprache vorsahen. Jean-Pierre Chevènement, Innenminister und Erzjakobiner, reichte daraufhin zornig seinen Rücktritt ein. Das Projekt wurde zwar von der Nationalversammlung verabschiedet, aber wieder legte sich der Verfassungsrat quer. Die Legislativgewalt liegt bei der Pariser Regierung, basta. Und der Korsisch-Unterricht muss auf Freiwilligkeit beruhen. Keine föderalistischen Experimente!

Die Mehrheit der korsischen Bevölkerung hat mit Unabhängigkeit nichts im Sinn, dem entsprechen die Mehrheitsverhältnisse in der Territorialversammlung. Aber in den letzten 30 Jahren haben sich die Haltungen verändert, Fragen der korsischen Identität spielen auch über die Kreise der Nationalisten hinaus eine größere Rolle. Diese haben sich inzwischen unter dem Namen »Independenza« wieder zu einem Bündnis zusammengerauft.

Aber für eine weitere Evolution in Richtung Autonomie sind sie auf ein künftiges Aufweichen der jakobinischen Strukturen angewiesen.

Vorerst haben sich ihre vermummten Truppen wieder dem Umweltschutz auf korsische Manier zugewandt. Denn die liberale Exekutive des Inselparlaments steht der touristischen Erschließung aufgeschlossener gegenüber. Dagegen wird mit explosivem Nachdruck Einwand erhoben. Nicht anzunehmen, dass die Insel so bald zur Ruhe kommen wird.

Elsässische Identitätsfragen

Ganz und gar fremd ist ein solches gewaltsames Aufbegehren »à la Corse« hingegen einer anderen Region, die ebenfalls über ausgeprägte kulturelle und sprachliche Eigenheiten verfügt: dem Elsass. Alles scheint ruhig in dieser Gegend, die in ihrer Geschichte wie keine andere zwischen Frankreich und Deutschland hin- und hergezerrt wurde, friedlich kreisen die Störche um die Kirchtürme. Besonders viele von ihnen hat man auf den Dächern der südelsässischen Stadt Münster angesiedelt. Die großen Vögel machen zwar ziemlich viel Dreck, aber es sind lebende Wahrzeichen, da nimmt man das in Kauf.

Am Ende des Münstertals, wo sich die Straße in die Vogesen hochschlängelt, liegt Soultzeren. Dort, hoch oben am Hang, in einer behaglich umgebauten alten Scheune, wohnt der Schriftsteller, Dokumentarfilmer und gelegentliche Schauspieler Martin Graff. Weit geht von seinem Fenster der Blick übers Tal. Er zeigt auf das Dorf zu seinen Füßen: »Da war die Front, die ging quer durch Soultzeren! Ein einziges Trümmerfeld. Alles wurde nach 1918 neu aufgebaut!«

Mehr und mehr Deutsche, pauschal »Schwobe« genannt, siedeln sich jetzt in der Umgebung an. Mit einigen ist er befreundet, aber die große Menge der Nachbarn von drüben, die sich im Elsass Häuser kaufen, betrachtet er mit gemischten Gefühlen. Rund 15 000 Deutsche wohnen im Elsass und fahren zum Arbeiten nach Baden oder Rheinland-Pfalz. Mancherorts gibt es fast komplett deutsch bewohnte Neubausiedlungen. Ins Dorfleben seien sie nicht sehr gut integriert, könnten sich nur schlecht verständigen, hätten kein Französisch gelernt, weil sie meinten, die

Elsässer würden sowieso alle Deutsch sprechen, sagt Graff. Welch ein Irrtum! Ein Problem ist überdies, dass sie die Immobilienpreise in die Höhe treiben. Junge einheimische Familien können sich kein Haus mehr leisten, wegen der »Schwobe«.

Auch als Touristen lösen sie bei den Einheimischen bisweilen Aversionen aus. Sie lieben das Elsass zu sehr, mit seinen Fachwerkhäuschen, mit Sauerkraut, Riesling und Gugelhopf. Graff spricht von unerbetener »Liebesumschlingung«: Das Elsass als Paradiesgarten, als Zaubertrank, Deutschland wie es früher war, so authentisch und unverfälscht. Sie wissen einfach zu wenig.

»Wenige Deutsche wissen, dass das Elsass 200 Jahre lang französisch war, bevor es 1871 deutsch wurde. Das Elsass hat die Französische Revolution erlebt und Napoleon. Die Deutschen denken, das ist so was wie Südtirol und dass das Elsass erst 1918 französisch geworden ist«, so Graff. Ins französische Elsass flohen deutsche Revolutionäre und Republikaner, wie Eulogius Schneider, Johann Georg Kerner oder Georg Büchner. Die Luft war hier freier als in der repressiven und stickigen Atmosphäre der deutschen Kleinstaaterei. Von alldem haben die heutigen Schwärmer kaum eine Ahnung. Graff teilt aber auch an die Franzosen aus: »Die Franzosen andererseits haben keine Ahnung vom deutschen Elsass. Wissen nichts über die Zeit vor 1918 und nichts über das Elsass vor 1648. Darüber gibt's nichts im Fernsehen, das wird ihnen nicht beigebracht.«

In weniger als einem Jahrhundert, zwischen 1871 und 1945, wechselten die Elsässer viermal die Nationalität. Und jedes Mal wurden sie auf die jeweilige Leitkultur hin umerzogen und umgeschult. Das kann nur zu Verrenkungen und Verletzungen führen. »Mange ta choucroute et tais toi« – Iss dein Sauerkraut und halt die Klappe –, heißt eines der Bücher von Martin Graff, in dem er sich mit den Sprachproblemen und der Gemütsverfassung seiner Landsleute auseinandersetzt. Seine Diagnose: Nach dem letzten Nationalitätenwechsel hatten die Elsässer freiwillig, beziehungsweise aus schlechtem Gewissen, den Sprung aus ihrer Sprache vollzogen, eine Art kollektiven kulturellen Selbstmord begangen, auf ihre deutschen Wurzeln verzichtet. Fachwerk und Geranien blieben intakt, ansonsten aber seien die Elsässer eine Fälschung. Nur hätten ihre deutschen Verehrer das noch nicht gemerkt.

Vor 1870 war zwar das Französische die offizielle Amtssprache, aber das lokale Idiom wurde toleriert. »Lasst sie Deutsch sprechen. Hauptsache, sie kämpfen französisch«, hatte Napoleon gesagt. Die Umgangssprache war mit französischen Ausdrücken wie »Merci« und »Bonjour« angereichert, man gab den Kindern französische Vornamen. Aber die Sprache der Elsässer war Deutsch. Der Historiker Jules Michelet schrieb 1869 in seiner »Histoire de France«, was heute undenkbar wäre: »Das Elsass ist das deutsche Frankreich.«

Nach dem Deutsch-Französischen Krieg von 1870/71 wurde das Elsass zusammen mit dem lothringischen Departement Moselle vom neu gegründeten Deutschen Reich annektiert. Einige zigtausend Elsässer wechselten nach Frankreich, wovon noch heute große Pariser Brasserien wie »Bofinger«, »Floederer« (Flo), »Wepler« oder »Zeyer« zeugen. Im neuen »Reichsland« wurde nach Kräften germanisiert. Anfangs gaben sich die Preußen recht ruppig und autoritär gegenüber den frisch annektierten, unsicheren Kantonisten. Aber mit der Zeit normalisierte sich das Klima. Das Elsass, das 1911 ein eigenes Provinzparlament bekam, profitierte vom industriellen Aufschwung des Deutschen Reichs, von den bismarckschen Sozialgesetzen und einem allgemein höheren Lebensstandard als in Frankreich. Geblieben sind aus der »deutschen Zeit« bis heute einige rechtliche Besonderheiten, die eifrig verteidigt werden. Sie betreffen Sozial- und Krankenversicherung, Vereinsrecht, Grundbesitz, die Sonntagsruhe sowie zwei kirchliche Feiertage, die es im übrigen Frankreich nicht gibt: den Karfreitag und den zweiten Weihnachtsfeiertag.

Als 1918 die Franzosen zurückkamen, sprachen 90 Prozent der Elsässer kein Französisch mehr. Der Gebrauch der Feindsprache Deutsch in einer französischen Provinz schien nun allerdings nicht mehr hinnehmbar. Durch rigorose »Romanisierung« wurde versucht, das verlorene Sprachterrain zurückzugewinnen, ja mehr noch: eine Art linguistische Maginotlinie aufzubauen. Gegen die rücksichtslose Assimilierung rebellierten die Autonomisten. »Anders als jetzt haben sich damals die Leute gewehrt«, sagt Graff. Später wurden den Autonomisten pauschal Nazi-Sympathien unterstellt.

Nach dem Waffenstillstand von 1940 annektierten die Nazis das Elsass ohne viel Federlesens und unterstellten es dem Gauleiter von Baden. Die Elsässer wurden als »Volksdeutsche« betrachtet, alles Französische sollte ausgerottet werden. »Hinaus mit dem welschen Plunder!«, hieß die Devise. Sämtliche französische

Restaurants und Fachwerkhäuser in der Innenstadt von Ribeauvillé im Elsass

Inschriften wurden entfernt, französische Bücher verbrannt, das Tragen der Baskenmütze verboten, Familiennamen germanisiert. Wer Grosjean hieß, wurde Herr Großhans, Petitpierre wurde Kleinpeter. Französischsprechen wurde mit KZ bedroht. Tomi Ungerer hat in seinem Erinnerungsbuch »Die Gedanken sind frei« eindrucksvoll dokumentiert, wie er in der Schule »Sieg Heil«-Rufen und HJ-Gesänge lernte, hat die Lederhosen tragen-den missionarischen Lehrer aus dem Reich und die vom NS-Geist durchtränkten Schulbücher beschrieben, mit deren Hilfe die klei-nen Elsässer zu echten Volksgenossen erzogen werden sollten. 130 000 junge Männer, die » Malgrés-nous« (etwa: gegen unse-ren Willen), wurden zwangsweise zur Wehrmacht und teilweise auch in die Waffen-SS eingezogen. 22 000 starben, meist an der Ostfront, weitere 17 000 kamen in russischen Lagern ums Leben. Wer lebend zurückkehrte, wurde auf höchst schäbige Weise empfangen, als Sündenbock behandelt, als Verräter und Nazi be-schimpft. Bald aber zog man es in Frankreich vor, die Tragödie der »Malgrés-nous« zu verschweigen. Sie hätte bloß gestört im Kontext der offiziellen nationalen Résistance-Legende.

Erst mit dem 2005 in Schirmeck eröffneten Memorial Alsace-Moselle versucht man, ihrem Schicksal Rechnung zu tragen. Als

Schwerpunkt wird in diesem Erinnerungszentrum mit Hilfe einer etwas spektakelhaften Event-Ästhetik die Zeit des Zweiten Weltkriegs und der Angliederung an Nazi-Deutschland präsentiert. Aber es wird auch insgesamt die wechselhafte Geschichte des Elsass nachgezeichnet, wenngleich mit einigen Lücken. So gut wie nichts ist über das »deutsche« Elsass vor der Annektion durch Ludwig XIV. im 17. Jahrhundert zu erfahren. Kulturgrößen wie Gottfried von Straßburg oder Sebastian Brant scheinen nicht der Erwähnung wert. Und was die Zeit nach 1945 betrifft, so wird zwar in einem speziellen Saal die neue deutsch-französische Freundschaft gewürdigt, aber die radikale französische Romanisierungspolitik bleibt ausgespart. »Il est chic de parler français«, wurde den Elsässern nach ihrer Befreiung eingebleut. Der Gebrauch der angestammten alemannischen Mundart in der Schule, selbst auf dem Schulhof, wurde bestraft. »1947 sprachen hier noch alle Kinder Elsässisch«, erinnert sich Martin Graff. »Wer dabei erwischt wurde, bekam den Mund mit Klebestreifen zugeklebt. Ich kenne eine Frau, die das noch 1962 erlebt hat.« Die erschrockenen Eltern unterließen es, im Beisein ihrer Kinder die Mundart zu praktizieren. Heute spricht kaum ein Kind noch den heimischen Dialekt. Dessen endgültiges Verschwinden ist programmiert.

Das Deutschunterrichtsverbot in den Grundschulen nach dem Krieg hatte keinen Widerstand provoziert. Nach einem Erlass von 1952 durfte Deutsch dann fakultativ zwei Stunden pro Woche unterrichtet werden, von Wanderlehrern, die mit dem Fahrrad von Dorf zu Dorf fuhren, weshalb sie »Velo-Schwoben« genannt wurden. Erst ab 1972 wurde aus dem Wahl- ein Pflichtfach, allerdings mit fast ebenso wenig Stunden. Eine Wende trat erst mit den neunziger Jahren ein. Die Vereinigung ABMC – Zweisprachigkeit wurde gegründet, 1994 schuf der Regionalrat ein Regionales Amt für Zweisprachigkeit. Tatsächlich setzen sich inzwischen Region und Départements wacker für die Rettung des Dialekts ein. Der René-Schickele-Kreis engagiert sich für die Intensivierung des Deutschunterrichts, und in Straßburg kämpft der Liedermacher Roger Siffer in seiner Kleinkunstbühne »D'Choucrouterie« für das Überleben der Mundart.

Sogar Microsoft macht mit und hat ein elsässisches Software-Programm entwickelt. Ein Browser ist ein »Web-Schnuffler«, für »öffnen« steht da »uffmache« und »einfügen« heißt »hinbabbe«.

Adrien Zeller, Präsident der Region, ist begeistert. Aber Illusionen sollte man sich nicht machen. Die Voraussetzungen für ein Wiederaufleben echter Zweisprachigkeit sind wohl schon verschwunden. Anstelle dessen werden die Kinder vermehrt Deutsch als Fremdsprache lernen, auch nicht schlecht!

Was trotz aller Französisierung überlebt habe, sei eine Schwäche für deutsches Liedgut, sagt Graff. »Wenn die ›Moosbacher Buben‹ nach Ingersheim kommen, dann ist der Saal brechend voll. Und in Münster auf dem Markt ist immer ein Stand, an dem deutsche Schnulzen verkauft werden.« Im Lokalradio wird regelmäßig Volksmusik ins Programm eingestreut, auch wird so mancher Supermarkt mit deutschen Schlagern beschallt, was schon empörte Kommentare von Pariser Touristen ausgelöst hat. Unerhört! Sind wir hier noch in Frankreich? Für die »Français de l'internieur«, die Innerfranzosen, sind die Elsässer ohnedies eine seltsame Spezies, wie Graff sehr wohl weiß. »Es gibt Leute, die einen in Paris als ›boche‹ beschimpfen, wenn man am Auto das Kennzeichen 67 oder 68 hat.«

Etwas Germanischeres als die Elsässer könne man sich kaum vorstellen, las ich neulich in einem Pariser Wirtschaftsmagazin: Sie seien arbeitsam, mit ausgeprägtem Sinn für Ordnung und Sauberkeit – deutsche Sekundärtugenden, die als Grund für ihre wirtschaftlichen Erfolge angesehen werden. Tatsächlich ist das Elsass die reichste französische Region nach dem Großraum Paris. Die Arbeitslosigkeit ist unterdurchschnittlich, auf dem deutschen Markt sind elsässische Unternehmen bestens platziert, mehr als 60 000 Pendler arbeiten in Baden.

Aber gibt es nicht vielleicht noch andere, weniger positive germanische Hinterlassenschaften? Denn da sind die wiederholten Wahlerfolge der Front National, der Partei des Rechtsextremisten Jean-Marie Le Pen, die im Elsass regelmäßig über 20 Prozent einfährt. Weht da nicht etwas aus unguten Zeiten herüber? Man kann zweifellos im Elsass ein paar alte Leute finden, die sagen: »Diss hat's bim Hitler nit gan.« Aber Martin Graff sieht andere Ursachen. Er meint, es habe schon etwas mit der elsässischen Geschichte zu tun, aber nicht mit Nazi-Nostalgie, wie das in der Presse suggeriert werde. Eher stecke eine Art Überidentifikation mit »La France« dahinter: »In dem Moment, wo die Elsässer eine solche Anstrengung unternommen haben, um vollwertige Franzosen zu sein, die Muttersprache geopfert haben, da werden auf einmal die Nationen in Frage gestellt, da kommt dieses Europa, die Grenzen verschwinden, sie wissen nicht mehr, woran sie sind. Aber da ist Le Pen, der bietet ihnen noch einen nationalen Ausweis!« Le Pen als Garant des Franzosentums, die Stimmabgabe für die Front National als Symptom der elsässischen Neurose. Das entspricht auch der Interpretation des elsässischen Psychoanalytikers Frédéric Hoffet. In seinem Buch »Psychanalyse de l'Alsace« spricht er vom »Hyperpatriotismus, ja Chauvinismus, mit dem die Elsässer in Leugnung ihrer eigenen Existenz zeigen wollen, dass sie nichts, aber auch gar nichts von ihren französischen Landsleuten trennt.«[54]

Zwiespältig und schwierig war deshalb nach dem letzten Krieg lange Zeit das Verhältnis zu den deutschen Nachbarn. Zwar kommen sie als Touristen, Kunden und Häuslebauer herüber, aber man wahrt doch lieber Distanz. Gerade elsässische Intellektuelle orientieren sich nach Paris hin und wollen mit Deutschland möglichst wenig zu tun haben. Wenngleich sich in letzter Zeit das Verhältnis zur anderen Rheinseite zu entkrampfen scheint. Früher sind sie allenfalls mal über die Grenze zum Tanken gefahren, wenn der Sprit zufällig in Deutschland billiger war, jetzt wagen sie sich schon in den Schwarzwald vor. Martin Graff erwähnt einen befreundeten Arzt, der als Teilnehmer am Straßburger Marathonlauf unerwartet über die Mimram-Brücke von Straßburg in die deutsche Stadt Kehl geriet und von der badischen Seite so begeistert war, dass er inzwischen dorthin umgezogen ist.

Graff, der Gedankenschmuggler, trägt das Seine zur Lockerung der grenzüberschreitenden Beziehungen bei. Zusammen mit dem deutschen Schauspieler Klaus Spürkel tritt er regelmäßig unter dem Motto »Le petit unterschied und die kleine différence« im »Grenzkabarett« von Riegel am Kaiserstuhl auf. In einem gloriosen Kauderwelsch machen sie sich über die Schwierigkeiten des deutsch-französischen Miteinanders lustig. Der Saal ist stets rammelvoll. Graff freut sich besonders darüber, dass im Publikum 20 Prozent Elsässer sitzen. Noch ist nicht alles verloren. Er zeigt auf die Titelstory der Tageszeitung *Dernières Nouvelles d'Alsace* und sagt: »Damit wird sich unser nächstes Stück befassen!«. »La Ruée vers l'Allemagne«, lautet die Schlagzeile – Der Run auf Deutschland. »Die Elsässer haben angefangen, sich drüben Immobilien zu kaufen!« Mit dem Zeigefinger deutet er in Richtung Schwarzwald und erhebt sein Riesling-Glas.

Staat und Politik

Die Parteien: ein schillerndes Spektrum

Die französische Parteienlandschaft ist keineswegs so stabil, wie es die deutsche ist. Ständig formieren sich neue Gruppen, spalten sich aus den Parteien ab, schließen sich anderen Vereinigungen an. So sind viele von Frankreichs kleinen Parteien oft nicht viel mehr als lose Wahlvereine mit geringen Mitgliederzahlen, wechselnden Namen und vagen Programmen. Außerdem wachsen in Frankreich nicht unbedingt politische Persönlichkeiten aus den Parteien hervor, sondern oft umgekehrt: Parteien dienen der Unterstützung von Spitzenpolitikern.

Eine Ausnahme bildete lange Zeit die KPF (Kommunistische Partei Frankreichs), einfach Le Parti, DIE Partei, genannt. Sie war die dominierende Größe in der politischen Landschaft. Westeuropas größte kommunistische Partei war patriotisch und staatstragend, bezog ihre Legitimität aus der Résistance und war bis 1947 an der De-Gaulle-Regierung beteiligt. Während des Kalten Kriegs errichtete die Partei in den von ihr regierten Gemeinden eine fast autarke Parallelgesellschaft mit Kultur-, Sport- und Freizeiteinrichtungen, Lenin-Stadien und Gagarin-Alleen. Mit der CGT (Confédération Générale du Travail) kontrollierte sie die größte Gewerkschaft des Landes. Sie scharte Künstler und Intellektuelle um sich – Pablo Picasso, Fernand Léger, René Magritte, André Breton, Paul Eluard, Louis Aragon, Edgar Morin, Louis Althusser, Albert Camus, Marguerite Duras, Yves Montand, Jean Ferrat. Alle waren sie wenigstens eine Zeit lang Parteimitglieder. Die Feste der Parteizeitung *L'Humanité* im Park von La Courneuve nördlich von Paris waren noch bis in die achtziger Jahre massenhaft besuchte Events der Extraklasse. Da traten die populärsten französischen Unterhaltungsstars auf, Parteichef Georges Marchais lobte die positive Bilanz der Sowjetunion, und die Stände der vielen Bruderparteien lockten mit Spezialitäten. Bei der SED gab's Bratwurst und Radeberger Pils. Staatsgäste aus dem

»sozialistischen Lager« suchten Lenins in ein Museum verwandelte Wohnung in der Pariser Rue Marie-Rose auf, so wie sie in London rituell zum Grab von Marx pilgerten.

Aber all das ist inzwischen vorbei. Das Lenin-Museum ist längst geschlossen. Vor langer Zeit schon sind die illustren intellektuellen Trittbrettfahrer abgesprungen. Die einstmals stärkste Partei des Landes ist auf Wahlergebnisse zwischen drei und sechs Prozent zusammengeschrumpft. Und vom roten Gürtel der kommunistischen Rathäuser um Paris ist nur wenig geblieben. Die darbende Parteizeitung *L'Humanité* überlebt nur noch dank staatlicher Unterstützung. Nach Aufarbeitung der stalinistischen Vergangenheit ist die KPF zu einer normalen linken Reformpartei geworden.

Bei Wahlen wird sie inzwischen meist von der sogenannten »extrême-gauche« in den Schatten gestellt. »Extreme Linke« ist das Etikett für alles, was links von der KPF angesiedelt ist, aber de facto handelt es sich um die beiden trotzkistischen Formationen Lutte Ouvrière (LO) und Ligue Communiste Révolutionnaire (LCR). Jeder kennt aus dem Fernsehen Arlette Laguiller, deren eindringliche Appelle ans Proletariat stets mit der Anrede »Travailleurs, travailleuses!« (Arbeiter, Arbeiterinnen!) beginnen. Sechs Mal hat sie bei den Präsidentschaftswahlen für LO kandidiert, 2007 nun zum letzten Mal. Populär ist auch der LCR-Frontmann Olivier Besancenot. Beim Urnengang 2002 waren der junge Postangestellte und die Rentnerin Laguiller im ersten Wahlgang zusammen auf zehn Prozent der Stimmen gekommen – und hatten damit Jean-Marie Le Pen den Weg in die Stichwahl gegen Jacques Chirac geebnet.

Weniger sichtbar ist eine dritte trotzkistische Gruppierung, die Parti des Travailleurs, nach ihrem Chefideologen Pierre Lambert auch »Lambertisten« genannt. Ihr Hauptaktionsfeld ist die Gewerkschaft Force Ouvrière (FO), bekannt wurden die Lambertisten auch durch ihren »Entrismus«: die Taktik der Infiltration größerer politischer Formationen zwecks Herbeiführung revolutionärer Krisen. Oft genug verloren ihre Abgesandten dann aber die Revolution aus dem Blickfeld. Vor allem in der Sozialistischen Partei sitzen frühere Trotzkisten an prominenten Stellen. Der berühmteste von ihnen ist zweifellos Lionel Jospin, der seine trotzkistische Vergangenheit jahrelang abgestritten hatte, sie dann aber 2001 doch eingestand.

Die Parti Socialiste (PS) wurde unter ihrem Vorsitzenden François Mitterrand ab 1971 grundlegend modernisiert. Ihm gelang es, sie auf Kosten der Kommunisten zur großen Partei der Linken aufzubauen. Unter den Mitgliedern dominieren Lehrer und Angestellte des öffentlichen Diensts. Man kann sie mit der SPD vergleichen, selbst wenn aus ihren Reihen hin und wieder radikalere Töne zu hören sind. »Wer den Bruch mit der etablierten Ordnung, mit der kapitalistischen Gesellschaft nicht will, der kann kein Mitglied der Sozialistischen Partei sein!«, donnerte etwa 1971 der frisch gewählte Parteichef Mitterrand. Zwar ist seither eine deutliche Entwicklung in Richtung Sozialdemokratie festzustellen, aber die Partei habe ihr »Godesberg« noch nicht vollzogen, heißt es in Anspielung auf das 1959 beschlossene Godesberger Programm der SPD. Was bislang aussteht, ist das eindeutige Bekenntnis zur Marktwirtschaft.

Neben den dominierenden linksliberalen und EU-freundlichen Kräften gibt es in der Sozialistischen Partei weiterhin bekennende Marxisten, die an der Idee des politischen Bruchs festhalten. Eine Zerreißprobe war die Auseinandersetzung um Ja oder Nein beim europäischen Verfassungsreferendum 2005. Angesichts der unklaren Identität der PS lauert stets die Gefahr einer Spaltung, zumal den diversen Parteiflügeln Alphatiere mit ausgeprägtem persönlichen Ehrgeiz voranstehen – prominente Beispiele sind Dominique Strauss-Kahn, Laurent Fabius, Henri Emmanuelli oder Jack Lang. Zum Entsetzen dieser Parteibarone setzte sich 2006 Ségolène Royal als sozialistische Präsidentschaftskandidatin für die Wahlen im April 2007 durch. Sie unterscheidet sich nicht nur im Geschlecht von den Mitbewerbern um das höchste Amt in Frankreich, sondern war auch von großartigen Umfragewerten getragen.

Abgespalten haben sich bereits die Links-Souveränisten um Jean-Pierre Chevènement mit ihrem Mouvement des citoyens (MDC), jakobinische Ultrarepublikaner, die den souveränen Nationalstaat auf Biegen und Brechen verteidigen gegen Bedrohungen von außen – durch die Globalisierung und den europäischen Einigungsprozess – wie von innen – durch Regionalisierung und Autonomieforderungen. Alles, was nach Föderalismus riecht, ist von Übel. Einer ihrer Hauptfeinde ist der Europaabgeordnete Daniel Cohn-Bendit. Überhaupt wird den deutschen Aktivitäten in Europa mit Misstrauen begegnet.

Eng verbunden ist Cohn-Bendit nicht nur den deutschen, sondern auch den französischen Grünen, Les Verts, für die er 1999 ins Europaparlament einzog. Nach einer langen Phase von Spaltungen und Fusionen waren Les Verts 1984 gegründet worden. Punktuelle Wahlerfolge zeigten, dass allmählich auch in Frankreich ein neues Umweltbewusstsein erwachte. Einen ersten Durchbruch erzielten Les Verts bei den Regionalwahlen von 1992. Über ein Bündnis mit der PS schafften sie es 1997 zum ersten Mal in die Nationalversammlung, die Grüne Dominique Voynet wurde Umweltministerin in der Regierung von Lionel Jospin. Spektakulär war der Einzug der Umweltpartei 2001 ins Pariser Rathaus als Partner des sozialistischen Bürgermeisters Bertrand Delanoë, bei dem sie unter anderem die neue Pro-Fahrrad- und Anti-Auto-Politik der Hauptstadt durchsetzte.

Besonders groß sind die Fluktuationen auf der rechten Seite des Spektrums. Scheinbar beliebig werden Parteien gegründet, fusioniert oder umbenannt. Mit der RPR (Rassemblement Pour la République) hatte Jacques Chirac 1976 aus dem gaullistischen Wahlverein UDR (Union des Démocrates pour la République) eine zentral geführte Massenpartei gemacht. Ursprünglich waren die Gaullisten durch totale Identifikation mit Charles de Gaulle und dessen Idee von französischer Größe zu definieren. Dazu gehörten die Faktoren Nationalismus, Distanz zu den USA, starker Staat und sozialer Fortschritt mit Hilfe staatlicher Lenkung. Nach dem Zusammenschluss mit Teilen der Union pour la Démocratie Française (UDF) im Jahr 2002 heißt das bürgerlich-konservative Sammelbecken mittlerweile Union pour un Mouvement Populaire (UMP), Union für eine Volksbewegung. Der neue Chef Nicolas Sarkozy gab der Partei eine stärker amerikafreundliche und wirtschaftsliberale Orientierung, was nicht mehr viel mit Gaullismus zu tun hat. Ein kleiner Teil der UDF hat überlebt, sie wird von François Bayrou geführt, einem katholischen Zentristen, der versucht, sich als Störenfried im konservativen Spektrum zu profilieren und seine Fühler gelegentlich bis zur linken Mitte ausstreckt.

Als rechtes Pendant zu Chevènements linksnationalem Mouvement des Citoyens gilt die Partei des Rechts-Souveränisten Philippe de Villiers Mouvement pour la France (MPF). Der konservativ-katholische Kämpfer fürs christliche Abendland und Vater von sieben Kindern streitet gegen das Wahlrecht für Ausländer, die fortschreitende Islamisierung Frankreichs und das europäische Joch, unter dem die geschundene Nation zu leiden hat. Der Vicomte de Villiers, Präsident des Départements Vendée, Abgeordneter der Nationalversammlung und des Europaparlaments, versucht mit seiner MPF Themen der Front National (FN) zu besetzen und dieser am rechten Rand des politischen Spektrums Konkurrenz zu machen. Wie es aber scheint, ziehen die Wähler der Imitation das Original vor.

Die extreme Rechte nistet sich ein

Nichts hat die politische Landschaft so aufgemischt wie der Durchbruch der FN. Die rechtsextreme Partei kam in den achtziger Jahren über Frankreich wie ein böser Fallout. In der französischen Geschichte hatte es schon mehrfach ein Aufflackern der extremen Rechten gegeben, aber nie zuvor konnte sie sich so dauerhaft etablieren – ein hässlicher Fleck auf dem Mantel der Republik und eines ihrer markantesten Krisensymptome.

Ziemlich fassungslos habe ich ihren Triumphzug verfolgt und mit einer Mischung aus Grusel und Neugier mehreren Veranstaltungen der Le-Pen-Partei beigewohnt, so etwa 1995 im Pariser Konzertsaal »Le Zenith«. Mehrere tausend Menschen warteten dort in freudiger Erregung, bis zu Projektionen von lodernden Flammen endlich der Gefangenenchor aus Giuseppe Verdis »Nabucco« erklang, der stets das Herannahen des FN-Führers signalisiert, so wie der Badenweiler Marsch einst die Auftritte Hitlers ankündigte. Unter dem aufbrausenden Jubel der Massen betrat Jean-Marie Le Pen die Halle, vom Lichtkegel verfolgt, ein Brocken von Kerl, in blauem Zweireiher. Er riss die Arme in Siegerpose empor, dann begann er, auf der Bühne hin und her zu wandern und plauderte, schimpfte, höhnte dabei in sein Mikrophon wie ein entfesselter Alleinunterhalter – ein Verfahren, das er von amerikanischen TV-Evangelisten abgeschaut hatte. Ich erinnere mich nicht mehr genau, was er sagte, aber es ist ohnehin immer das Gleiche. In der Regel hält Le Pen wilde Brandreden gegen die muslimische Invasion und ihre Schrecken, beschwört die Unfähigkeit der Regierenden, den Niedergang der Nation und die Notwendigkeit, die Eindringlinge aus dem Land zu jagen. Andernfalls »quartieren sich die Immigranten morgen bei Ihnen ein, essen Ihre Suppe und schlafen mit Ihrer Frau, Ihrer Tochter oder Ihrem Sohn«. Für drastische Formulierungen ist er berühmt. Des johlenden Beifalls seines Publikums kann er sicher sein.

Solche triumphale Großversammlungen hatten sich die Frontisten kaum vorstellen können, als die Partei 1972 gegründet wurde. Damals war sie ein Sammelbecken für Rechtsradikale verschiedener Herkunft: alte Waffen-SS-Kameraden, frühere Mitglieder der Vichy-Miliz, OAS-Bombenleger aus dem Algerienkrieg, katholische Fundamentalisten und Pétain-Verehrer, dazu gewaltfreudige jugendliche Fußtruppen. Das Symbol der FN, eine dreifarbig züngelnde Flamme, hatte man von den italienischen Neofaschisten übernommen. Der erste Parteisekretär Victor Barthélemy hatte zuvor dasselbe Amt in Jacques Doriots faschistischer Kollaborationspartei PPF bekleidet. Deren Organisationsstruktur mit Politbüro und Zentralkomitee ging nun auf die Front National über. So wurde die Kontinuität gewahrt.

Noch 1981 holte die Nationale Front bei den Parlamentswahlen kümmerliche 0,4 Prozent. Aber dann ging es Schlag auf Schlag. Der erste Durchbruch ereignete sich 1983 bei den Kommunalwahlen in Dreux: 16,7 Prozent. Ein Jahr später zog die Partei ins Europaparlament ein, 1986 gar mit 35 Abgeordneten in die Nationalversammlung. Mittlerweile sitzt die Front in Regional-, Département- und Gemeinderäten, ist ein fester Bestandteil der politischen Landschaft geworden. Eine Überraschung brachte der 21. April 2002: Bei den Präsidentschaftswahlen schob sich Le Pen an die zweite Stelle vor den Linkskandidaten Lionel Jospin und gelangte in die Stichwahl. In der Presse las man Ausdrücke wie »Erdbeben«, »Katastrophe«, »Schande« oder »Pest«. Tatsächlich habe ich französische Bekannte nie so geschockt erlebt. »Da hast du sie, unsere ›exception française‹!« Sie wählten dann alle Chirac, manche mit zugekniffener Nase.

Jean-Marie Le Pen und neuerdings auch seine Tochter Marine sind Dauergäste in Funk und Fernsehen. Ihre Partei kommt im Gewand gutbürgerlicher Wohlanständigkeit daher und hat wie der bekannte kreidefressende Wolf das Vokabular entschärft. Nur gelegentlich entfleucht noch der eine oder andere antisemitische Lapsus. Es ist ihr gelungen, einen beträchtlichen Teil der Franzosen in den Bann zu schlagen. Ihrem Publikum, das inzwischen aus allen Gesellschaftsschichten kommt, ermöglicht sie einen banalisierten Rassismus ohne schlechtes Gewissen. Und sie strahlt aus, über die unmittelbare Wahlklientel hinaus – Kampf gegen

Immigration und Islam, hartes Durchgreifen der Polizei, Todesstrafe, Schluss mit europäischen Experimenten, Rückkehr zu nationalen Werten: Jeder vierte Franzose stimmt inzwischen Le Pens »Ideen« zu.

Strategische Allianzen anderer Parteien mit der FN hat es zwar vereinzelt gegeben, im Allgemeinen aber wurden sie bislang vermieden. Dennoch färbt die Ultrarechte auf die politischen Diskurse der anderen ab. Es werden die gleichen Themenfelder besetzt, mit Hardliner-Allüren wird versucht, der extremen Rechten den Wind aus den Segeln zu nehmen. Mit mäßigem Erfolg.

Eine Verfassung für den General

Parteien und Parlament spielen im Frankreich der Fünften Republik eine eher bescheidene Rolle. Nachdem die Vierte Republik unter permanenter Instabilität gelitten hatte – in den elf Jahren ihrer Existenz wechselten sich 21 Kabinette ab –, legte Charles de Gaulle, als er 1958 dem Land eine neue Verfassung gab, großen Wert auf eine starke Exekutive.

Zu den Eigenheiten der Fünften Republik gehört die enorme Machtfülle des Staatsoberhaupts. Die Verfassung gibt ihm mehr Macht als dem Präsidenten der Vereinigten Staaten. Der Staatschef ist so etwas wie ein konstitutioneller Monarch. Er ist es, der den Premierminister ernennt und entlässt, dieser führt aus, womit ihn der Präsident beauftragt. Der Regierungschef braucht nicht durch die Nationalversammlung bestätigt zu werden. Im Parlament tritt der Präsident selbst nicht auf, allenfalls lässt er dort Botschaften verlesen.

In Unordnung gerät dieses System, wenn der Präsident mit einer Regierung aus dem anderen politischen Lager zurechtkommen muss, weil sich nach Legislativwahlen die Mehrheit in der Nationalversammlung geändert hat – ein Fall, den sich die Verfassungsväter so kaum vorgestellt haben dürften, der aber bisher dreimal eingetreten ist. Dann reduziert sich der Spielraum des Staatsoberhaupts erheblich – eine Situation, die Grabenkämpfe zwischen Präsident und Premierminister provoziert, während nach außen der Schein gedeihlicher Zusammenarbeit gewahrt wird.

Der Einfluss des Parlaments, also der Legislative, ist gering. Da die Mehrheitsverhältnisse in der Regel eindeutig sind, werden die

Gesetzesprojekte der Regierung meist flott verabschiedet. Verlangsamungen können durch Änderungsanträge der Opposition auftreten, auch die zweite Kammer, der Senat, kann ein Gesetz abändern und wieder an die Abgeordneten zurückschicken. Aber der Premierminister hat die Möglichkeit, wenn unliebsame Diskussionen und Verzögerungen drohen, Gesetze auch mit Hilfe von Dekreten ohne Debatte durchzupeitschen.

Im Gleichgewicht zwischen Legislative, Exekutive und Rechtsprechung sah der Aufklärungsphilosoph Montesquieu ein Mittel gegen Machtmissbrauch. Aber mit der Gewaltenteilung ist es in der Fünften Republik nicht weit her, die Exekutive ist fast allgewaltig. Der Präsident hat das Recht, Volksabstimmungen anzusetzen und die Nationalversammlung aufzulösen. Das Parlament hingegen kann den Präsidenten nicht zur Verantwortung ziehen, denn nicht von ihm hat er seine Legitimität, sondern vom Volk, das ihn seit 1962 direkt wählt. Und was die Justiz betrifft, so werden die Mitglieder der höchsten Instanz, des Verfassungsrats, zu gleichen Teilen vom Staatspräsidenten, vom Präsidenten der Nationalversammlung und dem Präsidenten des Senats ernannt. Im Normalfall gehören alle demselben Lager an. Groß sind auch die Einflussmöglichkeiten auf Staatsanwälte und Richter. Der Präsident steht über allen anderen Verfassungsorganen. Die Streitkräfte stehen unter seinem Befehl, Außen- und Sicherheitspolitik sind seine »reservierte Domäne«. Er ernennt die Spitzenkräfte in Verwaltung und Armee, er hat das Recht, Begnadigungen auszusprechen. Und – nein, er heilt nicht mehr durch Handauflegen wie einstmals die Könige, aber viel fehlt nicht.

»Was ist die Fünfte Republik, wenn nicht der Besitz der Macht durch einen einzigen Mann? Und wer ist der Gaulle? Duce, Führer, Caudillo, Conducator, Guide? [...] Ich nenne das gaullistische Regime Diktatur«, schäumte zornig François Mitterrand, der das Regime der Fünften Republik als permanenten Staatsstreich bezeichnete, als er selbst noch in der Opposition war. Hernach hat er sich dann bestens mit dieser Verfassung arrangiert. Sein Spitzname war bezeichnenderweise »Dieu«.

Dem General gab diese Verfassung die Handhabe für eine Politik, die seinen Vorstellungen von französischer Größe entsprach. Es galt, Frankreich mit Hochdruck zu modernisieren und nach den verheerenden Kolonialkriegen seinen Rang unter den großen Nationen zu sichern. Eine der Voraussetzungen, um in deren Konzert mitzuspielen, war eine nukleare Streitmacht, wie sie die anderen drei Siegermächte des Zweiten Weltkriegs schon besaßen. Die erste französische Atombombe explodierte im Februar 1960 in der algerischen Sahara. De Gaulle nannte es einen »herrlichen Erfolg« und jubelte: »Hurra für Frankreich! Seit heute morgen ist es stärker und stolzer!« Seither gehört die Atomstreitmacht zu den nicht mehr in Frage gestellten Attributen französischer Weltgeltung.

Skandale und Affären

De Gaulle war ohne Zweifel ein moralisch integrer Mann. Aber in der Folge wurde den Franzosen von ihrem politischen Personal einiges zugemutet. Die unkontrollierbare Macht der Wahlmonarchen und ihrer Höflinge begünstigte Affären von anderem Kaliber als Rita Süßmuths freizügige Überlassung ihres Dienstwagens oder Gregor Gysis missbräuchliche Verwendung seiner »Miles and more«-Punkte.

Zu den Skandalen, die in der Ära Giscard (1974–1981) die Gemüter erregten, gehörten die Diamantengeschenke des blutrünstigen Diktators Jean-Bedel Bokassa, in dessen Zentralafrikanischer Republik der Präsident so gern auf Großwildjagd ging. Schlagzeilen machte auch Jacques Médecin, langjähriger Bürgermeister von Nizza und für einige Zeit unter Giscard Tourismusminister, der 1990 mit einem Koffer voller Geld nach Uruguay verschwand. Vielen ist auch noch in Erinnerung, wie Ex-Kommunikationsminister Alain Carignon 1996 in Handschellen abgeführt wurde. Er bekam vier Jahre Haft, wegen Korruption und Missbrauch öffentlicher Gelder. »Die Gesellschaft verfault«, rief empört der sozialistische Abgeordnete Laurent Fabius im Parlament. Aber unter der Herrschaft der Linken ab 1981 ging es dann auch recht munter zu. Man denke an den Korruptionsskandal rund um den Ölkonzern Elf-Aquitaine: Manager des Elf-Konzerns hatten über Jahre hinweg über 300 Millionen Euro aus dem Unternehmen abgezweigt und damit das Wohlwollen der internationalen Politik erkauft. Noch während des Prozesses war die Untersuchungsrichterin Eva Joly systematisch eingeschüchtert worden und hatte Todesdrohungen erhalten. Dennoch verurteilte die französische Justiz 30 Mitglieder der feinsten Gesellschaft

Frankreichs, eine Reihe hochgestellter Staatsfunktionäre erhielt Gefängnisstrafen.

François Mitterrand selbst, der einst so kritische Worte über die monarchische Selbstherrlichkeit der Fünften Republik gefunden hatte, scheute nicht davor zurück, die Franzosen über seinen Gesundheitszustand zu belügen und mit gefälschten Berichten zur Wiederwahl zu kandidieren, obwohl er schwer krebskrank war. Nebenher brachte er seine Mätresse samt unehelicher Tochter inkognito auf Staatskosten unter. Als eine der ersten Pariser Verschönerungsaktionen verfügte er die Vergoldung der Invaliden-Dom-Kuppel. Aber tief unten im Kellergeschoss der Invaliden-Anlage geschah weniger Strahlendes. Dort hockten Spezialisten der Anti-Terror-Einheit und betrieben auf sein Geheiß keineswegs Terrorismusbekämpfung, sondern hörten widerrechtlich Hunderte private Gespräche ab – von ehrenwerten wiewohl missliebigen Journalisten, Rechtsanwälten und sogar Leuten aus dem Showbusiness. Mitterrand ließ zum Beispiel die attraktive Schauspielerin Carole Bouquet belauschen. Alles wurde ihm peinlichst genau transkribiert und vorgelegt. Seine Umgebung wusste Bescheid, vermochte aber den Alten von seinem Hobby nicht abzubringen. 2004 kam es zum Prozess. Der Hauptverantwortliche freilich konnte nicht mehr belangt werden, er war 1996 gestorben.

Auch Jacques Chirac war nie ein Kind von Traurigkeit. Von welchem Geld er seine luxuriösen Vergnügungsreisen bezahlt hatte, wurde nie endgültig geklärt, und die Bewirtung von Besuchern im Pariser Rathaus zu seiner Zeit als Bürgermeister kostete das Pariser Stadtsäckel 2,13 Millionen Francs. Unter seiner Herrschaft im Pariser Rathaus hatten sich zudem Praktiken eingespielt, die als »System Chirac« bekannt wurden: Scheinjobs im Rathaus für Parteimitglieder, das Kassieren von Schmiergeldern bei öffentlichen Bauaufträgen zwecks Parteifinanzierung, Zuteilung verbilligter Luxuswohnungen für Freunde und Günstlinge. Weil ihm die Untersuchungsrichter auf den Fersen waren, wurde 1999 vom Verfassungsrat eine Strafimmunität für den Staatspräsidenten beschlossen. So musste der getreue Alain Juppé, der damals im Rathaus die Finanzen verwaltete, den Kopf für die Sünden der Chirac-Ära im Pariser Hôtel de Ville hinhalten und wurde 2004 zu 14 Monaten Gefängnis mit Bewährung verurteilt.[55]

Das Vertrauen des Volkes ist stark erschüttert. Tief ist der Graben, der sich zwischen Regierenden und Regierten aufgetan hat. Zum einen schwillt das Heer der Nichtwähler an, zum anderen sind Skandale Wasser auf die Mühlen der Ultrarechten, die vom Slogan »tous pourris« – alle korrupt – profitieren. Einer Umfrage aus dem Jahr 2006 zufolge halten in der Tat über 60 Prozent der Franzosen ihre Politiker für korrupt.[56]

Es mehren sich die Stimmen, die angesichts mancher gravierender Demokratiedefizite nach einer Sechsten Republik rufen – eine Republik mit verstärkter parlamentarischer Kontrolle der Regierung und einer reduzierten Macht des Präsidenten. Der Sozialist Arnaud Montebourg hat sogar eine landesweite Bewegung ins Leben gerufen, die diesem Ziel verpflichtet ist.

Unklar ist, was dann aus dem System der technokratischen Staatselite werden soll, die abgehoben über den Normalmenschen agiert, jene homogene Führungskaste, die von Kaderschmieden wie der Ecole Polytechnique oder der Verwaltungshochschule ENA (Ecole Nationale d'Administration) produziert wird. Die ENA hatte de Gaulle unmittelbar nach dem Zweiten Weltkrieg geschaffen, als Reaktion auf das Versagen der alten Eliten, die sich dem Vichy-Regime oder den Deutschen angedient hatten. ENA-Absolventen, Enarchen genannt, bekleiden so ziemlich alle hohen Funktionen in Ministerien und staatlichen Institutionen. Sie sind die Funktionselite der Republik. Enarchen sind Anordner, keine Diskutierer, mit Machtinstinkt und Corpsgeist ausgestattet. Sie haben ganz einfach das Bewusstsein, einer republikanischen Aristokratie anzugehören, dazu auserkoren, für andere zu entscheiden, sie zu führen und zu erziehen. Ausgebildet zu Generalisten, sind sie vielseitig einsetzbar. Nicht selten wechseln sie von Spitzenpositionen in der Verwaltung oder Politik zu solchen in der Wirtschaft, das heißt: Die politischen und ökonomischen Eliten sind in Frankreich verquickt wie nirgendwo sonst.

Der Staat als Wirtschaftslenker

Der Sprung in die Moderne galt nach dem Zweiten Weltkrieg als nationale Aufgabe. Er wurde vom Staat gesteuert und von der aus den nationalen Kaderschmieden stammenden technokratischen Elite durchgesetzt. Es kam zum Aufbau mächtiger Staatsmono-

pole, etwa bei der Strom- und Gasversorgung, und zur Nationali-
sierung großer Unternehmen. Frankreichs Großindustrie bestand
daraufhin weitgehend aus Staatsbetrieben.

Zur Wirtschaftspolitik »à la française« gehörte das Commissa-
riat général du plan (Plankommissariat). Aber diese französische
Planwirtschaft unterschied sich doch merklich von der sozialistischen: Sie war nicht im gleichen Maße dirigistisch, sondern gab
bestimmten Industriesektoren Zielwerte für den Zeitraum der
nächsten drei bis fünf Jahre vor, wobei durch staatliche Kredit-
politik Investitionslenkung betrieben werden konnte. Zehn Pläne
gab es nach 1946, sie begleiteten die Phase der Trente glorieuses,
der dreißig Jahre des Wachstums. Endgültig Schluss damit war
1992, im Jahr des Vertrags über die Europäische Union. Das
Plankommissariat selbst wurde 2006 in ein Zentrum für strategische Analysen umgewandelt.

Unter Mitterrand waren zeitweilig mehr als 70 Prozent der Industrie und quasi sämtliche Banken in staatlicher Hand vereint.
Aber dann setzten Privatisierungen ein, der Staat zog sich Stück
für Stück aus Industrie und Finanzsektor zurück. Wie ganz
Europa wurde Frankreich von der Deregulierung erfasst. Aber
selbst wenn in Frankreich inzwischen die Befürworter der Libera-
lisierung auftrumpfen und sich bisweilen geradezu amerikanisch-
pragmatisch geben, wurde auf staatliche Einmischungen nicht
verzichtet. Sie erinnern immer noch ein wenig an Colbert, diesen
für seine interventionistische Wirtschaftspolitik berühmten Minister Ludwigs XIV., so wenn es darum geht, die Übernahme
französischer Unternehmen durch ausländische zu verhindern,
oder umgekehrt für die Dominanz einheimischer Firmen über ausländische Sorge zu tragen, wobei manchmal mit recht hemds-
ärmligen Methoden vorgegangen wird. Gerade deutsche Partner-
firmen mussten das mehrfach schmerzlich erfahren, etwa bei der
vom Pariser Wirtschaftsminister betriebenen Fusion des deutsch-
französischen Pharmaunternehmens Aventis mit der französischen
Firma Sanofi, der Verhinderung einer Übernahme von Alstom
durch Siemens oder den Querelen um die Führung des Flugzeug-
konzerns EADS. Da wurde mit Regierungshilfe knallhart um die
Durchsetzung nationaler Machtpositionen gekämpft. Premierminister de Villepin dachte sich dafür 2005 den Begriff »ökonomischer Patriotismus« aus, und das in Zeiten von Europäischer
Union und Globalisierung. Es geht eben bei allem immer auch um

Der Autobahnviadukt von Millau über dem Tarn: Wunderwerk der Architektur

symbolische Werte, um die überkommene Idee von Macht und Größe, um die Bestätigung der eigenen Sonderrolle, die Ideologie der »französischen Ausnahme«. So wird der Airbus allgemein als französische Errungenschaft angesehen, eine nationale Großleistung wie weiland die Concorde, mögen sich auch die ausländischen Partner die Haare raufen.

Als im Dezember 2004 die feierliche Eröffnung des Autobahnviadukts von Millau stattfand, der in luftiger Höhe das Tal des Tarn überspannt, da war er nicht einfach eine – zugegeben außergewöhnliche – Brücke, nein, ein »neues Emblem des französischen Genies« sei da entstanden, erfuhr man aus der Einweihungsrede des Staatspräsidenten. Das moderne, das voranstürmende Frankreich habe hier seinen Ausdruck gefunden: »Ein Frankreich, das die Vorhut des weltweiten Fortschritts bildet!« Ähnlich überschlugen sich die Zeitungen. Der Viadukt von Millau sei nicht nur der höchste der Welt, sondern auch das Symbol für ein siegreiches Frankreich. Nur beiläufig wurde in den blumigen Festreden der britische Architekt des Bauwerks, Sir Norman Foster, erwähnt.

Der französische Fortschrittskult geht zurück auf die großen Aufklärer des 18. Jahrhunderts, wurde aber zweifellos nach dem

Debakel der Niederlage gegen die Deutschen neu belebt. Der technische Fortschritt ist Gegenstand grenzenloser Bewunderung. Seine Agenten sind die Technokraten, deren Saga mit Napoleon beginnt. Er hatte mit der Ecole Polytechnique die erste für eine dem Staat verpflichtete technische Elite geschaffen und das Vorbild für alle weiteren Bildungsanstalten der Staatselite. Freilich geht beim Drang zur Größe und dem selbstgewissen Vertrauen auf technische Machbarkeit notwendigerweise hin und wieder manches tragisch daneben.

Kostspieliges Scheitern

Ehrgeizige Projekte, die auf Fehlkalkülen, Größenwahn oder Profilierungssucht beruhen und die sich als nutzlos und ruinös erweisen, werden gelegentlich als »weiße Elefanten« bezeichnet. Den Franzosen sind solche Phänomene sehr gut bekannt. Man denke etwa an den Überschallflieger Concorde, dessen Karriere mit dem Absturz am 25. Juli 2000 in der Nähe des Pariser Flughafens Roissy ein trauriges Ende nahm. Als Franzosen und Briten in den sechziger Jahren begannen, das Flugobjekt gemeinsam zu entwickeln, kamen in Frankreich zunächst Zweifel auf, ob man das Geld nicht lieber in ein Nachfolgemodell des erfolgreichen Passagierflugzeugs Caravelle stecken sollte. Aber Staatspräsident de Gaulle sprach ein Machtwort, und so wurde die Concorde denn gebaut. 1970 erreichte ein Prototyp zum ersten Mal die doppelte Schallgeschwindigkeit. Leider ereignete sich dann 1973 der »Ölschock«, eine Explosion des Ölpreises, und sämtliche ausländischen Bestellungen wurden storniert. Es kamen neue Kriterien wie Sparsamkeit und Umweltfreundlichkeit auf, damit konnte die Concorde nicht dienen. Die Entscheidung zum Weiterbauen war daher vorwiegend vom politischen Motiv des Nationalprestiges getragen. Eindeutig pro-Concorde waren die stets patriotischen Kommunisten und die von ihnen kontrollierte Gewerkschaft CGT. Es ging natürlich um Arbeitsplätze, aber außerdem war der Wundervogel ein Symbol für technische Leistungsfähigkeit und Fortschritt. Nur was für ein Fortschritt sollte das sein? Auf diese Frage der italienischen Autorin Maria Antonietta Macciocchi teilte der Sekretär der kommunistischen Parteizelle der Concorde-Fabrik in Toulouse mit: »Die Concorde ist die fortgeschrittene Technik, die Avantgarde, die es den Arbeitern ermöglichen wird, den Atlantik zu überqueren.«[57]

Ziemlich merkwürdige Proletarier sollten sich dann etwas später in die Lüfte erheben bei einem Preis von rund 15 000 Mark fürs Ticket: Michael Jackson, Claudia Schiffer, Calvin Klein – Werktätige dieses Kalibers. Horrend waren die Kosten für den Prestigeflieger. Aber die nun doch gelegentlich artikulierten Einwände wurden als antipatriotisches Genörgel vom Tisch gewischt. 1976 demonstrierten in New York Tausende gegen die Concorde, die als umweltverpestende Lärmmaschine geschmäht wurde. Die USA verweigerten dem schlanken, aber lauten Problem-Vogel die Überflugrechte, woraufhin sich seine Einsatzmöglichkeiten stark reduzierten.

Als die »größte Pleite in der Geschichte der Zivilluftfahrt« bezeichnete wenig später ein Untersuchungsausschuss des britischen Parlaments das Concorde-Abenteuer. Von den 16 gebauten Exemplaren kamen zwei gleich ins Museum. Der Rest der spritfressenden Flugsaurier wurde von Air France und British Airways mit Verlusten auf der Transatlantikroute eingesetzt. Das meiste Geld kam noch herein, wenn die Concorde für sündhaft teure Gag-Reisen, etwa an US-Millionäre, verchartert wurde.

Naive Technikgläubigkeit, gepaart mit Geltungsdrang, führt zuweilen auf wunderliche Abwege. Der gnädige Mantel des Vergessens hat sich inzwischen über die Staats-Groteske der »Schnüffelflugzeuge« gelegt. Es ging um ein von zwei »Erfindern« entwickeltes Verfahren, mit dem aus der Luft Erdölvorkommen »erschnüffelt« werden sollten. Die Topmanager des staatlichen Erdölkonzerns Elf-Aquitaine sahen ihr Unternehmen schon dank dieser genialen Erfindung an die Weltspitze katapultiert und ließen sich ab 1975 etwas vormachen, denn leider handelte es sich bei den beiden Genies um geniale Betrüger. 1979 flog die Sache auf, nachdem horrende Summen für sinnlose Bohrungen verpulvert worden waren. Die Staatsfirma Elf verzichtete auf eine Anzeige, man gedachte die Blamage totzuschweigen. Es war dann wie so oft das Satireblatt *Le Canard enchaîné*, das Jahre später die Peinlichkeit enthüllte und den passenden Namen dazu erfand: »Die Affäre der Schnüffelflugzeuge«.

Für einen »weißen Elefanten« hatte man eine Zeit lang in Frankreich einen eigenen Ausdruck: »La Villette«. Es ist heute vergessen, dass dieser Name einmal gleichbedeutend war mit einem der größten Finanzskandale der Fünften Republik. Im Viertel La Villette im Nordosten von Paris befanden sich seit dem 19. Jahrhundert die großen Schlachthöfe. In den sechziger Jahren wurde staatlicherseits mit dem Bau eines neuen, modernen Schlachthofkomplexes begonnen, der allerdings völlig am Bedarf vorbei geplant war. Obwohl die Großmarkthallen bereits aus Paris ausgezogen waren, wurde an dem Projekt festgehalten. Auf Einwände mochten die Entscheidungsträger und Macher nicht hören, aber irgendwann wurden die Arbeiten unterbrochen, und das unfertige Objekt stand jahrelang herum wie ein monströses, anklagendes Gerippe. Um das peinliche Mahnmal verschwinden zu lassen, wurde dann beschlossen, das Betonskelett in den Neubau eines Technikmuseums zu integrieren. Und so geschah es. In dem 1986 eingeweihten spektakulären Koloss ist das lästige alte Milliardengrab komplett verbaut worden, man ahnt nichts mehr davon. Pikanterweise ist die Cité des Sciences et de l'Industrie eine Stätte, die technischen Großtaten gewidmet ist. Die Abteilung »Weiße Elefanten« sucht man vergebens.

Ein kleiner »weißer Elefant« sah erst gar nicht so aus, als wäre er einer: der Minitel, ein geniales Produkt der achtziger Jahre, ein Kästchen aus bräunlichem Kunststoff, aufklappbar, mit Bildschirm und Tastatur. Man konnte es sich gratis bei der Post abholen und hatte Zugang zu sämtlichen französischen Telefonnummern sowie diversen öffentlichen wie kommerziellen Anbietern. Sehr beliebt waren die erotischen Kontaktadressen, aber man konnte auch den Wetterbericht oder sein Bankkonto konsultieren. Wie stolz war man auf dieses Kind der nationalen Informatik! Viele Millionen besaßen so ein Gerät. Meins steht immer noch etwas verstaubt in einer Ecke, es wegzuschmeißen würde mir das Herz brechen. Derweil tauchte anderswo ein amerikanischer Unfug namens Internet auf. Pah! Das hatte man nicht nötig. Der Minitel war ja viel besser. Und vor allem französisch. Allerdings sollte dieser Primitiv-Computer für jedermann eigentlich dem französischen Elektroniksektor einen internationalen Durchbruch bescheren, aber leider gelang es nie, das Wunderkästchen zu exportieren. Dann kamen die neunziger Jahre. Während man in anderen Ländern schon emsig durchs Worldwideweb surfte, tackerten die Franzosen noch immer auf ihren Minitels herum. Endlich fiel es der Ministerriege um Lionel Jospin wie Schuppen von den Augen: Um Gottes willen, man hatte den Anschluss verpasst! Die Liebe zum Minitel hatte für gefährliche Verspätung gesorgt. Eiligst musste Abhilfe geschaffen werden, und so wurde das zuvor verteufelte Internet den Franzosen von Staats wegen geradezu verordnet. Um das Volk ins Netz zu bringen, erfand die Regierung eine jährliche Internet-Festwoche. Mithilfe solcher Kraftakte gelang es, innerhalb einiger Jahre die Verspätung aufzuholen.

Ich will damit keineswegs unterstellen, dass die französische Technikkultur nur Flops hervorbringt. Man denke an den sehr erfolgreichen Hochgeschwindigkeitszug TGV, mit dem es nicht nur gelang, viele Flieger und Autofahrer auf die Schiene zurückzubringen, sondern die Dezentralisierung des Hexagons verkehrstechnisch zu unterstützen. Allerdings sind die Irrwege bezeichnend für die Mentalität einer selbstherrlichen Staatselite, die am besten zu wissen meint, was gut fürs Volk ist, und deren Entscheidungen autoritär, das heißt ohne demokratische Rückkoppelung, getroffen werden.

Atomkraft als nationales Projekt

Nach dem Ende der Kolonialära und dem Verlust des algerischen Sahara-Erdöls deckte Frankreich seinen Energiebedarf zu knapp 70 Prozent aus Importen. Als sich dann die Rohölpreise vervierfachten, wurde schmerzlich bewusst, in welch prekärer Abhängigkeit man sich befand. »Unsere große Chance: das ist die Atomkraft!« Wie eine Erlösung sprach es Premierminister Pierre Messmer 1973 vor dem Hintergrund der sogenannten Ölkrise aus. Hinter der Entscheidung, Frankreichs Unabhängigkeit bei der Energieversorgung mithilfe der Atomkraft zu gewährleisten, steckte immer noch die traumatische Erinnerung an die eigene wirtschaftliche Schwäche, die als Ursache für die militärische Niederlage gegen Deutschland im Zweiten Weltkrieg betrachtet wurde.

So lancierte die französische Regierung die Atomenergie als großes nationales Projekt. Die Beschlüsse wurden auf höchster Ebene gefasst, eine größere öffentliche Diskussion über diese folgenschwere Weichenstellung fand nicht statt. Doch das Volk muckte auf. Entgegen der oft gehörten Behauptung, in Frankreich habe stets ein unkritischer Atomkonsens geherrscht, war gerade

die Anfangsphase der Nuklearisierung durch zahlreiche Protest-
aktionen gekennzeichnet. Fast überall, wo Atomkraftwerke (AKW)
geplant waren, kam es zu Demonstrationen der Lokalbevölke-
rung, Bürgermeister und Abgeordnete vorneweg. Aber alle Ein-
gaben, Proteste und Prozesse wurden abgeschmettert. Ebenso
wenig, wie eine öffentliche Debatte stattfand, gab es legale Einflussmöglichkeiten. An den zentralistischen Strukturen rannten
sich die Kritiker die Köpfe ein. All das Engagement war nutzlos,
Resignation die Folge. In wenigen Jahren entstand ein Park von
58 AKWs, der heute 80 Prozent der Elektrizität in Frankreich produziert.

Sehr teuer wurde allerdings das Abenteuer mit dem Brutreaktor
»Superphénix«, der als Krönung des Nuklearprogramms gedacht
war. »Energiereserven vergleichbar denen Saudi-Arabiens«, hatte
Staatspräsident Giscard d'Estaing 1976 in Aussicht gestellt. Aber
nach einer endlosen Pannenserie und aberwitzigen Kosten kam
1997 das Aus für den schnellen Brüter, wie zuvor schon für sein
deutsches Pendant im niederrheinischen Kalkar.

Vorher schon hatte sich mit dem Gau von Tschernobyl etwas
ereignet, das den Glauben an den atomaren Fortschritt ins Wan-
ken brachte. Sogleich wurde die Bevölkerung von amtlichen
Strahlenschutz-Experten beruhigt: Frankreich sei von der radio-
aktiven Wolke gottlob nicht betroffen.

Als ich damals, im Frühjahr 1986, durch die Provence fuhr,
staunte ich über das üppige Angebot auf den Märkten, all die
prachtvollen Früchte und Gemüse des Landes. Glückliches Gallien! Drüben in Deutschland waren Hysterie und Panik ausgebro-
chen, Frankreich hingegen bewahrte »in einem Ozean der Furcht
seine Ruhe«, wie die Zeitung *Le Monde* feststellte. Denn die
Tschernobyl-Wolke hatte ja die Landesgrenze respektiert. Aber
natürlich flog der Schwindel auf. »Le mensonge radioactif«, die
radioaktive Lüge, titelte *Libération* am 12. Mai 1986, als klar
wurde, wie sehr von offizieller Seite mit gezielter Desinformation
gearbeitet worden war. Das unabhängige Strahlen-Messinstitut
CRII-Rad im Rhônetal brachte es an den Tag. Es legte erschre-
ckende Werte für Thymian, Pilze, Milch und Heu vor und hat sich
seither einen Namen als wertvolles Korrektiv für offizielle Ver-
lautbarungen gemacht. Erst 2005 wurde vom Institut für Strah-
lenschutz mitgeteilt, dass die Belastung stellenweise um das Tau-
sendfache höher war, als damals angegeben.

Atomkraftwerk im Rhône-Tal

Auf die Tschernobyl-Lüge folgten schwierige Zeiten für die Atom-
lobby. Offenheit und Transparenz hieß nun die Devise, AKWs
wurden für Besucher geöffnet, als Ausflugsziele für die ganze Familie angepriesen. Und in der Fernsehwerbung liefen heitere Auf-
klärungsspots. In einem davon sah man zwei junge Menschen im
Stroboskop-Gewitter einer Diskothek: Der tanzende Herr macht
die tanzende Dame darauf aufmerksam, dass hinter all den tollen Sound- und Lichteffekten die Atomkraft steckt – zweifellos
eine originelle Form des Anbaggerns. »Was du alles weißt!«, säu-
selt sie ihm ins Ohr.

Nicht nur sind Frankreichs Atomkraftwerke sicher und tech-
nisch perfekt, sie dürfen auch als ästhetische Bereicherung dienen.
Kunst am Bau monumentalen Ausmaßes bietet etwa die Anlage
von Cruas-Meysse im Rhônetal, dieser vielbefahrenen Eisen- und
Autobahnschneise in den Süden. Auf Initiative des Kraftwerkbe-
treibers EDF (Electricité de France) entstand auf einem der Kühl-
türme eine 135 Meter hohe, 13 000 Quadratmeter große Freske.
Sie zeigt ein kleines Mädchen, das aus einer Muschel Wasser aus-
gießt. »Wasser und Luft verbinden den Menschen mit der Natur
und dem Leben«, lautet das Thema. Man habe sich erst dran ge-
wöhnen müssen, sagte mir der Bürgermeister von Cruas, aber
jetzt kämen Leute her, um den Kühlturm zu fotografieren. Wel-

ches Dorf würde sich da nicht geehrt fühlen. Ein Stück weiter südlich, bei Pierrelatte, wartet eine noch tollere Attraktion, die
»Ferme aux crocodiles«. In einer mächtigen Glashalle in schwül-
warmer Luft, beschallt von exotischem Vogelgeschrei, floaten
350 Krokodile im Wasser oder liegen reglos auf ihrem Beton-
strand. Zwei pfiffige ortsansässige Brüder hatten die Idee, hier
Europas erste, größte, schönste Krokodilzuchtanlage einzurich-
ten. Krokodile brauchen tropische Temperaturen, und hier in
Pierrelatte ist Wärme spottbillig zu haben. Die Farm wird mit
den wohlfeilen Abwässern der örtlichen Nuklearanlage beheizt.
Ohne Atomkraft keine Rhônetal-Krokodile. Mochten sich andere zu Beginn lustig machen, finanzielle Unterstützung fand das
Vorhaben bei Frankreichs Staatsfirma für nukleare Brennstoffe.
Solch ein pragmatisch-unverkrampfter Umgang mit der nuklearen Chose musste gefördert werden. Die Farm ist mittlerweile die
meistbesuchte Touristenattraktion des Départements.

Dennoch: Der Atomkonsens bröckelt, wenn es ihn je gegeben
haben sollte. Deutlich wird das beim ungelösten Problem der
Endlagerung des nuklearen Abfalls. Von einem halben Dutzend
potentieller Stätten musste schon wegen heftiger Proteste der lokalen Bevölkerung Abstand genommen werden. Als einziger Ort,
der noch ernsthaft ins Auge gefasst wird, bleibt Bure an der Maas,
aber auch dort stellt sich die Bevölkerung quer. Derweil wird
der strahlende Müll auf dem Gelände der Wiederaufbereitungs-
anlage La Hague auf der normannischen Halbinsel Cotentin zwi-
schengelagert. Nach dem 11. September 2001 wurde sie mit Ra-
ketenbatterien zum Abschuss von Terroristenflugzeugen ausgestattet.

Wie aktuelle Umfragen zeigen, sprechen sich 84 Prozent der
Franzosen für den Ausbau alternativer Energien aus, 80 Prozent
für ein Referendum über den Ausstieg aus der Atomkraft, 54 Prozent gegen Milliarden-Investitionen in neue Nuklearkraftwerke.[58]
Das stört die Autoritäten allerdings nicht weiter. Sie entschieden
sich für den Bau des neuen Reaktors ERP (European Pressurized
Reactor), den die französische Staatsfirma Areva gemeinsam mit
Siemens entwickelt hat. Der Prototyp wird im normannischen
Flamanville gebaut, als erster Schritt zur Erneuerung des ver-
altenden französischen Nuklearparks – eine Entscheidung, die
wie üblich ohne jede Konsultation der Öffentlichkeit getroffen
wurde.

Lob des Gesundheitssystems

Frankreich ist eine Demokratie, in der die Staatselite mit großer Autonomie schaltet und waltet. Von oben wird dekretiert, was »von öffentlichem Nutzen« ist. Zwiespältig ist das Verhältnis der Bürger zum Staat, der einerseits ein bevormundender, entmündigender Übervater ist, andererseits unersetzlich als schützende und fürsorgliche Instanz.

Die Sécurité sociale ist eine staatliche Errungenschaft, auf die die Franzosen nichts kommen lassen. Es war der Nationalrat der Résistance, der 1945 diese globale soziale Absicherung für Arbeitnehmer und ihre Familien beschloss. Sie wird ausdrücklich in der Verfassung der Fünften Republik erwähnt und ist damit sakrosankt. »La Sécu«, wie sie alle kurz nennen, ist ein Einheitssystem, das Gesundheit, Familienbeihilfen und Altersvorsorge umfasst und für alle abhängig Beschäftigten gilt. Finanziert wird es zum großen Teil über Sozialabgaben von Arbeitgebern und Arbeitnehmern.

Als die Weltgesundheitsorganisation im Jahr 2000 die Gesundheitssysteme der Welt klassifizierte, kam die »Sécu« auf den ersten Platz. Und wirklich ist sie in mancher Hinsicht vorbildlich: Ernste, kostenintensive Erkrankungen, Operationen, Krankenhausaufenthalte werden komplett abgedeckt. Dafür bekommt man für alltägliche Wehwehchen nur wenig erstattet. Für Zähne und Brillen gibt es fast nichts. Deshalb haben die meisten Franzosen noch eine Zusatzversicherung, die den Rest begleicht.

Allerdings ist auch in Frankreich das Krankenversicherungssystem durch ein stattliches Defizit, bekannt unter dem Namen »le trou de la sécu«, belastet. Neuerdings soll das Zehn-Millarden-Loch durch Reformen und drastische Sparmaßnahmen reduziert werden. So wurde vor kurzem die freie Arztwahl eingeschränkt. Man darf nicht mehr gleich zum teuren Facharzt, sondern muss erst zum Hausarzt, der einen dann eventuell überweist. Ein bedeutender Faktor sind aber auch die hohen Arzneikosten. Die Franzosen sind europäische Spitzenreiter im Medikamentenkonsum. Man sieht es schon im Stadtbild: In jeder Einkaufsstraße leuchten gleich mehrere grüne Kreuze, es scheint mehr Apotheken als Bäckereien zu geben. An die Ärzte wird nun appelliert, weniger und nach Möglichkeit Generika zu verschreiben. Die Ärzte haben allerdings auch das Interesse, ihre Patienten zufriedenzustellen, denn vielerorts ist die Konkurrenz groß. Anders als in Deutschland herrscht völlige Niederlassungsfreiheit, daraus ergeben sich geographische Ungleichgewichte. Die Pariser Region und der Süden sind überversorgt, während in einigen weniger sonnigen Zonen die Mediziner fehlen.

So ein Besuch beim Arzt kann anfangs Überraschungen auslösen. Das Wartezimmer ist oft eine recht schlichte Kammer mit ein paar Klappstühlen, wenn es überhaupt eins gibt: Im Haus eines Pariser Bekannten, der im fünften Stock wohnt, gibt es auf der zweiten Etage eine Arztpraxis, der das Treppenhaus als Wartezimmer dient. Wenn ich ihn besuche, muss ich mich an den auf den Stufen kauernden Patienten vorbeidrücken – Franz Kafka hätte das gefallen. Verwunderung löst aber manchmal auch der Doktor selbst aus: Meistens trägt er keinen weißen Kittel, sondern vielleicht Jeans und Pullover, hat weder Arzthelferin noch nennenswerte medizinische Gerätschaften, drückt während der Konsultation schon mal auf den Knopf, der die Haustür öffnet, tippt die Patientendaten selbst in den Computer, kassiert schließlich auch selbst und verstaut den Scheck in der Schublade seines Schreibtischs – ein echter Generalist. Als Patient zahlt man erst und rechnet später mit der Kasse ab. Der Docteur ist bisweilen auch etwas maulfaul und wundert sich, wenn man Genaueres über Diagnose und Therapie wissen will oder sich gegen die Röntgenaufnahmen sperrt, die unbekümmert bei jeder Gelegenheit gemacht werden. Ärzte treten zwar äußerlich nicht als »Halbgötter in Weiß« auf, haben aber noch wenig Erfahrung mit dem nachhakenden »mündigen« Patienten. Eher sind sie daran gewöhnt, dass man ihre fachmännische Autorität fraglos hinnimmt.

So gut wie alle Konsultationen enden mit einem Rezept. Drei Medikamente waren bislang das Minimum. Die Ärzte stehen unter Erwartungsdruck und üben sich in vorauseilendem Verschreiben. Sonst hätte der Patient womöglich das Gefühl, schlecht bedient worden zu sein. So aber zieht er jedes Mal mit reicher Beute davon, vergrößert das Versicherungsloch und verstopft seinen Medikamentenschrank.

Nur langsam ändert sich die Grundeinstellung, ebenso wie der Glaube an die generell segensreiche Wirkung von Antibiotika, gegen den schon seit einiger Zeit öffentliche Kampagnen mit Radio- und Fernsehspots lanciert werden.

Dramatische Ausmaße hat der Konsum von Psychopharmaka

angenommen. Im Schlucken von Antidepressiva und Tranquilizern, oft von Hausärzten bedenkenlos verschrieben, sind die Franzosen Weltmeister, ihr Verbrauch ist doppelt so hoch wie der europäische Durchschnitt. Der Umsatz der »Psychopillen« liegt inzwischen bei über einer Milliarde Euro. Nicht nur aus Kostengründen ist dieses Phänomen eine Hauptsorge der Gesundheitspolitik.

Der Bürger als Rebell

Während der »Citoyen«, der Bürger, die öffentlichen Wohltaten als Selbstverständlichkeit annimmt, neigt er dazu, den Staat auszutricksen, wo es geht. Hier ist ein Typus entstanden, den man als staatsgläubigen Privatanarchisten bezeichnen könnte. Zu seinen Eigenschaften gehört ein flexibles Verhalten gegenüber Gesetzen und Regeln. In diesem Kontext muss auch das als französische Spezialität gepriesene »Système D« erwähnt werden: Das D steht für »se débrouiller« – zurechtkommen, zurande kommen, sich aus der Affäre ziehen – und meint die Kunst des Improvisierens, die oftmals in den Randbereichen der Legalität angesiedelt ist. Mit dem »Système D« werden Hindernisse und störende Vorschriften umschifft, Beziehungen ausgenutzt und Türen geöffnet. Gesetze gibt es zwar in Hülle und Fülle, aber wer zwingt einen, sie sklavisch zu befolgen? Es geht immer auch anders. Im Unterschied zu deutschen Verhältnissen, wo Vorschrift Vorschrift ist, existiert in Frankreich häufig ein gewisser Spielraum, eine Toleranz- oder Grauzone. Auch Funktionsträger, Beamte gar, lassen bisweilen mit sich reden. Das »Système D« vermenschlicht die mittlerweile aufgedunsene Bürokratie und macht sie erträglich.

Großer Einfallsreichtum wird entfaltet, wenn es gilt, dem Staat ein Schnippchen zu schlagen. Der Privatanarchist schummelt bei der Steuer, täuscht die Versicherung. Als Handwerker lässt er sich gern bar und ohne Rechnung bezahlen, selbst bei größeren Geschäften, etwa beim Immobilienkauf, wird oft ein Teil der Bezahlung unterm Tisch abgewickelt und hinterlässt keine schriftlichen Spuren. Die Formel dafür lautet »ni vu ni connu«, keiner hat's gesehen. Dergleichen ist extrem verbreitet und wird als Beweis für Pfiffigkeit angesehen.

Die Freude an der Übertretung von Vorschriften nimmt bisweilen unschöne Formen an. Ein besonders trübes Kapitel ist das Verhalten im Straßenverkehr, dessen Regeln nach Kräften missachtet werden. Wer hält sich schon an die Höchstgeschwindigkeit von 130 Stundenkilometern auf der Autobahn – macht doch keinen Spaß. Und 50 in geschlossenen Ortschaften? Lächerlich! In den letzten Jahren sind mehr und mehr Gemeinden dazu übergegangen, Hindernisse in die Chausseen einzubauen, die zum Langsamfahren zwingen.

Geparkt wird, wo es irgendwie geht, gern auch nach Gehör, wenn nötig auf Bürgersteigen oder Fahrradwegen. Sehr beliebt ist das Parken in Doppelreihe, um schnell mal was einzukaufen. Ein Stau auf der Kreuzung? Ein Lieferwagen verstopft die Straße? Kommt immer wieder vor. Das Beste in diesem Fall ist langes, konzentriertes Hupen. Das beschleunigt zwar nicht die Sache, aber es entlastet die wunde Autofahrerseele.

Im Autoverkehr geht es, wie auch sonst in der Gesellschaft, darum, seinen Vorteil zu erringen und zu verteidigen, hier aber in einer rohen, ungeschminkten Form. Defensives oder höfliches Verhalten ist selten, man lässt anderen nicht gern den Vortritt. Das Leben auf der Straße ist eine Art Kampfsport. Die Ampel vor dem Zebrastreifen springt auf Rot um? Man braust trotzdem noch rüber. Warum, frage ich mich immer wieder, schmeißen die Fußgänger nicht mit Steinen? Vielleicht, weil sie selbst auch Autofahrer sind. Am Steuer kommt es zu einer seltsamen Verwandlung höflicher und seriöser Franzosen zu rücksichtslosen Gladiatoren. Immerhin wird das Blech selbst auch viel weniger verehrt, geputzt und poliert als in Deutschland.

Immer größer wird die Zahl derer, die ohne Führerschein fahren, sei es, dass er ihnen entzogen wurde, sei es, dass sie nie einen hatten. Schätzungen zufolge sind es mindestens 2,5 Millionen. Auch Fahren ohne Versicherungsschutz oder mit falschen Nummernschildern gehört zu den geläufigen Delikten.

Trotz allem Egoismus vereinigt aber die Kraftfahrer so etwas wie Solidarität gegenüber den Vertretern der Obrigkeit. Vor Polizeikontrollen warnt man sich gegenseitig rituell durch Lichthupe. Gegenüber dem Staat und seinen Vollzugsgehilfen ist man eine verschworene Gemeinschaft.

Die Obrigkeit weiß das natürlich. Sie unterstellt ohnehin, dass der Bürger sie grundsätzlich übers Ohr hauen will. Um dem zu begegnen, unterhält der Staat einen großen Ordnungsapparat. Die

Polizei, dein Freund und Helfer: ein solcher Slogan wäre in Frankreich undenkbar. »Les flics«, oder neuerdings »les keufs«, werden auch von unbescholtenen Bürgern selten geliebt. Helden sind sie ausschließlich in Kriminalfilmen. Im wirklichen Leben bilden sie eine Kaste am Rande der Gesellschaft. Es gibt gleich mehrere »Polizeien«: Police nationale, Gendarmerie, Police municipale, außerdem noch ein paar Sonderpolizeien in der Eisenbahn oder auf Flughäfen und obendrein die berühmt-berüchtigte CRS (Compagnie Républicaine de Sécurité), spezialisiert auf ruppigere Einsätze, etwa bei bewegten Demos oder Streiks. Die Gendarmen, die vielleicht ein Ideechen mehr respektiert werden als die Mitglieder der normalen Police, unterstehen dem Verteidigungsminister und gelten als Teil der Armee.

Und dann ist da noch eine kaum sichtbare Polizei-Einheit namens Renseignements Généraux, kurz RG genannt. Es gibt sie seit 1907, aber im Grunde geht dieser polizeiliche Nachrichtendienst zurück auf Napoleons Zeiten. »Der politische Geist der Bevölkerung ist zu überwachen!«, so hatte der Kaiser einst dekretiert. Als Augen und Ohren der Regierung werden die RG auch bezeichnet. Kein Bereich der Gesellschaft, kein Berufsstand, entgeht ihrer aufmerksamen Beobachtung. Ob Immigranten, Islamisten, Sektenmitglieder, Glücksspieler, Rechtsextreme, Linksextreme, Drogendealer, Demonstranten, Korsen, Basken, Studenten, Fußballfans oder Freimaurer: Die RG interessiert sich für alle. Ihr Alltagsgeschäft besteht aus einer ameisenhaften Fleißarbeit. Zeitungen, Pamphlete, Flugblätter werden ausgewertet, Versammlungen besucht, Berichte für den Innenminister geschrieben. Dazu kommen Hunderte von Zuträgern, die Informationen aus dem Inneren von Parteien, Vereinen oder religiösen Organisationen liefern. Vertrauen ist nicht so gut. Kontrolle ist das einzig Wahre.

Konfliktkultur

Aber selbst die penibelste Überwachung vermag das spontane Aufflammen von sozialen Konflikten nicht zu verhindern. Urplötzlich kann es krachen, können dramatische Aufwallungen Phasen der Ruhe unterbrechen. Es ist kaum vorhersehbar, wann und aus welchem Anlass dem gallischen Hahn der Kamm schwillt.

Die Müllfahrer in Marseille streikten im Juni 2006: Die Menschen nahmen es gelassen.

Die französische Gesellschaft ist jederzeit für Überraschungen gut, das macht sie für ausländische Beobachter so spannend.

Staunen darf man auch über manche rabiaten Aktionsformen: Arbeiter sperren die Direktion ein, Bauern kippen Gemüse oder Gülle vor die Präfektur, Winzer lassen den Inhalt von gekaperten Weintankwagen auf die Straße laufen, Studenten blockieren Eisenbahnstrecken, korsische Gewerkschafter entführen eine Fähre aus dem Marseiller Hafen und provozieren Militäreinsätze.

Die Bereitschaft zur Gewalt und zur Grenzüberschreitung ist groß, und recht groß ist auch das Verständnis, das solcher Radikalität seitens der Bevölkerung entgegengebracht wird. Franzosen sind an heftige Konfrontationen gewöhnt, Kompromisse sind ihnen eher fremd. Bei politischen und sozialen Auseinandersetzungen fliegen schnell die Fetzen, erst wird gestreikt, dann verhandelt. Und die Konfrontationsstrategie existiert auf beiden Seiten: Das Prinzip Mitbestimmung ist unbekannt, das Patronat und der Arbeitgeber Staat sind ebenso wenig auf Dialog und Partnerschaft hin orientiert wie die Vertreter der Arbeitnehmerschaft.

Oft schon habe ich von Deutschen bewundernde Töne über die kämpferischen Qualitäten französischer Gewerkschaften gehört, die eine viel besser entwickelte Streikkultur hätten als der zahme und langweilige Deutsche Gewerkschaftsbund (DGB). Das stimmt schon, aber sind die vielen Streiks ein Zeichen der Stärke? Die Bewunderung ist bei näherer Betrachtung zu relativieren. In Frankreich sind die Gewerkschaften schwach, politisch zersplittert und rivalisieren miteinander. Die wichtigsten sind die kommunistisch orientierte CGT (Confédération Générale du Travail), die eher sozialistische CFDT (Confédération Française et Démocratique du Travail) und die sich neutral gebende FO (Force Ouvrière). Außerdem aber existiert noch ein bunter Strauß kleinerer Gewerkschaften. Es herrscht eine großartige Unübersichtlichkeit, die zur Ineffizienz das Ihre beiträgt.

Nicht einmal neun Prozent der Arbeitnehmer sind gewerkschaftlich organisiert, in Deutschland dagegen 29 Prozent. Der DGB mit seiner sozialpartnerschaftlichen Praxis ist in vieler Hinsicht erfolgreicher, auch wenn er nicht mithalten kann, was die Politisierung seiner Mitglieder angeht. Der Einfluss französischer Gewerkschaften beschränkt sich im Wesentlichen auf den öffentlichen Dienst und die staatlichen Unternehmen, im privaten Sektor sind sie nur spärlich vertreten. Gestreikt wird besonders häufig bei den Verkehrsbetrieben, der Eisenbahngesellschaft SNCF und der Pariser RATP. Deren Kunden sind Kummer gewohnt und reagieren auf die periodisch wiederkehrenden Zumutungen mit erstaunlicher Gelassenheit. Schwierig wird es bei Lehrerstreiks. Wenn zwölf Millionen Schüler zu Hause bleiben, bringt das einiges in Unordnung, denn meistens sind ja beide Eltern berufstätig. Dennoch stoßen viele dieser Streikaktionen auf Sympathie, weil es dabei um die Verteidigung des »service public« geht, und damit einer Zivilisation, die den Franzosen lieb und teuer ist.

Gut, dass es Franzosen gibt

Durch ihren Unwillen zum Verhandeln und zur Konsensfindung manövriert sich auch die Regierung gelegentlich in explosive Situationen, so, wenn ohne echte Rücksprache mit den Betroffenen Reformen beschlossen werden. Das kann besonders brisante Folgen haben, wenn es die Welt der Schüler oder Studenten betrifft.

Sehr schnell können sich dann punktuelle Demonstrationen lawinenartig zu landesweiten Großaktionen ausweiten. Zuletzt wollte im Frühjahr 2006 Premierminister Dominique de Villepin sein Gesetz über die Ersteinstellungsverträge für Jungarbeitnehmer ohne jeden Dialog im Eilverfahren durchboxen. Auf die Perspektive einer prekären Existenz mit reduziertem Kündigungsschutz wurde zwei Monate lang mit Universitätsbesetzungen und Massendemos reagiert. Schließlich nahmen an die drei Millionen Studenten daran teil. Und »die Straße« sorgte wieder einmal für das klägliche Einknicken der selbstherrlichen Regierung, die das umstrittene Gesetz zurückziehen musste.

Aber ist das nicht ein Symptom für Frankreichs Unflexibilität und Reformresistenz? Die Essays und Pamphlete, in denen die Schwerfälligkeiten und Blockierungen des französischen Systems angeprangert werden, sind kaum mehr zu zählen. »Déclinologues«, Propheten des Niedergangs, werden ihre Verfasser genannt. »Frankreich fällt«, »Frankreich ist pleite«, »Das französische Unglück«, »Die Gesellschaft der Angst«, so lauten einige Titel dieses erfolgreichen Genres. Seine Autoren, zumeist am amerikanisch-britischen Modell orientiert, geißeln die Unfähigkeit, auf die Herausforderungen der Globalisierung zu reagieren, das Land durch liberale Reformen, etwa die Deregulierung des Arbeitsmarktes, fit zu machen. Rückwärtsgewandt und verblendet seien die Franzosen, ein ängstliches und passives Volk von Neinsagern, das endlich wachgerüttelt werden müsse.

Es gibt allerdings daneben eine ganz andere Sichtweise, der zu Folge etwa das massenhafte Aufbegehren der Studenten gegen die Aufweichung des Kündigungsschutzes als begrüßenswerter Einspruch gegen die neoliberale Zurichtung der Gesellschaft gewertet wird, als Beweis dafür, dass die Fähigkeit der Franzosen zum Widerstand intakt geblieben ist. »Gut, dass es Franzosen gibt«, jubelte ganz in diesem Sinne im März 2006 die Korrespondentin der Berliner *Tageszeitung*. Wo die einen Passivität und Niedergang beklagen, freuen sich andere über den frischen Wind der politischen Avantgarde, der ihrer Meinung nach wieder mal aus Frankreich weht.

In der Tat ist die breitgefächerte Bewegung der Globalisierungskritiker zu einem großen Teil in Frankreich entstanden. Eine ihrer Keimzellen war kurioserweise das weit von Paris entfernte Hochplateau des Larzac in der Region Languedoc-Roussillon, wo alteingesessene Bauern und Zugereiste in den siebziger Jahren gegen die Ausdehnung eines Militärgeländes gekämpft hatten. Unbemerkt von der Pariser Schickeria hat dort der aufsässige Geist von einst überdauert. Und er machte sich auf spektakuläre Weise bemerkbar, als im August 1999 Schafzüchter aus Protest gegen die Handelspolitik der USA eine im Bau befindliche McDonalds-Filiale demontierten. Auf einen Schlag bekannt wurde dadurch José Bové, damals Sprecher der alternativen Bauerngewerkschaft, inzwischen eine Galionsfigur des Kampfes gegen die Orientierungen der Welthandelsorganisation, die totale Durchsetzung des Marktprinzips und den Vormarsch genmanipulierter Lebensmittel.

Bovés linker Bauernverband gehörte auch zu den Gründungsmitgliedern von Attac, das lässt nicht nur an »Angriff« denken, sondern steht für Association pour la Taxation des Transactions Financières et pour l'Aide aux Citoyens – sinngemäß: Verein für die Besteuerung von Finanzspekulationen. Attac hat sich rasch zu einem internationalen Netzwerk der Globalisierungskritiker entwickelt. Neben der Zurückweisung des Neoliberalismus stehen sie für eine Erneuerung des Engagements für die Dritte Welt.

Attac ist aus einer Initiative der Zeitschrift *Le Monde diplomatique*, kurz *Diplo*, hervorgegangen, die ihrerseits ein Dreh- und Angelpunkt dieses neuen politischen Spektrums geworden ist, ein Medium, das gegen die Ideologie vom »Ende der Geschichte« und neoliberales Einheitsdenken zu Felde zieht. Was begonnen hatte als unauffälliges Anhängsel der Tageszeitung *Le Monde*, gegründet mit dem Ziel, französischen Botschaftsangehörigen nützliche Informationen übers Ausland zu liefern, hat sich im Laufe von 50 Jahren zu einem einzigartigen Pressephänomen entwickelt: Mit 33 internationalen Ausgaben und einer Gesamtauflage von 1,9 Millionen Exemplaren, davon 280 000 für die französische Version, außerdem 31 Internet-Ausgaben, dient *Diplo* den Globalisierungskritikern weltweit als intellektuelles Referenzblatt, auch wenn die Zeitschrift mit ihren langen, oft schwierigen Artikeln nicht gerade leicht lesbar ist.

Nachdem im Mai 2005 beim Referendum zur EU-Verfassung 55 Prozent der Franzosen mit Nein gestimmt hatten, fand auf dem Pariser Place de la Bastille ein spontanes Fest mit einigen tausend Teilnehmern statt. Auch wenn Nationalisten und prinzipielle Europafeinde unter den Nein-Sagern waren, kam das Gros doch von der Linken. Für sie war das Nein ein Einspruch gegen den neoliberalen Charakter und das Fehlen sozialer Europa-Perspektiven im Verfassungsentwurf, während andere das sich abzeichnende Ergebnis als schiere Katastrophe betrachteten. Mit einem händeringenden Appell »An unsere französischen Freunde« hatten zuvor deutsche Intellektuelle – unter ihnen Wolf Biermann, Günter Grass, Jürgen Habermas und Gesine Schwan – die eigensinnigen Nachbarn beschworen, doch bitte die Verfassung zu bejahen – vergebens.[59] Anders als in Deutschland war der Text intensiv in der Öffentlichkeit diskutiert worden, das Nein ist daher nicht als diffuse Unmutsäußerung anzusehen. Mit über 70 Prozent war die Beteiligung an der Volksabstimmung außergewöhnlich hoch. Könnte es sein, dass auch in Sachen Europa neue Anstöße von den rebellischen Galliern kommen? Frankreich habe seiner Tradition als politischer Nation Ehre gemacht, den alten Kontinent durchgeschüttelt, bei den Völkern neue Hoffnung und bei den etablierten Eliten Beunruhigung hervorgerufen, triumphierte der Leitartikel von *Le Monde diplomatique* nach der Abstimmung. Damit muss man nicht einverstanden sein. Aber man kann nicht behaupten, dass Frankreich politisch eingeschlafen wäre.

Gesellschaft: Hierarchie und Eigensinn

Das heilige Privatleben

Mehr als die Hälfte der Franzosen sind Besitzer ihrer Wohnung oder ihres Hauses. Das eigene Heim ist eine geheiligte, nach außen abgeschottete Sphäre, die Schutzzone des Privaten. Franzosen sind gesellig, aber vor allem untereinander, im intimeren Kreis von Familie und Freunden.

Verschlossenheit im buchstäblichen Sinne ist besonders in kleinen Städten augenfällig: Um acht Uhr abends werden die Fensterläden zugeklappt, und zwar so hermetisch, dass dahinter nicht einmal das bläuliche Flimmern der Fernsehbildschirme zu erahnen ist. In einem letzten Café ist vielleicht noch Licht, aber das wird auch gleich schließen, die Stühle stehen schon auf dem Tisch. Bonne nuit.

Auch in der Großstadt wird der eigene Dunstkreis verteidigt. Es kann sein, dass man jahrelang in einem großen Wohnhaus lebt, ohne die anderen Parteien kennenzulernen. Nachbarschaftliche Beziehungen halten sich oft in engen Grenzen. In der Regel beschränkt sich der Kontakt auf kurzes Grüßen im Treppenhaus: »Bonjour« oder »Bonsoir«, und immer schön »Madame« oder »Monsieur« anhängen, sonst wirkt es ungehobelt. Trifft man ein Ehepaar, heißt es »Bonjour, Messieurdames!«, bei zwei Frauen »Bonjour, Mesdames!«.

Sollte sich im Lauf der Jahre manchen Mitbewohnern gegenüber eine gewisse Vertraulichkeit entwickeln, werden sie einen mit »Ça va?« begrüßen, wie geht's? Falsch wäre es, auf diese Frage mit längeren Ausführungen über das eigene Befinden zu antworten. Niemand will jetzt hören, dass man Zahnschmerzen, Verdauungsbeschwerden oder gar Eheprobleme hat. Vielmehr lautet die korrekte Abfolge: »Ça va?« – »Ça va! Et vous, ça va?« – »Ça va, merci!« Partikel eines flüchtigen Begrüßungsrituals, die man sich im Vorbeigehen zuwirft. Am Telefon melden sich Franzosen nicht mit ihrem Namen, sondern anonym mit »allô!«

Man tritt einander nicht zu nahe. Falls doch, steht ein universell einsetzbares Wörtchen zur Verfügung. Es lautet: »Pardon!« Wenn man jemanden anrempelt, sich vordrängelt, anderen im Wege steht – immer: »Pardon!« Manchmal hört man »Pardon!« schon, bevor man zur Seite gestoßen wird. Nicht selten hat »Pardon!« einen aggressiven Unterton und bedeutet etwa: »Lassen Sie mich mal durch!« Auf jeden Fall ist es ein unverzichtbares Element im französischen Alltag.

Der abgeschotteten Privatheit des inneren Wohn- und Familienzirkels entspricht überdies in vielen Fällen ein gering entwickelter Gemeinsinn. Fahrgemeinschaften zum Beispiel sind äußerst selten. Desgleichen sind lokale Initiativen, Nachbarschaftsgruppen oder auch nur gemeinsame Aktionen von Hausgemeinschaften, wie man sie aus Deutschland kennt, wenig verbreitet. So meint die in Berlin lebende französische Kulturwissenschaftlerin Béatrice Durand in ihrem lesenswerten Buch »Die Legende vom typisch Deutschen«, sie könne sich schlecht vorstellen, dass eine gemeinsame Hofbegrünung, wie man sie in Berlin und anderen deutschen Großstädten kenne, in Frankreich zustande kommen würde. Ich mir auch nicht. Ist aber zu verschmerzen. Immerhin lässt man sich mittlerweile auf eine vereinfachte Mülltrennung ein.

Wenn Franzosen, was bei den meisten der Fall ist, Eigentümer ihrer Wohnung sind, das heißt, Teil einer Copropriété, einer Besitzergemeinschaft, zwingt sie das ein-, zweimal im Jahr zu Versammlungen. Dabei kommen sie notgedrungen mit anderen Leuten aus dem Haus in Kontakt. Nur sind das keineswegs gesellige Veranstaltungen. Es geht dabei um die Kostenbeschränkung bei anstehenden Reparaturen und Malerarbeiten, um die Abwehr geldgieriger Architekten, um den Kampf gegen das Vorhaben einer Mitbesitzerin, das Treppenhaus mit pseudohistorischen Lampen zu verschönern, gegen den Versuch, als neue Farbe für die Wohnungstüren Pink oder Resedagrün durchzusetzen, oder um das Problem des Hungerkünstlers aus der sechsten Etage, der seit zwei Jahren mit den laufenden Kosten im Verzug ist. Vielen sind solche Miteigentümer-Treffen schon mehr als genug an nachbarschaftlichem Kontakt.

Seit einigen Jahren wird auf Initiative von Abgeordneten und Bürgermeistern für Ende Mai unter dem Namen »Immeubles en fête« die Organisation von Hausfesten propagiert. Anlass war die Entdeckung, dass eine alte Frau in Paris zwei Monate lang tot in ihrer Wohnung gelegen hatte, ohne dass ihre Nachbarn irgendetwas bemerkten. Aber dieser Versuch, nachbarschaftliche Nähe herbeizuzaubern, kommt nicht überall gut an, wie die Tageszeitung *Libération* bei einer Umfrage im Mai 2006 herausfand. Die Reaktionen waren zumeist ablehnend. Gewiss, das sei eine nette Idee und sicher ganz praktisch, wenn man sich mal kennenlerne. Andererseits: Zwangskontakte, Pflicht zur Geselligkeit, plötzliche Intimität mit Leuten, mit denen man sonst nichts zu tun hat – so etwas wurde eher als unangenehm beurteilt. »Ich finde, je weniger man über die Nachbarn weiß, umso besser ist es für alle«, sagte eine der befragten Personen, und das ist eine verbreitete Einstellung.

Aber es geht auch anders. In dem Haus, in dem ich wohne, finden jedes Jahr gemeinsame Feste statt, ohne dass dies etwas mit offiziell lancierten Aktionen und vorgegebenen Daten zu tun hätte. Eher ist das der portugiesischen Concièrge zu danken, deren südlich-soziales Temperament es schafft, die Bewohner zu mobilisieren. Bei diesen Gelegenheiten wird regelmäßig im Hinterhof eine große Tafel aufgebaut, und jeder steuert etwas bei – außergewöhnliche Ereignisse, in deren Verlauf die Leute überraschend aufgetaut sind und ich die soziale und ethnische Vielfalt meines Pariser Hauses überhaupt erst wahrgenommen habe. Inzwischen reden sich manche Bewohner mit Vornamen an: eine Revolution. Ich bin stolz darauf, dass ich die freundliche ältere Dame aus der vierten Etage, die ich im Übrigen natürlich sieze, jetzt mit »Bonjour Annette« begrüßen darf, und entzückt, wenn sie mit »Bonjour Guntääär« antwortet. Aber dazu braucht es ein Weilchen.

Das allgemein vorherrschende Prinzip heißt dennoch »chacun pour soi«, jeder für sich. Man mischt sich nicht ein, auch wenn der Mitmensch es vorzieht, bei Rot über die Straße zu gehen. Und selbst wenn die Nachbarin ihren Hund aufs Trottoir kacken lässt, wird man kaum intervenieren, wie sehr einem der Vorgang auch missfallen mag. Jeder muss selbst wissen, welche Regeln er einhält und welche nicht.

Mag einem anfangs als Fremdling die Tendenz zur Abgrenzung negativ auffallen, so lernt man sie doch mit der Zeit schätzen. Denn die Verteidigung der eigenen Privatsphäre bedeutet auch, dass man die der anderen respektiert. Es ist nicht üblich, die Nase in die Angelegenheiten der Nachbarn zu stecken, sie zu kontrollieren oder zu belehren. Es fehlt erfreulicherweise jedes Blockwart-Gehabe.

Bezeichnend auch, dass das Privatleben öffentlicher Personen kein Anlass für sittliche Empörung ist. Dass die meisten Spitzenpolitiker außereheliche Affären pflegen, ist im Prinzip allgemein bekannt. Genaueres wissen meist die Medienleute, plaudern auch gern untereinander genüsslich über Personalia und pikante Einzelheiten, schlachten ihr Wissen aber selten aus. Nicht mal die Regenbogenpresse hat sich über Mitterrands Mätressen und Chiracs Freundinnen echauffiert. Ein Clinton-Lewinsky-Skandal wie in den USA wäre in Frankreich undenkbar. Zum einen, weil sich niemand für eine solche amtliche Schnüffelei hergeben würde, zum anderen aber auch deshalb, weil sexuelle Eskapaden hierzulande kaum als ehrenrührig gelten. Im Gegenteil: Wenn so etwas an die Öffentlichkeit dringt, löst es eher ein anerkennendes Schmunzeln aus – alter Schwerenöter! Lässt nichts anbrennen! Zierde der französischen Männlichkeit!

Kinder, Karriere, Familie

Die hohe Geburtenrate in Frankreich erscheint, den Niedergangspropheten zum Trotz, als Anzeichen für einen gewissen Optimismus. Sie ist nach Irland die höchste in Europa, mit durchschnittlich 2 Kindern pro Frau im Jahr 2006, während Deutschland mit 1,36 weit zurückliegt. Förderlich für die Gebärfreude ist zweifellos die Vereinbarkeit von Nachwuchs und Berufstätigkeit. Die Frage »Kinder oder Karriere?« stellt sich für Französinnen nicht, anders als für viele deutsche Frauen. Eine gut ausgebaute Infrastruktur aus Krippen und Ganztagsvorschulen hat zur Folge, dass 80 Prozent der französischen Mütter von zwei Kindern berufstätig sind. Dass eine Mutter arbeiten geht, gilt als völlig selbstverständlich. Drei Monate nach der Niederkunft sind die meisten wieder auf dem Posten und nehmen das Angebot von Kinderkrippen und Tagesmüttern in Anspruch. Mit drei Jahren kommen die Kleinen dann in die Ecole Maternelle, die Ganztagsvorschule. Der vor allem in Westdeutschland sehr verbreitete Gedanke, das Kind dürfe nicht aus der Geborgenheit der Familie herausgerissen werden, es müsse für sein Wohlergehen möglichst viel und lange mit der Mutter zusammen sein, ist französischen Familien fremd.

Eher halten sie eine möglichst frühe Sozialisierung für wünschenswert. Französische Mütter empfinden nicht die Verpflichtung, sich ihren Kindern so total zu widmen, wie das vielen deutschen Frauen unabdingbar erscheint, nicht zuletzt, weil es in Deutschland bislang einer sozialen Forderung entsprach – ein Kinderkult, der dem Kinderkriegen letztlich entgegenwirkte.

Die Franzosen organisieren ihr Leben nicht im gleichen Maße um das Kind herum, wie das in Deutschland vielerorts üblich ist. Deutsche Mütter in Frankreich befinden sich oft in einer zwiespältigen Situation. Zwar erscheint ihnen die Möglichkeit, trotz Kind berufstätig zu sein, als attraktiv, aber beim Gedanken, die Kleinen in die Krippe wegzugeben, melden sich Widerstand und Schuldgefühle. Weniger problematisch ist dann die Ecole Maternelle. Sie ist Teil des kostenlosen staatlichen Erziehungssystems, aber nicht obligatorisch. Gleichwohl wird sie von 90 Prozent der französischen Kinder frequentiert. Dort wird mehr gelernt als in einem deutschen Kindergarten, zwar auf spielerische Weise, aber nach einem Lehrprogramm. Und es werden schon ein wenig die Leistung und die sozialen Fähigkeiten beurteilt. Auch bei vielen zugezogenen Deutschen stößt die Maternelle auf Zustimmung.

Einrichtungen zur Kinderbetreuung, die die Berufstätigkeit der französischen Frauen begünstigen, gehen nicht auf feministische Forderungen, sondern auf die Schulpolitik der Dritten Republik und die Bevölkerungspolitik im Nachkriegsfrankreich zurück. Vergessen ist inzwischen, dass Frankreich einmal das Land mit der weltweit niedrigsten Geburtenrate war. »Frankreich ist verloren, weil es bald keine Franzosen mehr gibt«, warnte 1920 Regierungschef Georges Clemenceau. Die Nachwuchsfrage war ein politisches Dauerproblem. »Frankreich braucht zwölf Millionen Babys«, rief de Gaulle 1945, es folgten resolute Maßnahmen zur Familienförderung und Kinderbetreuung, und bald war das Ziel erreicht.

Der hohe Anteil im Beruf stehender Frauen erklärt sich aber auch dadurch, dass viele Familien mit einem einzigen Gehalt kaum über die Runden kämen, zumal in teuren Städten wie Paris. Wenn auch in Frankreich viele Frauen immer noch weniger verdienen als ihre männlichen Kollegen und mehr Zeitjobs besetzen, hat die Normalität weiblicher Berufstätigkeit dennoch einen relativ hohen Prozentsatz von Frauen in höheren Stellungen zur Konsequenz. Zahlreicher als anderswo in Europa sind in Frankreich

Frauen im Spitzenmanagement vertreten. Powerfrauen mit mehreren Kindern, eine für Deutsche eher ungewöhnliche Vorstellung. Die vierfache Mutter Ségolène Royal ist ein gutes Beispiel für die Kombination von Kindern und Superkarriere. Während bei der Militärparade zum 14. Juli seit neuerem auch Soldatinnen mit Sturmgewehr aufmarschieren, spielt Feminismus im Sinne einer militanten Frauenbewegung eine marginale Rolle, auch wenn Fragen der Frauenemanzipation immer wieder die Öffentlichkeit bewegt haben, so etwa 1971, als sich in einem Manifest 343 prominente Frauen, unter ihnen Simone de Beauvoir, Catherine Deneuve, Jeanne Moreau oder Françoise Sagan bezichtigten, abgetrieben zu haben. Die dadurch ausgelöste Diskussion mündete 1975 in einem Gesetz, das den Schwangerschaftsabbruch – französisch IVG-Interruption volontaire de grossesse – legalisierte. In letzter Zeit haben die Aktionen der »Chiennes de garde«, die den Sexismus in Politik und Medien attackieren, eine gewisse Aufmerksamkeit erlangt. Die »Wachhündinnen« treten auf den Plan, wenn Politiker oder Gewerkschafter Macho-Allüren gegenüber Politikerinnen an den Tag legen, und ziehen gegen Werbung zu Felde, die sie als frauenfeindlich empfinden, während sie andererseits auch einen Preis für besonders frauenfreundliche Werbung verleihen.

Im sozialen Milieu der Vorstädte ist vor einigen Jahren eine andere neuartige Variante der Frauenbewegung entstanden. Sie nennt sich »Ni pute ni soumise« – sinngemäß: Wir sind weder Nutten noch unterwürfig – und kämpft gegen die Misshandlungen von Mädchen in den Banlieue-Siedlungen, die nicht selten Opfer gewaltsamer Übergriffe werden. Oft schwingen sich ältere Brüder zu Tugendwächtern auf und setzen sie wegen ihres Aufbegehrens gegen einen angeblich islamischen Kleidungs- und Verhaltenskodex unter Druck.

Diese Gruppen haben durchaus auch männliche Sympathisanten. Überhaupt gibt es wenig weibliche Selbstabgrenzung. Die deutsche Frauen-Sonderkultur mit Frauenfrühstücken, Frauenparkplätzen und Frauenbuch-Reihen sucht man in Frankreich vergebens. Hingegen betonen französische Frauen in der Regel ihre Feminität. Auch manche kritische Intellektuelle oder linksradikale Aktivistin legt Wert auf schicke Kleidung und gekonntes Make-up. Ihr weibliches Selbstbewusstsein schließt nicht aus, dass sie auf Männer attraktiv wirken möchte und sich über Kompli-

*Am Pariser Panthéon steht eingemeißelt: »Den großen Männern –
das dankbare Vaterland«. 2004 war ebenda eine Ausstellung
»Den großen Frauen« gewidmet.*

mente freut. Die werden von französischen Männern ja auch häufig gemacht – bei diesem Spiel zwischen den Geschlechtern agieren die Franzosen viel leichtfüßiger als die Deutschen.

Mit Verstörung reagieren junge deutsche Frauen oft darauf, wenn man sie fragt: »Mademoiselle ou Madame?« Manchmal werden sie gar von vornherein mit »Mademoiselle« angesprochen, wo doch daheim das »Fräulein« endgültig verabschiedet worden ist. Aber die französische Anrede für unverheiratete Frauen hat nicht den gleichen Stellenwert wie »Fräulein« und wird von den Französinnen viel eher akzeptiert. Manche schätzen es sogar, wenn man sie mit »Mademoiselle« statt »Madame« anspricht, denn damit wird signalisiert, dass man sie weiterhin für jugendlich und begehrenswert hält. Einige unverheiratete ältere Damen fordern diese Anrede geradezu ein, so etwa die durchaus frauenbewegte Catherine Deneuve, die, obwohl Mutter zweier Kinder, als »Mademoiselle Deneuve« tituliert werden will. Oder Jeanne Moreau, die jedem harsch über den Mund fährt, der sie als »Madame Moreau« anzusprechen wagt, so reizend und zugänglich sie ansonsten auch sein mag.

Sehr traditionell wirkt der Familienzusammenhalt. Es hat in Frankreich nicht einen solchen Bruch zwischen den Generationen gegeben wie in Deutschland, die Familie hat ihre Bindekraft bewahrt, und zwar über den engen Kern hinaus. Bei Familienfesten kommen bisweilen ganze Sippen aus Großeltern, Onkel, Tanten, Schwägern, Schwägerinnen, Vettern, Nichten und Neffen zusammen, Anlässe zum ausgiebigen Tafeln und Tratschen. Familie ist a priori etwas Positives. Pierre, ein französischer Bekannter, freut sich jedes Jahr auf das rituelle Treffen mit sämtlichen seiner zahlreichen Cousins und Cousinen in der Provence, bei dem man sich ein Wochenende lang gegenseitig auf den neuesten Stand bringt und es sich ansonsten gutgehen lässt. Und Britta, eine junge Deutsche, erzählt beeindruckt von der alljährlichen Ferienwoche, die der ganze Clan ihres französischen Ehemanns gemeinsam in der Bretagne in einem alten Haus der Familie verbringt. Unter den Leuten, die da aus verschiedenen Landesteilen zusammenkommen, gibt es auch welche, die einander nicht sonderlich schätzen, sagt sie, aber diese eine Woche würden sich alle zusammenreißen und Streit vermeiden, den Altvorderen zuliebe.

Der Lebendigkeit der Familientradition scheint zu widersprechen, dass in Frankreich fast die Hälfte aller Kinder außerehelich zur Welt kommt. Aber die Ehe ist nicht mehr die notwendige Form, in der Familie stattfindet. Von sechs Prozent im Jahr 1965 ist die Zahl der außerehelichen Geburten 2004 auf 47 Prozent gestiegen (in Deutschland waren es im gleichen Jahr lediglich 28 Prozent). Angesichts dieser Evolution wurde im Jahr 2005 die aus dem Code Napoléon stammende rechtliche Unterscheidung zwischen »unehelichen« und »legitimen« Kindern gestrichen.

Seit 1999 haben unverheiratete Paare die Möglichkeit, einen PACS (Pacte Civil de Solidarité) zu schließen, der ihrer Verbindung ein rechtliches Statut verleiht und Steuererleichterungen gewährt. Der französischen Sprache wurde dadurch das neue Verb »pacser« beschert. Gedacht war der PACS ursprünglich für Homosexuelle, aber von Jahr zu Jahr »pacsen« nun auch immer mehr heterosexuelle Paare.

Schule als Schicksal

Eine Hauptsorge französischer Eltern wird stets die Schulkarriere ihrer Kinder sein. Sie sollen schließlich so weit kommen wie möglich in der Hierarchie der Gesellschaft, und die ist bestimmt durch

Bildungsabschlüsse. Sie sind der Schlüssel zu einem guten Beruf, zur Karriere, und bitte nach Möglichkeit im Staatsdienst. Das Schulsystem ist die Gussform, in der die Franzosen ihre definitive Gestalt gewinnen.

Für die wünschenswerte Laufbahn gilt es, den Nachwuchs so früh wie möglich auf die richtigen Gleise zu setzen. Der Nicht-Franzose hält kaum für möglich, wie extrem wichtig das genommen wird. Das Kind kann noch nicht sprechen, da zerbrechen sich Maman und Papa schon den Kopf darüber, wie sie ihrem kleinen Genie die günstigsten Bedingungen für seinen schulischen und somit sozialen Aufstieg verschaffen können. Von Anfang an müssen es die »richtigen« Schulen sein. Die Schule wird durch den Wohnort bestimmt, und in den »besseren« Vierteln ist das schulische Niveau höher, sind die Chancen größer, weiter nach oben zu kommen. Dafür werden Opfer gebracht: Wenn ein Umzug nicht in Frage kommt, werden mitunter Zimmer gemietet oder Adressen getürkt.

In der Maternelle, die Kinder zwischen drei und sechs Jahren aufnimmt, geht es noch recht entspannt und spielerisch zu, und doch herrscht auch hier schon in Ansätzen ein Geist normativer Erziehung, wie es die Geschichte von Ninas Huhn illustriert. Nina ist die Tochter meiner deutschen Kollegin Stefanie. In ihrer Vorschulklasse wurde ihr beigebracht, wie man ein Huhn malt, und zwar nach einem streng vorgegebenen geometrischen Schema, Abweichungen wurden nicht geduldet. Als Stefanie Nina abholte, zuckte sie zusammen: das Klassenzimmer war mit 27 identischen, brav von den Kindern nachgemalten Klonhühnern tapeziert. Ihrer Tochter sagte sie dann abends, in der Schule solle sie das Huhn ruhig so malen, wie das die Lehrerin verlange, ansonsten könne sie es aber auch ganz anders malen, es gebe viele Möglichkeiten, ein Huhn darzustellen. Nina sah das ein, aber ihr französischer Vater überhaupt nicht. »Er regte sich furchtbar auf und sagte, auf diese Weise erzöge ich seine Tochter zu einer Rebellin, die es schwer haben werde, sich im französischen Schulsystem und in der Gesellschaft zurechtzufinden. Das machte mich dann doch stutzig!« Stefanie sprach mit anderen französischen Eltern darüber, die alle derselben Meinung waren wie Ninas Vater. Die Schule ist viel zu ernst und wichtig, um als Terrain für künstlerische Freiheiten oder fröhliche Eigensinnigkeiten missbraucht zu werden.

Ab der Ecole Primaire, der fünf Jahre dauernden ganztägigen Grundschule, wird auf Leistung getrimmt. Früh beginnt der Kampf um die soziale Rangordnung, die Konkurrenz um die ersten Plätze. Die nächste Stufe dieses von den Eltern angefeuerten schulischen Langstreckenlaufs ist das Collège, eine vierjährige Gesamtschulstufe für alle bis zum 15. Lebensjahr.

Der pädagogische Stil, wenn man das überhaupt so nennen will, ist im gesamten Schulsystem der gleiche und scheint quasi unverändert aus dem 19. Jahrhundert übernommen worden zu sein: Frontalunterricht, monologisierende Lehrer, mitschreibende Schüler. Aktive Beteiligung, Diskussionen, Kritik sind nicht üblich und auch nicht erwünscht. Spezielle Angestellte, Surveillants, überwachen Anwesenheit und ordnungsgemäßes Verhalten, notieren Verstöße in einem Heft, das den Eltern vorgelegt werden muss. Deutsche Austauschschüler wundern sich regelmäßig über die emotionale Distanz zwischen Lehrern und Schülern. Außerdem registrieren sie das Fehlen von Gruppenarbeit, die das gemeinsame Lösen von Problemstellungen ermöglichen würde. Aber Kooperation ist eben hier kein Lernziel.

Egalité steht häufig noch in eingemeißelten Lettern über den Eingängen der älteren Etablissements. Der Idee der Gleichheit ist die republikanische Schule zutiefst verpflichtet. Aber Kinder, die in einer »sensiblen« Vorstadtgegend zur Schule gehen, haben kaum die gleichen Bildungschancen wie Schüler aus den Nobelvierteln.

Ein Ausweg aus dem Dilemma der öffentlichen Schulen, in denen mancherorts das Klima rau und gewalttätig ist, in deren Klassen möglicherweise zu viele Immigrantenkinder sitzen und aufs Niveau drücken, sind die katholischen Privatschulen. Sie sind sozial homogener, weil kostenpflichtig, nicht jeder kann sie sich leisten. Der Zulauf steigt von Jahr zu Jahr, inzwischen werden sie von mehr als zwei Millionen Schülern besucht. Sie ebnen den Kindern der Wohlhabenderen den Weg zur ersten große Hürde, dem Baccalauréat (Bac), das dem deutschen Abitur entspricht.

Für die Bac-Anwärter folgen auf das Collège drei weitere Jahre im Lycée, dem Gymnasium. Aber Bac ist nicht gleich Bac und Lycée nicht gleich Lycée. Schwächere Schüler finden sich in den Lycées professionnels wieder, die auf einen direkten Einstieg ins Berufsleben vorbereiten. Von den besten Lycées aber gibt es Rangfolgen, die jedes Jahr in den Nachrichtenmagazinen aufgeführt werden. Ihre Qualität bemisst sich am Prozentsatz derer, die das Abitur schaffen, und möglichst noch mit einer guten Note. Nach dem ersten Jahr im Gymnasium müssen sich die Schüler schon für einen Zweig entscheiden, der zu einer bestimmten Art von Bac führt. Das höchste Prestige ist mit dem Mathematik-Abitur verbunden. Es bezeugt angeblich scharfe Denkfähigkeit und begünstigt das Erklimmen weiterer Bildungsgipfel.

Die Prüfungen werden nicht den einzelnen Schulen überlassen, sondern zentral geregelt. Zum selben Zeitpunkt schreiben die Abiturkandidaten im Einflussbereich einer Akademie über exakt dieselben, bis dahin streng gehüteten Themen Abiturarbeiten, die dann anonym bewertet werden. Die Lehrprogramme, die dem vorausgingen, waren bereits landeseinheitlich. Auf dieser formalen Ebene funktioniert es also, das Prinzip der Egalité.

Grande Ecole oder Universität?

Das bestandene Bac berechtigt zum Besuch einer Universität, aber weitaus begehrter ist das Studium an einer Grande Ecole. Der Weg in eine dieser staatlichen Elitehochschulen führt über einen Zulassungswettbewerb, auf den wiederum zwei, drei Jahre lang die Classes préparatoires genannten Paukschulen vorbereiten. Diese sind entweder privat und teuer oder öffentlich, in beiden Fällen aber äußerst wählerisch. Sie suchen sich ihre Schüler nach Abiturnoten und Herkunftsschule aus, denn ihr eigener Ruf hängt von ihrer Erfolgsquote ab. Die Tochter einer Bekannten, die in der Provinz ein glänzendes Bac geschafft hatte und sich stolz bei einer Pariser Vorbereitungsschule vorstellte, musste erfahren, wie wenig ihre Leistung galt. Von oben herab wurde ihr beschieden, von ihrem Gymnasium habe man noch nie gehört. Geknickt zog sie von dannen. Die erfolgreichsten Lycées befinden sich nun einmal in Paris.

Schon im Ancien Régime hatte der Zentralstaat mit der Einrichtung seiner »Großen Schulen« in Paris begonnen. Zunächst ging es darum, eine technische Elite heranzuziehen. Den Anfang machte eine Schule für das Ingenieur- und Bauwesen, die 1747 vom König gegründete Ecole des Ponts et Chaussées, der die endlosen schnurgeraden Straßen durchs Hexagon zu verdanken sind. 1783 folgte die Bergbauschule Ecoles des Mines. Während der

Revolution entstanden die dem Militär unterstellte Ecole Polytechnique und die heute in der Pariser Rue d'Ulm angesiedelte Ecole Normale Supérieure (ENS), zur Ausbildung der Lehrer-Elite, deren Absolventen respektvoll als »Normaliens« bezeichnet werden.

Die Funktion dieser Grandes Ecoles ist es, das Führungspersonal der Republik zu produzieren. Wer dort aufgenommen wird, bekommt ein üppiges staatliches Stipendium, die Studenten der Verwaltungshochschule ENA (Ecole Nationale d'Administration) beziehen sogar gleich nach ihrer Aufnahme ein Gehalt. Diese Hochschulen sind hervorragend ausgestattet, dort lehren die besten Spezialisten, es herrscht ein angenehmer Umgangston. Die Studenten der Grandes Ecoles stammen in der Regel aus den mittleren bis oberen Gesellschaftsschichten. Sie hatten von vornherein gute Startbedingungen oder ehrgeizige Eltern. Wer durchs Sieb der Aufnahmeprüfungen fällt, dem bleiben die normalen Universitäten. Gegenüber den Grandes Ecoles haben sie keinen guten Ruf. Das Prinzip Elite spiegelt sich in den Zahlen: 1,3 Millionen Universitätsstudenten stehen etwa 150 000 Grande-Ecole-Studenten gegenüber. Anfangs wunderte ich mich, dass die Studenten ihre Universität »fuck« nannten. War es so schlimm? Nein, es heißt natürlich »fac«, das kommt von »faculté«.

Viele französische Universitäten machen einen schäbigen, vernachlässigten Eindruck. Frank, ein Dresdner Student der Kommunikationswissenschaft, kam für ein Erasmus-Jahr nach Frankreich und landete in »Paris XII«, einer Vorstadt-Uni von begrenztem Charme: »Aufgeplatzte Wände, wo Schaumstoff austrat, flackernde Neonröhren. Kabel, die aus den Wänden hingen, wackelnde Tische, Stühle, die zusammenklappten. Alles wirkte irgendwie marode!« Universitäten sind unwohnliche Stätten. Aber niemand käme auf die Idee, sich dort wohl fühlen zu wollen. Es sind Orte der Askese, sie haben etwas von einer Kaserne oder einem Kloster. Was den Stil des Lehrbetriebs angeht, besteht kaum ein Unterschied zur Schule: Gleichmäßig aufgereiht sitzen die Studenten dem dozierenden Professor gegenüber. Es gab deutsche Gastdozenten, die sich in den Kopf gesetzt hatten, die Tische in kommunikationsfördernde Hufeisenform umzurücken. Das hat nicht lange gedauert, die Studenten selbst legten keinen Wert darauf. Diskussionen und Versuche von Teamarbeit gelten als Zeitverschwendung. Es geht für jeden Einzelnen darum, sich das für die nächste Prüfung notwendige Pensum einzutrichten. Dazu wird eifrig mitgeschrieben – die französischen Studenten entwickeln dafür sogar eigene Abkürzungssysteme –, wobei deutsche Gaststudenten natürlich nicht mithalten können.

Befremdlich auch das autoritäre Gebaren des Lehrpersonals. Als Student in Frankreich sei man längst kein Erwachsener, gelegentlich werde man sogar angebrüllt, sagt Frank. Kritische Bemerkungen zu dem, was der »Prof« sage, seien absolut unerwünscht. Ich selbst erinnere mich daran, wie ich einmal in einem Kurs an der »Sorbonne« einen höflichen Einwand zu den Ausführungen des Dozenten gewagt habe. Der lief daraufhin puterrot an und bekam einen Schreikrampf. Viele Jahre ist das her. Aber offenbar hat sich nicht viel geändert.

Um an die Uni zu kommen, braucht man zwar nur das Bac vorzuweisen, aber dann erfolgt das jährliche Ausfiltern durch Prüfungen. Schon nach dem ersten Jahr fallen sehr viele durch. Nach und nach scheitert der größte Teil jedes Jahrgangs. Kein sehr ermutigendes Prinzip.

Der Druck ist groß, da findet kein ausgeprägtes Studentenleben statt. Dennoch weiß der Dresdner Student von Feten mit französischen Kommilitonen zu berichten: »Das waren absolute Drogenabende. Da wurde sofort der Joint hervorgeholt. Es kam gar nicht erst zu interessanten Gesprächen, übers Studium oder ›Wo kommst du her?‹ Sondern da war gleich eine Woodstock-artige Stimmung, in der man bloß zusammenhockte, rauchte und sich gehenließ. Das waren die einzigen Momente, wo sich mal ein Ventil öffnete.« Ähnliches hört man von Gymnasien. Der Cannabis-Konsum junger Franzosen ist der höchste in Europa. Ob der Grund dafür wirklich das Bedürfnis ist, den Schul- und Uni-Stress zu kompensieren, sei dahingestellt.

Bei all der herben Kritik an den Zuständen und Methoden in der französischen Universität wird dem System von deutschen Studenten doch auch etwas zugutegehalten: Man ist gezwungen, sich zunächst einen Grundstock von Wissen anzueignen, während an deutschen Unis sofort und ohne tiefere Kenntnisse das Diskutieren und Hinterfragen einsetzt. Dementsprechend gern besuchen deutsche Studenten in Frankreich die französischen Überblicksvorlesungen zu einzelnen Fachgebieten. Bloß bleibt es dann eben leider bei der Stoffhuberei, es wird kaum gelernt, mit dem Gelernten souverän umzugehen.

Die Education nationale, auch der »Mammuth« genannt, ist mit über einer Million Beschäftigten Frankreichs größtes Unternehmen. Das nationale Bildungswesen ist die republikanische Einrichtung par excellence, ihre Aufgabe ist es, die soziale Emanzipation zu gewährleisten. Aber sie funktioniert nicht mehr, wie sie soll. Jedes Jahr verlassen 150 000 Schüler ohne jeden Abschluss die Schule. Auch das zweigeteilte Hochschulwesen wird immer stärker kritisiert. Der Elitesektor, der nur vier Prozent der Studenten betrifft, verschlingt 30 Prozent des Hochschulbudgets. Frankreichs Universitäten hingegen sind dramatisch unterfinanziert und geraten international ins Hintertreffen. Schon seit längerem sind Rufe nach tiefgreifenden Reformen des Bildungssystems zu hören. Bislang sind die meisten Versuche gescheitert.

Auf jeden Fall hat das System die Mentalitäten geprägt. Die französische Gesellschaft ist durchdrungen vom Prinzip des Concours, der Wettbewerbe um erste, zweite, dritte Plätze. Alles und jedes wird klassifiziert und aufgelistet. Nicht nur werden die Menschen permanent geprüft, benotet und eingestuft, nach dem gleichen Modell werden auch regelmäßig, besonders gern in den Wochenmagazinen, irgendwelche Rangfolgen aufgestellt, ob es sich um die fünf erfolgreichsten Unternehmen handelt, die zwanzig Städte mit der besten Lebensqualität, die fünfzig schönsten Dörfer, die hundert besten Krankenhäuser. Aber natürlich sind da auch die Toplisten der Küchenchefs, Sommeliers und Bäcker, die jährlichen Wettbewerbe um die besten Handwerker Frankreichs – alles strebt nach dem Palmarès, den vorderen Plätzen im großen Ausscheidungskampf des Daseins.

Betriebskultur

Was in Schule und Studium eingeübt wurde, prägt dann sehr deutlich auch das Berufsleben, sowohl was die Vorstellung von Autorität und festgelegten Rangfolgen betrifft, als auch den Arbeitsstil.

Meinen ersten Job in Frankreich hatte ich in einer jener großen Staatsfirmen, in denen alle Franzosen am liebsten arbeiten würden – ein Betrieb wie eine große Mutter, in dem man sich geborgen fühlen konnte. Das Betriebskomitee bot günstige Urlaubsreisen, reduzierte Tarife für Fitness-Klubs, Preisnachlass in

Hifi-Geschäften, verbilligte Weihnachtsgeschenke und vieles mehr an. Die Kantine war für meine damaligen Begriffe hervorragend, man verbrachte erstaunlich lange Zeit dort. Angenehm war auch die Cafeteria, wo man zwischendurch kleine Pausen einlegen konnte.

»La boite«, die Schachtel, nennen die Angestellten ihr Unternehmen. Es schützt und behütet, bietet Sicherheit und Aufstiegsmöglichkeiten. Allerdings nur bis zu einer gewissen Schwelle, je nach Diplom. Die unsichtbaren Grenzen innerhalb der »boite« werden respektiert, jeder hat seinen Platz auf der Stufenleiter. Als mich damals eine Dame aus der Personalabteilung fragte: »Wer ist Ihre Hierarchie?«, dachte ich, ich hätte mich verhört. Aber der Ausdruck ist üblich. Meine Hierarchie ist eine Person. Und zwar jene, die direkt über mir steht und für mich zuständig ist. Und meine Hierarchie hat natürlich ihrerseits eine Hierarchie.

Die Arbeitsverhältnisse sind viel deutlicher hierarchisiert als in Deutschland und anderen Ländern des nördlichen Europa. Herablassend-gönnerhaft scherzt der Chef, dankbar und pflichtschuldig lachen die Angestellten. Wenn der Vorgesetzte seine Untergebenen mit Vornamen anredet, ist das Umgekehrte keineswegs erwünscht. In der Arbeitswelt werden die gleichen Regeln und Verhaltensformen reproduziert, die zuvor zwischen Lehrer und Schülern, Professoren und Studenten galten.

Zur Hierarchie gehört die Vorzimmer-Funktion, die abwimmelnde Sekretärin. Je schwieriger zugänglich, umso bedeutender die Person. Um, etwa als Journalist, an einen höheren Funktionsträger heranzukommen, ob in einem Ministerium oder einer Firma, sind Geduld und Hartnäckigkeit vonnöten. Man wird hingehalten – »Er ist gerade in einer Besprechung« –, vertröstet – »vielleicht nächste Woche ...« – und nie zurückgerufen. So etwas dauert fünfmal länger als in Deutschland, wenn es überhaupt je klappt.

In vieler Hinsicht geht es förmlich zu. Aus einer anderen Zeit scheinen die Höflichkeitsfloskeln im Briefverkehr zu stammen. Statt M. f. G. heißt es da beispielsweise: »Je vous prie d'accepter, Monsieur, l'expression de mes sentiments les plus respectueux« (Ich bitte Sie, mein Herr, den Ausdruck meiner respektvollsten Empfindungen entgegenzunehmen) oder auch: »Veuillez agréer, Monsieur, l'assurance de ma considération distinguée«, (Genehmigen Sie, mein Herr, die Versicherung meiner ausgezeichneten

Hochachtung). Ganz allmählich setzten sich knappere Formeln durch. Es ist vor allem die E-Mail-Praxis, die für reinigende Durchlüftung sorgt.

Die französische Unternehmenskultur ist radikal verschieden von der deutschen, was sich beim Aufeinandertreffen beider oft als Quelle von Problemen erweist. Zu solchen Kontakten gibt es oft Gelegenheit: An mehr als 1000 deutschen Firmen sind französische beteiligt, und noch mehr französische Firmen sind teilweise in deutscher Hand, immer häufiger kommt es zu Kooperationen und Fusionen, aber auch zu Kulturschocks. »Vor 20 Jahren dachte man noch, das sei ein reines Sprachproblem. Aber heute weiß man, dass die Franzosen wirklich anders ticken als die Deutschen«, sagt Jochen Peter Breuer, der sich mit seiner Firma JPB Consulting auf Probleme zwischen deutschen und französischen Firmen spezialisiert hat. In einem attraktiven Anwesen an der Marne bei Melun südlich von Paris veranstaltet er Seminare für Manager aus beiden Ländern, bei denen bekämpft wird, was er »emotionale Viren« nennt, insgeheime Aversionen, die auf Unkenntnissen der anderen Seite beruhen. Da wären etwa Illusionen über eine gemeinsame Zielsetzung: Man müsse begreifen, sagt Breuer, dass für Franzosen Partnerschaft ein notwendiges Übel sei. Franzosen seien nicht auf Kooperation hin ausgebildet, sondern immer darauf, Macht zu erlangen, die strategische Führung über das Unternehmen zu gewinnen. Auch was den Weg der Entscheidungsfindung angehe, gebe es wenige Ähnlichkeiten. »So wird der Deutsche darauf trainiert, Konsens in der Gruppe zu finden. Und der Franzose wird heute genau wie seit Jahrzehnten auf das Gegenteil hin getrimmt.« Wer zu Kompromissen gelangt, hat sich »kompromittiert«, hat nachgeben müssen, also Schwäche gezeigt. Fremd ist Franzosen das Prinzip des Teamworks. Mögen die Deutschen kollektive Entscheidungen am runden Tisch vorziehen, in Frankreich ist die Pyramidenstruktur mit dem Chef an der Spitze die Regel.

Sehr unterschiedlich sind in beiden Ländern die Voraussetzungen, welche die Chefs zu Führungsaufgaben qualifizieren. In Deutschland ist es vor allem die fachliche Kompetenz, die oftmals durch lange Zugehörigkeit im Betrieb erworben wurde, während in Frankreich für die Betriebsspitze Generalisten bevorzugt werden, die in der Regel von außen kommen und oft durch die Abschlussprüfung einer Elitehochschule legitimiert sind. Von dort bringt so ein französischer Chef, der oft sehr viel jünger ist als seine Untergebenen, auch das entsprechende Selbstbewusstsein mit. Er hat zunächst keine Ahnung vom Geschäft, arbeitet sich aber schnell ein. »Generalist« bedeutet, dass er heute im Erdölbereich tätig sein kann, morgen in der Autoindustrie, übermorgen in der Verwaltung der Pariser Verkehrsbetriebe oder im Kabinett eines Ministers.

Eine andere Quelle von Missverständnissen hat allerdings weniger mit Hierarchie und Führungsstil als mit Lebensart zu tun. Sie betrifft, was auf Französisch Convivialité genannt wird, eine Qualität, der das urdeutsche Prinzip »Dienst ist Dienst und Schnaps ist Schnaps« zuwiderläuft. Die deutschen Geschäftspartner sind sachorientiert und wollen ihre Tagesordnung abspulen, die Franzosen, die eine weniger rigide Zeiteinteilung haben, tendieren dazu, das Treffen mit angenehmen Intermezzi aufzulockern, die zum Kennenlernen und zum Betonen der menschlichen Dimension dienen. Und besonders geeignet erscheint hierzu ein ausgiebiges Essen samt der damit verbundenen Konversation. Dies aber wird oft gründlich verkannt, wie Jochen Peter Breuer immer wieder feststellen muss: »Die Deutschen gehen auf diese ›Annäherungsversuche‹ der Franzosen nicht ein, sondern meinen, so etwas könne man doch nach Feierabend machen – ein Wort, das es im Französischen nicht gibt.« Sie sehen Zeitverschwendung und Ablenkung vom Eigentlichen, wo es doch um vertrauensbildende Maßnahmen geht, eingebettet in ein Zentralelement der französischen Zivilisation. Viel zu lange dauert so ein Menü. Die Deutschen werden nervös und denken an den Rückflugtermin. Und verpassen die Gelegenheit, im Rahmen der heiligen Institution des Geschäftsessens der französischen Seite näherzukommen. Stattdessen bestätigen sie das typische Wahrnehmungsklischee der Franzosen: Die Deutschen scheren sich nicht ums Atmosphärische und wollen bloß stur ihre Punkte abhaken.

Große deutsche Firmen wissen inzwischen um solche Schwierigkeiten und schicken ihre Manager zwecks Abfederung des deutsch-französischen Kulturschocks in interkulturelle Trainingsprogramme. Breuer und seinen Mitstreitern wird die Arbeit so schnell nicht ausgehen.

La Bouffe: eine verzehrende Leidenschaft

Das Essen, la Bouffe, ist ein Zentralwert der französischen Gesellschaft. Wer sich darauf nicht einlässt, wird wenig Zugang zum Leben dieses Landes haben und sich selbst um möglicherweise großartige Erfahrungen bringen.

Eine gute Einstimmung auf die Thematik ist der sonntagvormittägliche Besuch auf einem Markt. Während Berufstätige an Wochentagen in der Betriebskantine oder unprätentiösen Lokalen unweit ihrer Arbeitsstätte essen, wird am Sonntag gern der Tradition gehuldigt. Da wird aufwändig gesotten, geschmurgelt, gegrillt und gebrutzelt. Und für all das muss natürlich eingekauft werden, sei es auf den Sonntagsmärkten oder in den Einkaufsstraßen, deren Lebensmittelläden ebenfalls geöffnet haben.

Die Laune bei Händlern und Kunden ist auffallend gut. Es wird gescherzt, gelacht und gequatscht. Etwas wie eine friedliche Komplizenschaft ist zu spüren, als gehöre man zur selben Religionsgemeinschaft. Und was für eine Freude, dem Metzger zuzuschauen, wie er fachgerecht das Fleisch für den Braten bearbeitet, es liebevoll in der Hand wiegt und streichelt, pariert und verschnürt: ein Künstler! Natürlich weiß er alles über Züchter und Stammbaum seiner Rinder, ob Limousin, Salers oder Charolais. Er gibt Tipps und berät über Garzeiten, und seine Stammkunden wissen, dass man sich drauf verlassen kann. Sehr schön auch, was der Fischhändler zu bieten hat: Austern, Seeigel, Jakobsmuscheln, Crevetten, Langusten, Heilbutt, Thunfisch und Seeteufel, dem man den monströsen Kopf abgeschnitten hat – all das auf einem Bett aus Eis und Seetang ausgebreitet. Einmal durfte ich zuhören, wie sich Verkäufer und Kunde eine halbe Stunde in genüsslicher Versunkenheit über das Rezept »Dorade im Salzmantel« austauschten.

Berauschend ebenfalls die Auslage beim Käsemann: eine nuancenreiche Sinfonie der Formen, Farben, Gerüche: orangefarbener Langres, cremig-weißer Fontainebleau, fahlgelber Cantal, der Morbier mit der feinen Aschenspur, kleine runde Picodons aus der Drôme, der quadratische Pont l'Evèque, der herzförmige Neufchâtel ... »Wie soll man ein Land regieren, das 246 Käsesorten besitzt?«, hatte de Gaulle 1961 in einem Interview mit *Newsweek* gestöhnt. Natürlich kokettierte er gegenüber den amerikanischen Banausen, die doch bloß die gelbe Cheese-Einheits-

Wie in ganz Frankreich ist das Käseangebot auf dem Markt in Lyon überwältigend.

Scheiblette kannten und keine Ahnung von Epoisses, Chaource, Reblochon, Livarot, Saint-Nectaire, Saint-Marcellin und anderen hexagonalen Heiligtümern aus Kuh-, Schafs- und Ziegenmilch hatten.

Bedroht wurden diese Kronjuwelen der Gastronomie 1991 durch die Brüsseler Bürokratie, die sich anschickte, aus Gründen der Hygiene den französischen Rohmilchkäse zu verbieten, was einen Sturm der Entrüstung auslöste. Unter anderem zogen die Euro-Toques, eine europäische Vereinigung von Spitzenköchen, in den Krieg gegen die Unkultur. Die abgetöteten Käseleichen der protestantischen Nordvölker als Euro-Norm? Niemals! Das Gesetz zur Zwangspasteurisierung konnte abgeschmettert werden, nicht zuletzt deshalb, weil sich auch Prinz Charles, der britische Thronfolger, für den französischen Rohmilchkäse einsetzte.

Mit einem Käse-Politikum begann auch der Durchbruch des globalisierungskritischen Bauernführers José Bové: Als Antwort auf das Einfuhrverbot von Hormonfleisch hatten die Amerikaner 1999 eine Strafsteuer auf den Roquefort erhoben, was wiederum Bové und seine Leute zur Attacke auf den McDonald's-Neubau von Millau zu Füßen des Larzac-Plateaus motivierte.

187

Dieser Akt, der auch als Verteidigung angestammter Zivilisation gegen »la malbouffe«, den industriellen »Dreckfraß«, interpretiert wurde, ist mit ein Grund für die Sympathie, die man Bové seither entgegenbringt.

Wie so vieles verdanken die Franzosen auch ihr amouröses Verhältnis zur Einverleibung der Revolution. Sie war es, die die Bürger in den Stand versetzte, zu schlemmen wie vordem nur die Aristokraten. Nachdem die Küchenchefs der großen Adelshäuser arbeitslos geworden waren, eröffneten sie Restaurants und machten damit die elaborierte Küche allgemein zugänglich. So wurde das gemeinsame Speisen zum bürgerlichen Kommunionsakt. Die revolutionäre Errungenschaft der gehobenen Nahrungsaufnahme spielt seither nicht nur im Alltag eine große Rolle, sondern auch im kulturellen und politischen Leben. Während der Dritten Republik wurden Partei-Meetings gern in Gestalt von Banketten abgehalten. Ein unvergessenes republikanisch-kulinarisches Großereignis war das Festbankett, das Staatspräsident Emile Loubet am 22. September 1900 in Paris für mehr als 22 000 Bürgermeister gab. Unter riesigen Zelten im Tuileriengarten waren sieben Kilometer Tische aufgebaut, 630 Köche waren im Einsatz. Das Menü bestand aus Lachs, Rinderfilet, Bresse-Poularde, Fasan, Camembert und Eiskrem. Dazu wurden 39 000 Flaschen Bordeaux, Burgunder und Champagner geleert. Wo immer etwas gemeinsam begangen wird, steht auch heute der sinnliche Zivilisationsakt des Tafelns im Mittelpunkt.

Unerschöpflich ist die Begeisterung, mit der über »la Bouffe« geschwärmt, gefachsimpelt und gestritten wird. Reich an Gastmählern ist die französische Literatur. Bei Balzac, Zola oder Maupassant wird ausgiebig dejeuniert und diniert, Alexandre Dumas verfasste gar ein eigenes Kochbuch. Bistrot- und Restaurant-Szenen finden sich auf Bildern französischer Maler, und auch in Filmen sitzt man gern an gut gedeckten Tischen. Man denke an Claude Chabrol: Kaum ein Film ohne Mahlzeit. Für seine Familienzusammenkünfte der Provinzbourgeoisie wird das bessere Geschirr herausgeholt. Es heißt, der Meister wähle seine Drehorte nach der Nähe von Spitzenrestaurants aus. »Ich verstehe die nicht, die sich nicht fürs Essen interessieren«, wundert sich Chabrol kopfschüttelnd. »Damit beschäftigen sie sich doch schließlich zwei Mal am Tag. Für mich ist das, als würden sie sich nicht für das Leben interessieren.«[60] Der Gourmet Chabrol macht zwar die Moral der französischen Bourgeoisie madig, aber keineswegs ihre Küche.

Auch in den Zeitungen, vom konservativen *Figaro* über das Weltblatt *Le Monde* bis zur linksliberalen *Libération*, sind regelmäßige Rubriken den Freuden der Tafel gewidmet, oft unter regionalen Gesichtspunkten, denn die Franzosen sehen ihr Land als ein Schlaraffenland voller verlockender Speisen. Hören sie Toulouse, denken sie an »Cassoulet«, dieses üppige Gericht aus weißen Bohnen, Würsten und Gänse-Confit, bei Arcachon fallen ihnen gleich die Austern ein. Marseille bedeutet »Bouillabaisse«, die provenzalische Fischsuppe, Strasbourg »Choucroute«, das von Würsten und Pökelfleisch überhäufte Sauerkraut, die Bretagne »Crêpes«. Das normannische Caen ist gleichbedeutend mit »Tripes«, Kutteleintopf, und mit der Gegend um Bresse assoziieren sie die berühmten Poularden und Kapaune.

Natürlich macht sich in einem so wichtigen Bereich die nationale Fixierung auf Ranglisten besonders bemerkbar. Jahr für Jahr finden Ausscheidungswettkämpfe der Fleischer und Konditoren statt. Es gibt französische Champions der Schweinskopfsülze, der Knoblauchwurst, der Leberpastete, Auszeichnungen wie »Saucisson d'Or« (Die goldene Wurst) oder den Ersten Preis für das beste Baguette. Größte Beachtung findet die Hierarchisierung der Köche, die je nach Gastro-Führer mit einer Anzahl von Gabeln, Kochmützen oder Sternen ausgezeichnet werden. Die gastronomischen Spitzenkräfte werden als Nationalhelden verehrt. Dreisterneköche wie Paul Bocuse, Alain Ducasse, Joël Robuchon oder Pierre Gagnaire sind bekannt wie Filmstars.

Normalfranzosen gehen gewiss nicht regelmäßig in die horrend teuren Restaurants dieser Küchenpäpste. Aber ich kenne Paare mit eher bescheidenem Einkommen, die sich jedes Jahr wenigstens einmal den Besuch bei einem der ganz Großen leisten, als herausgehobenes Ereignis mit leicht sakralem Charakter, so als würde man in die Oper gehen. Und diejenigen, die nie dort hingehen, sind doch immerhin stolz auf diese »französische Ausnahme«.

Ein wenig rituell geht es selbst in einfacheren Speisestätten wie Brasserie oder Bistrot zu, zumindest was die Respektierung der Essenszeiten und der Speisefolge betrifft. Nach 14 Uhr wird man kaum mehr etwas bekommen und muss bis abends warten. Und auch die Abfolge wird strikt eingehalten: Vorspeise, Hauptgericht,

Käse, Dessert, Kaffee, und nicht anders. Ich habe einmal erlebt, wie ein Kellner aus der Fassung geriet, als ein deutscher Gast zweimal hintereinander das Entrée haben wollte, weil es ihm so gut geschmeckt hatte. Barbarei! Unglaublich! So etwas war ihm noch nicht widerfahren.

Nun sind allerdings Aufweichungen dieser Ordnung nicht zu übersehen. Immer öfter schieben Berufstätige daheim Fertiggerichte in die Mikrowelle. Und auch in Frankreich haben die Fastfood-Ketten zugeschlagen, versorgen Kinder und Jugendliche mit ihrer faden Kost. Jedes Jahr steigt der Anteil der Übergewichtigen, auch wenn es noch längst nicht so schlimm ist wie in Großbritannien oder Deutschland. Schon sind die Schulen auf den Plan getreten und haben Cola- und Süßwaren-Automaten vom Schulgelände verbannt. In Radio und Fernsehen wettert der zornige Traditionswächter und Fernsehmoderator Jean-Pierre Coffe gegen Bequemlichkeit und Qualitätsverlust, klagt über schwindende Kenntnisse, Geschmacksverstärker und Aromazusätze.

Angesichts solch zivilisationsgefährdender Tendenzen ist der Staat gefordert, schließlich geht es ja um nationale Werte. So versah das Pariser Kulturministerium die Kochkunst ganz offiziell mit kulturellen Weihen und lancierte Maßnahmen zu ihrem Schutz. Unterstützung findet das Institut Français du Goût in Tours, das Schulklassen mit Geschmäckern, Speise- und Tischkultur konfrontiert. Für das, was die Familien nicht mehr hinreichend leisten, springen nun also spezialisierte Institutionen ein. Jeden Herbst findet außerdem »La semaine du goût« statt, die Woche des Geschmacks, während der 3000 Köche in die Schulen des ganzen Landes ausschwärmen. Organisiert wird sie vom Conseil National des Arts Culinaires, dem Nationalen Rat der kulinarischen Künste, der sich außerdem der Pflege des gastronomischen Besitzstandes widmet: »Die Regierung hat uns beauftragt, ein Inventar des kulinarischen Erbes zu erstellen, das heißt, für die bodenständigen Produkte, für Käse, Backwerk, Brot und Würste das zu tun, was bereits für die historischen Monumente, für Kirchen und Schlösser getan wurde«, erklärte mir vor einigen Jahren der damalige Generaldirektor Alexandre Lazareff. Denkmalpflegerisch betreut wurden essbare Kulturobjekte wie Bresse-Geflügel, Montbéliard-Wurst oder die Burgunderschnecke. Auch Foie gras, die Enten- und Gänsestopfleber, wurde in den Rang des »nationalen und gastronomischen Kulturerbes« erhoben. Deut-

Sonntagsmarkt im südfranzösischen Arles

sche Tierschützer machen immer wieder gegen die »Delikatessen aus der Folterkammer« mobil. Festliche Tafeln sind aber in Frankreich ohne die umstrittene Köstlichkeit kaum vorzustellen. Auch deutsche Importeure nehmen immerhin rund 100 Tonnen pro Jahr ab.

Einladung zum Dîner

Zwar kann es eine Weile dauern, bis man als Ausländer von Franzosen nach Hause gebeten wird, aber wenn, dann wird man mit hoher Wahrscheinlichkeit zum Essen eingeladen. Was gibt es dabei zu beachten? Regel Nummer eins: Nur nicht überpünktlich sein! Ein halbes Stündchen Spielraum sollte gegeben werden, sonst sitzt man peinlich und allein herum, weil die Gastgeber mit sich und ihren Vorbereitungen noch nicht fertig sind. Kennt man die Leute schon etwas besser, wird man vielleicht vorher fragen, was man mitbringen kann – vielleicht das Dessert oder eine Flasche Wein, Champagner ist nie falsch, am besten gekühlt. Sonst drängen sich natürlich Blumen auf. Sie werden auf jeden Fall in der Verpackung überreicht, denn der Florist hat sie ja liebevoll als »cadeau«, als Geschenk, hergerichtet. Frankreich ist ein Land der Verpackungskünstler, nicht selten ist die Umhüllung wichtiger als die Substanz.

Die Art der Begrüßung richtet sich danach, wie familiär man miteinander umgeht. Männer und Frauen, die sich schon kennen, begrüßen sich in der Regel mit der »bise«, dem beidseitigen hauchartigen Berühren der Wangen, einmal rechts, einmal links. In manchen Regionen und in Fällen intensiverer Verbundenheit kann es auch viermal stattfinden – rechts, links, rechts, links. Wer sich noch nicht kennt, wird sich bei der Begrüßung eher die Hand geben. Die Küsse werden dann oft bei der Verabschiedung ausgetauscht, denn bis dahin hat man sich ja vielleicht kennengelernt.

Für den ersten Akt, den Apéritif, umgangssprachlich »Apéro«, verteilen sich die Gäste zwanglos im Salon. Das Wort stammt vom lateinischen Verb »aperire«, öffnen. Der Apéro eröffnet den Abend, löst die Zungen und öffnet den Magen für das Kommende. Kir, Muscat, Pastis, Americano, Dubonnet, Byrrh, Suze, Pineau de Charente, selbstgemixte Cocktails nach dem Geheimrezept des Hausherrn oder ein schlichtes Glas Champagner – groß ist die Bandbreite der Getränke, die als Apéritif dienen können. Dazu gibt es Snacks: Oliven, Canapés oder, wenn man Pech hat, auch nur Kartoffelchips und Erdnüsse.

Mit dem Apéro hat die Stunde des Smalltalk geschlagen. Man kommt ins Gespräch, aber man redet nicht über alles. Unverblümte Direktheit ist ebenso zu vermeiden wie tiefschürfende Problemthematik. Man fragt nicht gleich nach dem Beruf, und schon gar nicht spricht man über Geld und wie viel man davon hat oder gern hätte. Franzosen haben ein unbehagliches Verhältnis dazu, weshalb sie auch den bargeldlosen Verkehr vorziehen. Selbst Kleckerbeträge werden gern mit Schecks und Kreditkarten bezahlt. »Le fric« ist etwas Unappetitliches, ja Unmoralisches. Vielleicht sind das Restbestände katholischer Tradition.

Dennoch werden unbekannte Gesprächspartner natürlich sozial eingeordnet. Unter anderem dient dazu die Kleidung: Mit Adlerblick werden Marke und Beschaffenheit registriert. Synthetik oder Kaschmir? H&M oder Yves Saint Laurent? Und gleichgültig, welchen Eindruck man sonst macht, wird man als Ausländer so sicher wie das Amen in der Kirche irgendwann im Laufe

Le Bistrot Arlésien in Arles

der Konversation von jemandem die Bemerkung hören: »Woher kommen Sie? Sie haben einen kleinen Akzent!«

Nach der Apéritif-Phase, die oft ziemlich lange dauert, geht es zu Tisch. Es folgt nun das Entrée, das oft schon in freudige Erregung versetzt – Artischocken, Fischpastete, Jakobsmuscheln, Charcuterie oder vielleicht eben auch Foie gras: »Nur an der Tafel ist gleich die erste Stunde amüsant«, wusste der große Gastrosoph Jean Anthèlme Brillat-Savarin. Die Gäste sind entzückt, schon hebt sich die Stimmung. Bisweilen wirken die Portionen erstaunlich klein für Menschen aus dem Norden und Osten. Aber zur Not steht da der Brotkorb, und die Hauptsache kommt ja noch, »le plat principal« beziehungsweise »plat de résistance«. Die Lieblingsgerichte der Franzosen werden jedes Jahr durch die Meinungsforschung festgestellt. Der zuletzt ermittelte Spitzenreiter war das klassische Kalbsragout »Blanquette de veau«, vor dem in Rotwein geschmurgelten »Bœuf bourguignon« und dem »Pot au feu«, diesem gehaltvollen Feuertopf. Aber vielleicht wird auch eine normannische Seezunge aufgetischt oder gar ein Couscous, dieses extrem populäre nordafrikanische Gericht, das die Algerienfranzosen und Immigranten aus dem Maghreb mitgebracht haben und das zu einer Nationalspeise der früheren Kolonialherren geworden ist.

So ein Dîner über mehrere Stunden wirkt wie ein Katalysator des Wohlbefindens. Die Augen der Tischgesellschaft beginnen zu leuchten, der Lautstärkepegel steigt, man kommt sich näher. Es handelt sich bei so einem Mahl ja nicht so sehr um einen Ernährungsakt als vielmehr um eine Kommunikationsform. Jetzt kommt vielleicht noch ein Salat, auf jeden Fall die Käseplatte, dann das Dessert, der starke kleine Kaffee und abschließend vielleicht ein Armagnac oder Calvados als Digestif. Uff! Die Tischdecke ist nun voller Flecken und Krümel. Es ist vollbracht.

Zivilisationsgetränk Wein

Das gesamte Mahl wird üblicherweise von Weinen begleitet. Sie sind ein integraler Teil des kulinarischen Gesamterlebnisses. Wein ist in Frankreich grundsätzlich aufs Essen bezogen und wird nicht unabhängig davon konsumiert, wie es in Deutschland oft Sitte ist. Welcher Wein passt zu welchen Gerichten? Eine entscheidende Frage bei der Vorbereitung eines Menüs, denn Dissonanzen können alles verderben. Einiges gibt es hier zu lernen, aber es ist eine schöne Wissenschaft.

Für Weinfreunde ist Frankreich ein Paradies. Aufregend kann es sein, vor den Flaschenregalen der Weinhandlungen zu verweilen und andächtig die Etiketten zu studieren. Noch schöner ist es, direkt die Weinlandschaften im Burgund, an der Loire oder in der Provence aufzusuchen. Und am besten wäre es, man könnte sich mittendrin in so einem »Terroir« ansiedeln, wie es mein Freund André gemacht hat, ein aus Hamburg stammender Weinschriftsteller, der in einem beschaulichen Winzerdorf im Roussillon wohnt.

In dieser Gegend, die einst zum Produktionsgebiet des verächtlich »Gros rouge« genannten billigen Tischweins gehörte, haben in den letzten Jahrzehnten beachtliche Mutationen stattgefunden. In den siebziger, achtziger Jahren sei den lokalen Weinbauern die Notwendigkeit zur Umorientierung klargeworden, sagt André. »Die Zeit, da Frankreichs Industriearbeiter ihre fünf Liter billigen Roten am Tag als Grundbestandteil ihrer Ernährung konsumierten, war vorüber.« Und so unternahmen sie gewaltige Anstrengungen zur Qualitätssteigerung, ersetzten unter großem finanziellen Aufwand die ertragreichen, aber simplen Rebsorten

Weinernte in der Region Midi-Pyrénées

durch edle Sorten wie Syrah, Cinsault oder Mourvèdre und brachten die Kellertechnik auf den neusten Stand. Das hat sie nicht vor der Krise bewahrt, die seit einigen Jahren den französischen Weinbau heimsucht. Sie findet gerade im Süden oft ihren Ausdruck in rabiaten Aktionsformen: Präfekturen werden gestürmt, Autobahnen blockiert, spanische Weintank-Lastwagen entleert, aufgetürmte Autoreifen in Brand gesteckt.

Die in Abständen wiederholte Botschaft der Winzer an die Regierung lautet: »Es geht uns dreckig!« – Tatsächlich steht vielen das Wasser bis zum Hals. Sie bekommen kaum mehr etwas für das Produkt ihrer Arbeit, mussten sich bei der Sozialhilfe einschreiben oder leben vom Lohn der Ehefrauen, die als Verkäuferinnen arbeiten.

Als ein Faktor der Krise gelten die auftrumpfenden Weine der »neuen Welt«. Auf den Exportmärkten verlieren die Franzosen Anteile an Kreszenzen aus Chile, Kalifornien, Australien oder Südafrika. André sieht quasi-industrielle Marketingkonzepte am Werk und weist darauf hin, dass zum Beispiel über 80 Prozent der australischen Weine in den Händen von »global players« liegen, in erster Linie von Großbrauereien wie Fosters, denen önologische Traditionen schnurz sind. »Für die hat Wein nichts mit ›Terroir‹, mit der Essenz eines bestimmten Bodens oder dergleichen zu tun. Sie sehen darin ein modernes Getränk für den Supermarkt, das wie Coca Cola möglichst vielen Menschen schmecken soll.« Es sei empörend, dass die EU Weine auf den europäischen Markt lasse, die bei weitem nicht den strengen Regeln entsprächen wie etwa die französischen: als Markenprodukte konzipierte Mixturen, bei deren Herstellung Techniken und Zusätze benutzt würden, die in Europa verboten seien, ohne dass es dafür eine Etikettierungspflicht gebe. Auch das kürzlich in einem Abkommen mit den USA legalisierte Verfahren, Holzschnipsel in den Gärbottich zu kippen, um so das Vanillearoma von hochwertigen, im Eichenfass ausgebauten Weinen zu imitieren, ist ihm ein Horror. Aber das Pariser Landwirtschaftsministerium hat dazu sein Placet gegeben. Der Holzweg ist eröffnet, eine zweigleisige Entwicklung vorgezeichnet: Im unteren Preissegment wird man sich bemühen, die Globalisierungsweine nachzuahmen. Aber für eine zahlungskräftigere Kundschaft wird es weiter das altmodische Produkt geben, das man bisher unter der Bezeichnung »Wein« verstanden hat.

Außer beim Export droht dem französischen Weinsektor, an dem immerhin 300 000 Arbeitsplätze hängen, auch interne Gefahr. Gemeinsam mit den Weinprofis laufen Volksvertreter aus weinproduzierenden Regionen Sturm gegen prohibitionistische Tendenzen. Die Zahl der heimischen Weintrinker nehme ständig ab, weil sie durch undifferenzierte Anti-Alkoholkampagnen und übertriebene Alkoholkontrollen auf den Straßen stigmatisiert und entmutigt würden!

Nun ist der Alkoholismus tatsächlich ein echtes Problem. Mit einem durchschnittlichen Pro-Kopf-Konsum von rund zehn Litern Alkohol im Jahr liegt Frankreich auf Platz drei in Europa, nach Tschechien und Irland. 45 000 Todesfälle werden jährlich auf Alkoholkonsum zurückgeführt. Die medizinischen Kosten durch Alkoholismus werden mit 15 Milliarden Euro beziffert.

Ja, aber mit Alkohol habe der Wein allenfalls am Rande zu tun, wird dagegen von der Wein-Lobby geltend gemacht. Er stehe vor allem für Zivilisation, Geselligkeit und nicht zuletzt: nationale Identität! Die traditionsbewusste *Revue du Vin de France* etwa beschwor die »exception française« auch in önologisch-historischer Hinsicht. Haben nicht 2000 Jahre Arbeit im Weinberg in diesem Lande Namen geprägt, die ebenso berühmt wurden wie die größten französischen Dichter – Namen wie Bâtard-Montrachet, Corton-Charlemagne, Saint-Emilion, Châteauneuf-du-Pape? Außerdem sei gerade der Rotwein ganz im Gegenteil eine Trumpfkarte in Sachen Volksgesundheit. Gern beruft man sich auf den großen Pasteur, der über den Wein sagte, er sei »das gesündeste und hygienischste der Getränke«. Das wird gern zitiert, aber meistens fehlt dabei der erste Teil des Satzes: »In Maßen genossen ...«

Die Liebe zum Land

Einmal im Jahr, im März, kommt das ländliche Frankreich nach Paris. Dann findet an der Porte de Versailles die Landwirtschaftsmesse statt, der Salon de l'Agriculture, und das Messegelände verwandelt sich in einen immensen Bauernhof mit Zuchtbullen, Kühen, Schweinen, Schafen, Federvieh. Tiere und Terroir-Produkte wie Wein oder Käse werden mit Gold-, Silber- und Bronzemedaillen ausgezeichnet. Politiker mischen sich, von Reportern begleitet, unter die Besucher, um ihre Volksverbundenheit zu zeigen. Am nächsten Tag ist im Fernsehen und in der Zeitung zu sehen, wie sie ein Lamm im Arm halten oder einer Kuh den Hintern tätscheln. Der »Salon« hat regelmäßig großen Zulauf. Er ist äußerst populär bei den Parisern, von denen viele eine sentimentale Beziehung zum Land unterhalten. Mit Vorliebe betonen sie ihre Herkunft aus irgendeiner ländlichen Region. Auch wenn schon die Großeltern in die Stadt abgewandert waren, hat man doch dort seine Wurzeln, seine familiäre Vorgeschichte – im wahren, im bäuerlichen Frankreich.

In Wirklichkeit ist die mystifizierte bäuerliche Welt radikal zusammengeschrumpft. Zwar ist Frankreich weltweit der zweitgrößte Exporteur von Agrarprodukten, aber während Anfang des 20. Jahrhunderts der Anteil der Bauern an der französischen Bevölkerung noch 40 Prozent betrug, sind heute nur noch gut vier Prozent in der Landwirtschaft tätig. Es dominieren große moderne Betriebe, Intensivlandwirtschaft und industrialisierte Viehzucht, besonders ausgeprägt in der Bretagne, wo die entsprechenden Umweltschäden zu beklagen sind. Dafür wurden seit den 1960er Jahren in bergigen Zonen, etwa im Zentralmassiv, große Gebiete als Bauernland aufgegeben.

Ganze Regionen bluteten aus, Dörfer entleerten sich, bis ein neues Phänomen den demographischen Trend umkehrte: Die nur noch dünn besiedelten Gegenden erlebten einen Zuzug von Ortsfremden, unter anderem aus Nordeuropa. In besonders großen Scharen kamen die Briten. Zunächst favorisierten sie das südwestfranzösische Département Dordogne, das der alten Provinz Périgord entspricht und das Henry Miller das »Paradies der Franzosen« nannte. Sie renovierten alte Natursteinhäuser und hauchten halbverödeten Landstrichen neues Leben ein. Angesichts der aberwitzigen Immobilienpreise im Vereinigten Königreich kann man sich mit dem Erlös für ein bescheidenes Londoner Vorstadthäuschen in Frankreich etwas sehr Anständiges kaufen und hat noch Geld zum Leben übrig. Begünstigt wird die Ansiedlung durch Billigfluglinien wie »Ryanair« oder »Flybe«, die London, Bristol, Birmingham, Southampton und Liverpool mit Provinznestern wie Carcassonne, Rodez oder Bergerac verbinden, für 20 Euro, wenn man rechtzeitig reserviert.

Inzwischen sind die Briten so zahlreich, dass in britischen Medien bereits von »Dordogneshire« die Rede ist. Sie kaufen alles – Ruinen, Scheunen, Bauernhäuser, Schlösser. Manche leben von der Substanz oder als Pensionäre, andere sind in der neuen Wahlheimat berufstätig geworden. Manche Einheimische klagen über den rasanten Preisanstieg, andere freuen sich, dass sie noch die letzte Scheune für viel Geld loswerden, und die lokalen Volksvertreter sind froh über die Wiederbelebung fast aufgegebener Dörfer. Die Zugereisten von der Insel haben der Gegend freilich ihren sehr eigenen Stempel aufgedrückt. Da gibt es den Dordogne Ladies Club und die Dordogne Organisation of Gentlemen (DOGS), die Monatzeitung *French News* mit einer Auflage von 50000 Exemplaren, und im Dorfladen sind Exotika wie bittere Orangenmarmelade, Mint Sauce und Peanutbutter aufgetaucht. Der Strom reißt nicht ab. Seitdem das Périgord schon kaum mehr bezahlbar ist, wenden sich die Interessenten nun auch den Regionen Limousin, Poitou-Charente und Bretagne zu. In zehn Jahren hat sich die Zahl der Briten, die in Frankreich ein Haus besitzen, versiebenfacht und wurde 2004 auf über 500000 geschätzt.

Aber auch die Franzosen selbst zieht es aufs Land. Die Mobilität hat zugenommen durch das dichter gewebte Autobahnnetz und die TGV-Hochgeschwindigkeitszüge, die anders als der deutsche ICE nicht mehr kosten als die normale Eisenbahn, sondern bei früher Buchung sogar erheblich weniger. Besonders groß ist die Abwanderung aus der Pariser Region in die einstmals verschmähte »Provinz«, in kleinere Städte oder aufs Land. Entscheidend ist für viele die Entfernung des nächsten TGV-Bahnhofs. In zwei Stunden kommt man von Paris nach Nantes, knapp drei sind es nach Marseille.

Jäger kontra Naturschützer

Die neuen Landbewohner sind nicht mehr alternative Aussteiger wie in den siebziger Jahren, die es zur bäuerlichen Existenz trieb. Sie bleiben im Prinzip Städter, die eben bloß auf dem Land leben, Angestellte, Manager, Freiberufler, die sich einen alten Bauernhof hübsch herrichten. Die traditionelle Landbevölkerung verringert sich zusehends, aber es gibt sie noch. Ein Reibungspunkt zwischen beiden Welten ist in der Auseinandersetzung um »la chasse«, die Jagd, entstanden. Während es in Deutschland nur 340 000 Jagdscheininhaber gibt, zählt die Gemeinde der französischen Waidmänner rund 1,4 Millionen. Die Jagd ist ein hochsensibles Thema. Fast jedes Jahr kommt es zu grimmigen Auseinandersetzungen um die Termine der Jagderöffnung, die Planung neuer Naturschutzzonen, die Verlängerung der Schonfristen. Frankreichs Jäger sehen sich als Opfer verständnisloser Umweltschützer und europäischer Technokraten, die sich anschicken, alte Traditionen in Frage zu stellen.

Zugespitzt hat sich der Konflikt, seit die Grünen eine größere politische Rolle spielen. Die spezifische Naturverbundenheit der Jäger kollidiert mit jener der Naturschützer sowie mit der Naturliebe der Stadtmenschen, die das Land als Landschaft, die Natur als Naturpark genießen wollen und keinen Wert darauf legen, beim Spazierengehen oder Pilzesammeln von bewaffneten Männern erschreckt zu werden, die aus dem Unterholz hervorbrechen, um Tiere totzuschießen.

Beim Jagen handelt es sich aber in Frankreich nicht einfach um irgendein Hobby, sondern um eine Lebensweise. Zu deren Verteidigung wurde sogar eine Partei gegründet, Chasse Pêche Nature Tradition (CPNT), die vor allem EU-Direktiven zur Regulierung der Jagdpraxis aufs Korn nahm und eine Zeit lang in besonders jagdfreudigen Gegenden beachtliche Wahlerfolge erzielte.

Nun sind die Jäger nicht a priori reaktionär und politisch rechts einzuordnen. Das Département Somme in der Region Picardie ist eine der größten Jägerhochburgen des Landes, 28 000 eingeschriebene Mitglieder hat die Jägervereinigung. Gejagt werden Wasservögel an den vielen Teichen beiderseits der träge dahinfließenden Somme. Dort habe ich Philippe Martin getroffen, einen Dorfschullehrer und passionierten Jäger, der früher immer links gewählt hat, aber seit die Grünen seine Lieblingsbeschäftigung attackieren, ist ihm die Linke verleidet. »Die Jagd ist ein historisch erkämpftes Recht, das auf die Französische Revolution zurückgeht! Als am 4. August 1789 die Privilegien des Adels abgeschafft wurden, war das Recht der Bürger aufs Jagen die erste Forderung!« Die Demokratisierung dieser einstmals aristokratischen Praxis hat in allen ländlichen Zonen die Jagdleidenschaft heimisch werden lassen. Während die wohlhabenderen Kreise in privaten Reservaten jagen, ist die Jagd der kleinen Leute auf den Dörfern – la chasse populaire – für alle Welt sichtbar und hörbar. Dabei geht es deftig zu: Nicht der gepflegte Grünrock herrscht dort vor, sondern militärisch gescheckertes Outfit – Jagen als Glück der Habenichtse, wie Monsieur Martin erklärt: »Die Leute hier haben oft nur ein bescheidenes Lebensniveau. Viele sind arbeitslos. Und sie haben nur diese eine Leidenschaft, die sie aus ihrem grauen Alltag herausbringt! Die Leute leben tagtäglich mit der Jagd, die ganze Familie nimmt daran Anteil.« Besonders die armen Ehefrauen, die sehen müssen, was sie aus den vielen Enten machen, die während der Saison tagtäglich angeschleppt werden? Nein, sagt der Lehrer, die Beute würde großzügig in der Nachbarschaft verschenkt. »Jawohl, wir töten!«, ruft er aus, aber das sei schließlich immer etwas Normales auf dem Lande gewesen, nur hätten die Stadtmenschen zum Tod der Tiere keinen Kontakt mehr. »Denen treten die Lebensmittel, ihre Hacksteaks und Fischstäbchen, in verpackter und völlig aseptischer Form entgegen. Die Kinder wissen nicht mal mehr, dass die Milch von der Kuh kommt. Aber das ländliche Leben ist kein Kuschelzoo!« Und er schwärmt von den Nächten in der Hütte, die er sich mit drei Freunden teilt, das Warten auf die Wildenten drunten an den Teichen, wenn die Morgennebel heraufdampfen – ein Männervergnügen, für das diese Ökospinner kein Verständnis haben.

Durch den Zuzug aus den Städten ändert sich in den Dörfern die soziologische Zusammensetzung. Die Jäger sind nicht mehr

die alleinigen Nutzer der Natur. Auch wenn anderthalb Millionen
eine stattliche Zahl ist, so werden sie doch weniger. Vor 20 Jahren
waren sie noch über zwei Millionen. Die Lautstärke ihres Protests
erklärt sich auch daraus, dass sie in die Defensive geraten sind.

Week-end und Ferien

Wer nicht aus den Ballungszentren aufs Land umzieht, sucht es
wenigstens am Wochenende auf – das auf französisch frevelhafter-
weise »le week-end« heißt –, auch wenn sie am Sonntagabend
regelmäßig in die gnadenlosen Rückreisestaus geraten. Seit der
Einführung der 35-Stunden-Woche haben die Week-ends allerdings hier und da an Volumen gewonnen. Die Arbeitszeitverkür-
zung, Réduction du temps de travail (RTT), war 2000 von der
linken Jospin-Regierung mit dem Ziel eingeführt worden, neue
Arbeitsplätze zu schaffen, was nur in einigen Bereichen gelungen
ist. Aber für die Arbeitnehmer wurde die neue Regelung rasch
zu einem selbstverständlichen Aspekt ihres Freizeitverhaltens. In
der Alltagssprache hat sich die Abkürzung RTT einen festen Platz
erobert. Die etwa 20 hinzugewonnenen freien Tage pro Jahr ge-
statten öfter mal kleine Kurzurlaube, die das Warten auf die großen Sommerferien erträglicher machen. Die Reisebranche hat sich
darauf eingestellt und bietet Package-Touren für drei oder vier
Tage an – zum Beispiel nach Rom, Barcelona oder Lissabon.

Von den RTT-Tagen profitieren auch die Freizeitparks. Den
größten von allen, »Disneyland Paris«, eröffnet 1992, verdankt
Frankreich den Bemühungen der Regierung des sozialistischen
Premierministers Laurent Fabius. Ihr war es gelungen, im Kampf
um die Gunst des Konzerns den Konkurrenten Barcelona aus dem
Feld zu schlagen. »Ein historisches Ereignis!«, jubelte die Presse.
Die Theaterregisseurin Ariane Mnouchkine sprach hingegen von
einem »kulturellen Tschernobyl«.

Inzwischen sind viele kleinere französische Disney-Imitate
nachgewachsen, der »Parc Astérix« in der Region Ile-de-France
etwa. Was mir aber als eine französische Besonderheit erscheint,
sind Freizeitparks mit vorgeschobenem pädagogischem Anspruch,
die auf Betreiben von Politikern zustande gekommen sind. Das
bisher jüngste Beispiel ist eine Anlage namens »Vulcania« in der
Auvergne, die der damalige Präsident dieser Region und frühere

Staatspräsident Valéry Giscard d'Estaing im Jahr 2002 eröffnete. Finanziert wurde »Vulcania«, im Volksmund auch »Giscardoscope« genannt, weitgehend von der Region selbst. Im Inneren der Kunstwelt, die von echten erkalteten Vulkanen umgeben ist, wird mit 3D-Filmen und anderen bildtechnischen Attraktionen die Welt der Vulkane zum Unterhaltungserlebnis aufbereitet. Das Tourismus-Aufkommen in dieser bergigen Gegend ließ arg zu wünschen übrig, und Giscard wollte die Region mit einem attraktiven Element versorgen. Die Umweltschützer klagen hingegen über die Autokarawanen und Riesenparkplätze. Aber sie übersehen, dass die echten Berge einfach nicht mehr genügend Show-Wert haben.

Vor Giscard d'Estaing hatten schon andere Politiker die Initiative zur Einrichtung von Freizeitanlagen ergriffen. Pionier auf diesem Gebiet ist der langjährige Präsident des Generalrats des westfranzösischen Départments Vendée, Philippe de Villiers. Dem Spross aus alteingesessenem Adel und Gründer der euroskeptischen Partei Mouvement pour la France gelingt es seit 20 Jahren, Besuchermassen auf das Gelände rund um die Schlossruine »Puy du Fou« zu lenken. Dort erwartet sie ein historischer Bilderbogen der Vendée vom Mittelalter bis in die Gegenwart, aufgeführt vor fußballstadiongroßen Tribünen, untermalt mit Filmmusik, mit computergesteuerten Special Effects, Lasern und Großprojektionen.

Über 2000 Menschen aus den umliegenden Dörfern sind ehrenamtlich beteiligt. Der ebenso konservative wie dynamische Politiker hat das Spektakel selbst erdacht und auch die Texte verfasst. Mit den Mitteln des Freizeitparkamüsements bringt er seine Geschichtsinterpretation unters Volk: Die Inszenierung kulminiert in einer Huldigung an die Bauernheere der Vendée, die sich ab 1793 gegen die gottlose Republik erhoben und als »königlich-katholische Armee« unter Führung von Lokaladligen den Truppen des Konvents einen langwierigen Bürgerkrieg geliefert hatten. Eine »rückwärtsgewandte Vision« diagnostizierte der Historiker Michel Vovelle: »Wahrscheinlich sehen die Leute hier nur die spielerische Unterhaltung, während ich als Historiker eine kaum kodierte Botschaft entschlüssele.«[61]

Die spielerische Unterhaltung kommt mit ideologischen Zutaten daher: dem Mythos der natürlichen Gemeinschaft, bestehend aus Familie, Religion und althergebrachten Hierarchien, die Re-

Der französische Nationalsport schlechthin: Boule. Spieler in einem südfranzösischen Dorf

volution als Satanswerk. Allerdings ist inzwischen das ökonomische Argument mindestens so wichtig wie das ideologische: Der »Puy du Fou« ist höchst profitabel für die lokale Wirtschaft. Während der Saison sind die Hotels im Umkreis von 40 Kilometern ausgebucht.

Wenn Giscards Vulkan-Show als »Giscardoscope« bezeichnet wird, so deshalb, weil es seit 1987 unweit von Poitiers einen Park namens »Futuroscope« gibt, der ebenfalls einem Politikerhirn entsprungen ist, und er macht wahrhaftig einen futuristischen Eindruck: glänzende Riesenkugeln und Kuppeln, ein schwarzes Quarzkristall in Hochhausgröße, ein gläserner Quader, der schief aus dem Boden ragt, eine Art Fliegende Untertasse kurz vor dem Abheben – eine Science-Fiction-Welt, geschaffen auf Geheiß des früheren Erziehungsministers und Senatspräsidenten René Monory, der überdies bis 2004 Präsident des Départements Vienne war. Der Park bietet Rundumkino, dreidimensionale Verblüffungseffekte, Nervenkitzel im Kollektivsimulator und Ähnliches. Dabei sind die Inhalte der gezeigten Filme völlig beliebig. Von Bildergewittern und Achterbahnfahrten im Kinosessel durchgewirbelt, taumeln die Besucher von einer Attraktion zur anderen. Die erklärten pädagogischen Absichten sind auf diesem Hightech-Rummelplatz schwer zu erkennen. Dennoch gibt es eine pädagogische Dimension: Systematisch werden Schulklassen durchgeschleust, später kommen die Kinder mit der ganzen Familie wieder.

Gemeinsam ist all diesen Anlagen, dass sie auf distanzlose Begeisterung für Hightech-Sensationen setzen. Dagegen könnte der kritische Einwand kommen, hier werde das Spiel der »Kulturindustrie« gespielt. Aber mit der haben Frankreichs Politiker gar kein Problem: »Die Kulturindustrien sind die Industrien der Zukunft«, hatte schon 1983 François Mitterrand dekretiert. Nichts spricht daher gegen die Mitgestaltung der Société du spectacle durch Volksvertreter. Diese Unterhaltungsparks ähneln feudalen Stadtgründungen. Spätestens seit »Puy du Fou« und »Futuroscope« die höhere Weihe zuteil wurde, als Etappenziele der Tour de France zu dienen, sind sie auf der emotionalen Landkarte der Franzosen fest verzeichnet.

Trotz der Auflockerung durch die RTT-Kurzurlaube bleibt die große Zäsur der Sommerferien bestehen. Ganz Frankreich hat in den Monaten Juli und August schulfrei. Während ein Drittel der

Segelboothafen in Martigues in der Provence

Franzosen im Sommer zu Hause bleibt, teilt sich der große Rest in zwei Stämme auf: in den etwas kleineren der »Juilletistes« und den mächtigen der »Aoûtiens«. Die Ferien stellen in diesem zentralistischen Land die große Parenthese zwischen zwei Jahreshälften dar, eine kollektive Auszeit. Vor dem Wochenende des gemeinsamen Aufbruchs wird im Rundfunk eindringlich vor Massenstaus und ungünstigen Abfahrtsterminen gewarnt – vergebens. Gas, Wasser und Strom werden abgestellt, und dann fahren sie los, alle zusammen, jedes Jahr. Als wären Staus und lange Schlangen an den Autobahn-Mautstellen noch einmal eine notwendige Stress-Verschärfung, bevor dann endlich die große mehrwöchige Entspannung einsetzt.

Der größte Prozentsatz der französischen Urlauber verlebt die Ferien bei Freunden oder in der Familie, oft jedes Jahr am selben Ort. Am zweithäufigsten ist Urlaub auf dem Campingplatz. Der Urlaub wird nach Möglichkeit im eigenen Land verbracht. Während es die Deutschen während der Sommerferien zu 80 Prozent ins Ausland treibt, bleiben Franzosen zu 80 Prozent in Frankreich. Denn man hat ja alles, was man sich an Landschaften nur wünschen kann: Ärmelkanal-, Atlantik- und Mittelmeerküsten, dazu

Alpen und Pyrenäen, Zentralmassiv, Jura und Vogesen, menschenleere Hochplateaus, saftig grünes Weideland, sonnenverbrannte Felsgebirge. Die Mehrheit freilich strebt ans Meer: Während des Sommers konzentrieren sich 30 Millionen Individuen auf vier Prozent des Territoriums. Selbst wer in die Ferne schweifen will, kann in Frankreich bleiben und seinen Urlaub auf den Antillen, der Insel La Réunion oder gar auf Tahiti verbringen. Im eigenen Land fühlt man sich sicher, man kennt die Sprache und – ganz wichtig – man isst anständig.

Außerdem wird man auch kulturell bestens versorgt: Den ganzen Sommer über finden Festivals jeder Art und Güteklasse statt. Kein Schlosspark, keine Klosterruine bleiben ungenutzt. Die bekanntesten Jazz-Musiker tingeln durch den Süden, im bretonischen Lorient kommen Musikgruppen aus der keltischen Welt zusammen, in Aix-en-Provence treffen sich die Weltstars des Belcanto. Nichts, was es nicht gibt: Streichquartette, Orgel-Zyklen, Ballett und Flamenco, Junges Theater, Altes Theater, Straßentheater, arabo-andalusische Musik oder das internationale Marionettenfest von Palavas-les-Flots.

Während dieser Zeit, und besonders im August, sind die Straßen der großen Städte gespenstisch leer, die Läden verrammelt, Cafés und Restaurants geschlossen. Paris liegt in einem melancholischen Dornröschenschlaf, weiß aber genau, wann es wieder wachgeküsst wird.

Kultur und Kommunikation

Die Rückkehr der Bücher

Nach dem kollektiven Abschalten des Sommerurlaubs folgt im September wie ein alljährlicher Big Bang des französischen Lebens die Rentrée. In den Städten scheint es, als würde plötzlich der Betrieb wieder angeknipst. Die Rolläden werden hochgezogen, die Caféhaustische aufs Pflaster gestellt, die Backöfen der Bäcker, die Herde der Bistros wieder angeworfen.

»La Rentrée« heißt »die Rückkehr«, und tatsächlich sind sie auf einmal alle wieder da. Schon in den letzten Augusttagen sind sie aufgetaucht, bevölkern die Straßen, spektakulär gebräunt und noch etwas ferienmäßig gestimmt. Aber schon macht sich die Unruhe wieder bemerkbar und schlägt in großstädtische Hektik um. Rentrée heißt Rückkehr an den Arbeitsplatz, meint aber auch die Rentrée scolaire, den Beginn des Schuljahrs. Das bedeutet neue Einkleidung und Ausstattung der Kinder. In Supermärkten und Kaufhäusern werden vorübergehend ausgedehnte Schulbedarfs-Abteilungen aufgebaut. Schließlich aber bezeichnet »la Rentrée« auch den Wiederbeginn des kulturellen Lebens und besonders der literarischen Saison, weshalb auch von »rentrée littéraire« die Rede ist: Jeden Herbst kommen die neuen Bücher wie eine Springflut über die Franzosen. Allein über 600 Romane werden zur gleichen Zeit veröffentlicht. Die Kritiker stoßen kokette Seufzer aus und machen sich an das Durchwühlen der Literaturberge, um die raren Perlen herauszupicken. Die Rentrée ist die Zeit im Jahr, in der Bücher intensive Beachtung finden. Sie sind dann für eine Weile ein zentrales Thema in den Medien, und das Reden über sie ist mindestens so wichtig wie die Werke selbst.

Ob aber diese Bücherschwemme der Literatur nützt, ist fraglich. Denn was die Verlage da betreiben, ist eine panische Flucht nach vorn. Massenhaft werden die Titel auf den Markt gepumpt, es ist wie ein gigantisches »Trial and Error«-Verfahren, das sich in den letzten Jahren immer weiter verschärft hat, nach dem Motto: Je mehr wir ins Rennen schicken, desto größer sind unsere Chancen, einen Treffer zu landen. »Wer schreibt, der bleibt«, lautet eine Weisheit, an die sich der schreibende Mensch gern klammert. Aber sie wird vom französischen Verlags- und Vertriebssystem Lügen gestraft. Für die meisten, die an der literarischen Rentrée teilnehmen, ist die Verweildauer in den Auslagen und Regalen der Buchhandlungen recht kurz. Sehr schnell, oft noch im selben Jahr, werden die unverkauften Bücher aus dem Verkehr gezogen, um die Lager freizumachen. Denn bald naht ja schon wieder die nächste Rentrée. So endet für die meisten der Traum von der literarischen Karriere unter dem »pilon«, der großen Bücher-Einstampfmaschine von Villeneuve-le-Roi vor den Toren von Paris. Zumindest ein Exemplar jedes Werkes wird jedoch in der Pariser Nationalbibliothek aufbewahrt.

Das Verfassen von Literatur ist ein intellektueller Volkssport, und so mangelt es nie an neuen Kandidaten, nicht wenige von ihnen sind Beamte oder Lehrer, die vom Drang beherrscht sind, Bücher zu schreiben. Die meisten Autoren haben einen normalen Beruf, denn vom Schreiben zu leben, ist kaum möglich. Bezahlte Lesereisen wie in Deutschland sind unbekannt, und die Möglichkeiten, sich durch Beiträge in den Medien über Wasser zu halten, wie das viele Schriftsteller in Deutschland tun, sind arg begrenzt. Während in der föderalen deutschen Rundfunklandschaft jede Anstalt ihr Kulturprogramm unterhält, gibt es unter dem Dach des zentralistisch organisierten *Radio France* nur eines, nämlich *France Culture*, und dort kommt man kaum hinein.

Auf die »rentrée littéraire« folgt als nächster Akt die große Aufregung um die Literaturpreise. Anfang November werden »Goncourt«, »Renaudot«, »Femina«, »Médicis« und »Interallié« vergeben, und solch ein Preis ist der heimliche Traum vieler schreibender Französinnen und Franzosen. Der begehrteste Preis ist der »Prix Goncourt«. Er macht seinen Autor mit Sicherheit und meist auf einen Schlag reich. Für den Preis selbst gibt es zwar nur symbolische zehn Euro, aber das Buch erhält dann eine rote Bauchbinde und verkauft sich plötzlich wie warme Semmeln. Auflagen von 400 000 Exemplaren sind keine Seltenheit. »Die goldene Ohrfeige des Schicksals. Es regnet Geld, Freunde, Feste, Reisen, Frauen, Feinde, Gauner, Galaempfänge, der Himmel ist blau,

Bouquinistes, Buchhändler am Ufer der Seine in Paris

und es schneit, die Sonne hört nicht auf zu scheinen«, so beschrieb Yann Queffelec, Preisträger des Jahres 1985, das Hochgefühl, das der »Goncourt« bei ihm auslöste. Die Verheißungen von Glück, Glanz und Ruhm führen dazu, dass unzählige Romane spekulativ auf diese Preise hin geschrieben werden, was für ihre literarische Originalität nicht sehr förderlich ist. Bemerkenswerte Literatur entsteht eher außerhalb dieses Systems, das mit dem »Prix Goncourt«, wie der Schriftsteller Lothar Baier 1988 sagte, den »Lottokönig des literarischen Jahres« bestimmt.[62]

Bei der Vergabe dieser Preise, so wird immer wieder moniert, gehe es nicht so ganz neutral zu; drei, vier Verlage, denen die meisten Juroren verpflichtet seien, würden die Sache unter sich ausmachen. Um solcher Kritik den Wind aus den Segeln zu nehmen, wird nun ab und an auch mal das Buch eines Außenseiterverlags ausgezeichnet. Die Bücher der Preisträger werden meistens ins Deutsche übersetzt, was nicht heißt, dass sie sich im Nachbarland auch gut verkaufen. Vieles von dieser französischen Mainstream-Literatur ist nur schlecht exportierbar.

Zu den erfolgreichsten französischen Büchern auf dem deutschen Markt zählen die Romane von Michel Houellebecq, über die manche Literaturkenner schmerzvoll das Gesicht verziehen, weil sie meinen, der Mann könne gar nicht schreiben. Die Mischung aus Weltekel und drastischem Sex, die er von Buch zu Buch in neuen Varianten liefert, erscheint seinem Lesepublikum indessen dermaßen attraktiv, dass Fragen der literarischen Qualität in den Hintergrund treten. Sexgesättigtes aus Frankreich kommt offenbar in Deutschland grundsätzlich gut an und ist seit der 1954 unter dem Pseudonym Pauline Réage erschienenen »Geschichte der O« geradezu eine folkloristische Konstante des modernen Literaturmarkts, man denke an die Kopulationsstatistik von Cathérine Millet, »Das sexuelle Leben der Cathérine M.« (2001), oder an Christine Angot, die nach dem Skandalerfolg von »Inzest« (2001) jedes Jahr mit neuen Beschreibungen intimer Körperfunktionen aufwartet. »Sex sells« gilt auch für Virginie Despentes, die den programmatischen Titel »Baise-moi – Fick mich« (2002) vorlegte, oder Alina Reyes, die ihrem vielbeachteten Erstling »Der Schlachter« (1988) weitere Frivolitäten folgen ließ und auf den Waschzetteln als »Meisterin der erotischen Literatur« gehandelt wird. Letztlich ist die Tradition erotischer Literatur noch viel älter, und sie dürfte das Bild von den Franzosen als gute Liebhaber entscheidend mitgeprägt haben.

Hüben wie drüben hat es Eric-Emmanuel Schmitt zu Bestsellerauflagen gebracht. »In Deutschland bin ich bekannt als ein Mann, der die Welt zum Weinen bringt«, teilt er zufrieden mit. Einen spektakulären Durchbruch erlebte 2002 in Frankreich und dann auch gleich in Deutschland Anna Gavalda mit ihren leichtfüßigen Alltagserzählungen und erfreut sich seither einer großen deutschen Fangemeinde. Ein anderer Shootingstar ist die Krimiautorin Fred Vargas, die seit ihrem ersten, 2000 ins Deutsche übersetzten Buch »Im Schatten des Palazzo Farnese« einen Erfolg nach dem anderen landet und 2004 mit dem Deutschen Krimipreis ausgezeichnet wurde.

Das meiste aber, was aus dem Französischen übersetzt wird, bleibt weit unterhalb der Bestsellerschwelle, das trifft auch auf Autoren zu, die in Frankreich hohe Auflagen erzielen, wie Le Clézio oder Jean Echenoz. Umgekehrt ist es ähnlich. Abgesehen von einigen spektakulären Erfolgen wie Patrick Süskinds »Parfüm« oder »Der Vorleser« von Bernhard Schlink, findet deutsche Literatur in Frankreich keine allzu große Beachtung.

Manches wird mit einiger Verspätung entdeckt: Erst seit den neunziger Jahren erscheinen zum Beispiel die Werke von Arno

Schmidt auf Französisch. Auch aus den zwanziger und dreißiger Jahren wird immer mal wieder etwas ausgegraben, das bisher übersehen worden war. Und manchmal fällt der Entdeckerblick in noch fernere Vergangenheit: So brachte der Pariser Verlag Fayard 1989 Grimmelshausens aus dem 17. Jahrhundert stammenden »Simplicius Simplicissimus« heraus. Aber besser spät als nie. Es wird auch erstaunlich viel an deutscher Gegenwartsliteratur übersetzt, aber wenig verkauft. Hervorzuheben ist das Engagement einiger kleinerer Verlage wie Actes Sud in Arles oder die Editions Jacqueline Chambon in Nîmes. Mit lobenswerter Hartnäckigkeit pflegen sie deutschsprachige Autoren, die von den Bestseller-orientierten großen Pariser Häusern links liegengelassen werden.

Anders sieht es beim Theater aus. Vor allem was in Berlin geschieht, wird mit großem Interesse verfolgt. »Schaubühne« und »Volksbühne« sind auch in Frankreich Markenzeichen geworden. Beim größten Theaterfestival der Welt in Avignon werden deutsche Regisseure regelrecht hofiert. 2004 wurde sogar das Eröffnungsstück, Büchners »Woyzeck« in der Inszenierung von Thomas Ostermeier, auf Deutsch im Innenhof des Papstpalastes aufgeführt, eine absolute Premiere. Die Bedeutung von Avignon fürs Theater in Frankreich ist immens. Mehrere hundert Truppen verwandeln jeden Juli die Stadt selbst in eine große Bühne. Das Festival ähnelt einer Messe, auf der alle ihre Produktionen vorführen und wo über das künftige Schicksal der Truppen und ihrer Inszenierungen entschieden wird. Wichtige Frage: Was wird für Paris angekauft?

Auch auf Pariser Bühnen und den renommierten Theatern des einstmals roten Vorstadtgürtels gastieren sie regelmäßig, die Ostermeier, Castorf, Marthaler oder Waltz. Eine große Vermittlerrolle kommt Bernard Sobel zu, der 1963 das »Ensemble Théâtral de Gennevilliers« gründete, nachdem er vier Jahre am »Berliner Ensemble« verbracht hatte. Das Theater von Gennevilliers wurde zu einem der bedeutenden Vorstadt-Theater, deren Entstehung auf das kulturelle Engagement kommunistisch geführter Gemeinden zurückgeht. Sobel, der grundsätzlich der deutschsprachigen Theaterwelt sehr verbunden ist, setzte sich nicht nur stark für Bertolt Brecht ein, sondern brachte auch die Stücke von Heiner Müller nach Frankreich. Das französische Theater hat

Müller mit offenen Armen aufgenommen, übersetzt, inszeniert; das Gleiche gilt für Botho Strauss, dessen erste Stücke der Regisseur Claude Régy dem Pariser Publikum in den achtziger Jahren präsentierte. Zeitgleich machte Bernard Sobel die Besucher seines Theaters mit einem bis dahin in Frankreich unbekannten Dramenautor namens Gotthold Ephraim Lessing bekannt: 1987 fand unter seiner Regie die französische Erstaufführung von »Nathan der Weise« statt.

Eine weitere Kunstform wird in Frankreich in unvergleichlicher Weise hochgeschätzt: der Comic, beziehungsweise »bande dessinée«, gezeichneter Streifen. Seine für Deutsche oft überraschende Popularität auch bei älteren Lesern gründet sich vor allem auf eine Themenvielfalt, die über das Amüsement weit hinausgeht. Seit über 30 Jahren treffen sich Comic-Liebhaber aus ganz Europa im westfranzösischen Angoulême zu einem jährlichen Festival, und die dort verliehenen Preise sind die bedeutendsten des Kontinents.

Kino als »kulturelle Ausnahme«

Wenn es einen kulturellen Bereich gibt, in dem Frankreich eine Ausnahmestellung in Europa einnimmt, dann ist es die Filmkultur. Die Franzosen produzieren zwischen 150 und 200 Filme im Jahr, während anderswo die Filmindustrie ums Überleben kämpft. Der französische Film ist der einzige, der neben dem amerikanischen in größerem Maßstab überlebt hat. Der Marktanteil der eigenen Produktion in den 5460 Kinos des Landes liegt zwischen 35 und 50 Prozent, beim deutschen Film sind es in Deutschland rund 15 Prozent.

Es gibt den politischen Willen, die eigene Filmindustrie zu erhalten, einmal weil sie ein beachtlicher Wirtschaftssektor ist, aber auch wegen des nationalen Prestiges. Ein ausgeklügeltes System von Hilfsmaßnahmen subventioniert die heimische Produktion. Mit einem Aufschlag von elf Prozent auf jede Eintrittskarte werden auch durch US-Blockbuster wie »King Kong« oder »Star Wars« heimische Talente gefördert. Für die Fernsehanstalten gelten Zwangsquoten, außerdem müssen sie prozentual zu ihrem Umsatz in die Filmproduktion investieren. Jährlich fließen rund

700 Millionen Euro in die nationale Filmförderung, das ist dreimal so viel wie in Deutschland.

Heftig beklagt sich darüber die US-Filmindustrie und spricht von Marktverzerrung. Schon 1993, bei den Verhandlungen zum Allgemeinen Zoll- und Handelsabkommen (GATT), forderten die Amerikaner die Abschaffung der Subventionen, von denen der französische Film profitiert. Die Franzosen machten geltend, Kultur sei keine Handelsware, die nur durch Marktgesetze und Konkurrenz gelenkt werden sollte, und prägten den Begriff der »exception culturelle«, der kulturellen Ausnahme. Unterstützung im Kampf gegen die kulturelle Hegemonie der Amerikaner kam von Staatspräsident Jacques Chirac: »Kunstwerke und Kulturgüter mit ganz gewöhnlichen Handelsgütern gleichzusetzen, zeugt von tiefer geistiger Verwirrung.«[63]

Zwar war allen klar, dass es bei der vielbeschworenen kulturellen Ausnahme weniger um die Kultur im Allgemeinen ging, sondern sehr konkret um protektionistische Maßnahmen zugunsten der französischen Filmindustrie, die beileibe nicht nur Kunstwerke hervorbringt, dennoch gelang es den Franzosen, die Europäische Gemeinschaft zu ihrem Gesichtspunkt zu bekehren.

Eine schwere Schlappe für die US-Amerikaner war dann die 2005 von der UNESCO verabschiedete Konvention über kulturelle Vielfalt, die sich ganz im Sinne der »exception culturelle« gegen die Einbeziehung von Kulturgütern in internationale Handelsabkommen aussprach. Die USA hatten mit allen Mitteln versucht, diese Übereinkunft zu verhindern, Außenministerin Condoleezza Rice drohte sogar, mit der UNESCO zu brechen – vergebens. Sogar die Briten machten mit bei der Koalition gegen die USA, und der deutsche Bundespräsident Horst Köhler sprach in seiner Lobrede vom »kulturellen Imperialismus«, den es zu verhindern gelte.

Ich gestehe, dass ich primär aus egoistischen Beweggründen froh bin über diese Form von Protektionismus. Denn geschützt wird zwar in erster Linie die französische Filmproduktion, darüber hinaus aber eine Kinokultur, die nicht ihresgleichen hat. Sie ist in ganz Frankreich, besonders aber in Paris zu Hause. Das Angebot ist beeindruckend, ebenso die Nachfrage. Nirgendwo auf der Welt kann man täglich mehr Filme sehen als in Paris. Und das betrifft eben nicht nur die französischen Produktionen, sondern Filme von überall, auch amerikanische, die in den USA oft kaum ein Publikum außerhalb von New York finden. Es gibt erstaunlich viele Leute, die sich argentinische Filme oder eine dem taiwanischen Regisseur Hou Hsiao-Hsien gewidmete Retrospektive in Originalversion anschauen, die Schlange stehen für Reprisen aus den dreißiger Jahren oder für den letzten Almodóvar. Es soll Menschen geben, die für eine Woche nach Paris kommen, um sich einer Überdosis Kino auszusetzen. Ich habe hier gelernt, wie viel schöner es ist, Filme in Originalversion anzuschauen, selbst wenn man die Sprache nicht versteht. Das Lesen der Untertitel ist schnell gelernt.

Groß ist auch die Bandbreite der französischen Filme. Kommerzielle Routiniers und Hollywood-Nachahmer wie Jean-Jacques Annaud oder Luc Besson drängen mit kostspieligen Produktionen auch auf den internationalen Markt. Den größten Erfolg der letzten Jahre – neun Millionen Zuschauer in Frankreich, 22 Millionen im Ausland – erzielte Jean-Pierre Jeunet mit »Die fabelhafte Welt der Amélie«, gefolgt vom Pinguin-Film »Der Marsch des Kaisers«. Aber auch Altmeister wie Alain Resnais, Claude Chabrol oder Costa-Gavras spielen noch aktiv mit. Hinzu kommen jedes Jahr ein Drittel Erstlingswerke: Viele tauchen kurz auf und verschwinden dann wieder, aber allein im Lauf der letzten zehn Jahre hat sich eine neue Generation interessanter Filmemacher durchsetzen können, man denke an Cédric Klapisch, (»L'Auberge Espagnole«), Arnaud Desplechin (»Rois et Reine«), Agnes Jaoui (»Lust auf Anderes«, »Schau mich an!«), François Ozon (»Swimming Pool«, »Die Zeit, die bleibt«), Jacques Audiard (»Der wilde Schlag meines Herzens«), Xavier Beauvois (»Eine fatale Entscheidung«) oder Dominik Moll (»Lemming«).

Nachdem das französische Kino früher vorwiegend um Liebes- und Psychoprobleme des gehobenen Bürgertums kreiste, beschäftigen sich neuere Filme immer öfter mit raueren sozialen Verhältnissen, so in Robert Guédiguians Geschichten aus dem Marseiller Arbeitermilieu (»Auf das Leben, auf den Tod«, »Marius und Jeannette«). Ängste um den Arbeitsplatz und das Drama der Arbeitslosigkeit werden bei Laurent Cantet (»Der Jobkiller«, »Auszeit«) thematisiert, und auch bei Laetitia Masson (»Haben (oder nicht)«, »Zu verkaufen«) wird ein realistisches Frankreich gezeigt, das recht ungemütlich sein kann.

Zur Kinokultur gehören auch die Filmzeitschriften, die Sonderseiten in der Presse und die Kinosendungen im Radio, wo Kritiker inbrünstig schwärmen und sich wortgewaltig streiten. Kino ist ungefähr so wichtig wie die Küche. Und es gehören die Festivals dazu – das große von Cannes natürlich, das jährlich im Mai stattfindet, aber auch die vielen kleineren, die bestimmten Genres oder Ländern gewidmet sind: In Cognac sind es Krimis, in Marseille Dokumentarfilme, in Deauville amerikanische Autorenfilme. Unbekanntere Filmnationen wie Marokko, Thailand oder Kolumbien werden in Amiens vorgestellt, Filme aus Großbritannien in Cherbourg und Dinard, aus Asien in Vesoul, aus Italien im lothringischen Villerupt, aus Mittelmeerländern in Bastia. Pessac bei Bordeaux präsentiert Historienfilme, Clermont-Ferrand Kurzfilme, Créteil Frauenfilme, Annecy Animationsfilme, und auf der bretonischen Insel Groix werden Inselfilme vorgeführt.

Im großen Pariser Kino »L'Arlequin« findet jeden Oktober ein »Festival du cinéma allemand« statt, bei dem die aktuelle deutsche Produktion vorgestellt wird. Hohes Ansehen genossen die deutschen Filmemacher der siebziger Jahre wie Rainer Werner Fassbinder oder Wim Wenders. Dann aber folgte die große Flaute der achtziger und neunziger Jahre, Filme aus Deutschland wurden schlichtweg ignoriert, und erst mit dem Publikumserfolg »Goodbye Lenin« erwachte erneut ein gewisses Interesse am »Cinéma allemand«. Deutsche Filme schaffen es jetzt wieder in den französischen Verleih und bekommen hier und da freundliche Kritiken. Allerdings bleiben sie weitgehend eine Sache für eingeweihte Spezialisten: kleine intime Filme in kleinen intimen Programmkinos.

Die Musikszene: Belebung durch die Quote

Wie der Film wird auch das Chanson staatlicherseits geschützt, und wie beim Kino geht es auch hier um die Abwehr der amerikanischen Übermacht und die Verteidigung der eigenen Unterhaltungsindustrie. Vor allem seit der Ausbreitung der Privatradios wuchsen die Marktanteile der anglophonen Popmusik. Seit 1994 existiert eine Quotenregelung, nach der die Radios mindestens 40 Prozent französischsprachige Titel programmieren müssen. Eine weitere Vorschrift besagt, dass zur besten Sendezeit 20 Prozent neue Titel und junge Talente zu spielen sind.

Über die Einhaltung wacht die Medienaufsichtsbehörde CSA (Conseil Supérieur de l'Audiovisuel). Allerdings war die Lage vorher nicht so dramatisch wie in Deutschland, wo im Tagesprogramm der Radios gerade mal zwei bis drei Prozent deutsche Titel laufen. Man war sich in Frankreich immer der eigenen Chansontradition bewusst. Léo Ferré, Edith Piaf, Jacques Brel, Georges Brassens, Barbara, Serge Gainsbourg, Henri Salvador oder Charles Aznavour wurden und werden in Ehren gehalten, sie sind ein fester Bestandteil der nationalen Kultur. Auch in jüngerer Zeit waren Musiker ohne Quote groß herausgekommen, etwa Alain Bashung, Bernard Lavilliers, Alain Souchon oder Rita Mitsouko.

Die Bilanz der Quote ist allerdings höchst positiv: Seit ihrer Einführung sind die Verkaufszahlen der französischen Musikbranche deutlich angestiegen, im Ausland konnte sie geradezu spektakuläre Erfolge feiern. Denn zweifellos hat die Quotierung der Kreativität neue Anstöße gegeben, das Aufblühen einer quirligen Musikszene unterstützt. Jungstars wie Jeanne Cherhal, Benabar, Vincent Delerm, Dominique A., Mathieu Boogaerts oder Philippe Katerine stehen für die Renaissance eines häufig textorientierten Chansons, bei dem auf Schwulst und Sentimentalität verzichtet und einem manchmal ironischen Minimalismus gehuldigt wird.

Außerdem sind da all die ethnischen Einflüsse, die zur Lebendigkeit der französischen U-Musik-Szene beitragen, Ergebnis der kolonialen Vergangenheit und der Einwanderungstradition. Für Musiker aus Westafrika ist Paris eine wichtige Drehscheibe, einige haben sich dort gleich ganz angesiedelt, wie Salif Keïta aus Mali oder Lokua Kanza aus der Republik Kongo. Über die Antilleninseln Martinique und Guadeloupe bereichert auch die Karibik das Musikangebot. Und aus Algerien ist die Mode des Raï hereingeschwappt, eine im islamischen Umfeld als vulgär und unmoralisch eingestufte Musik aufbegehrender junger Leute, mit Stars wie Khaled oder Cheb Mami, und nicht zu vergessen Rachid Taha, der einst als Sänger der Lyoner Gruppe Carte de Séjour den Charles-Trenet-Klassiker »Douce France« frech zur Hymne der Immigrantenkinder machte und der seither durch seine Mixturen algerischer Traditionen mit Rock- und Techno-Elementen international reüssiert.

In den nördlichen Pariser Vorstädten und in Marseille hat sich auch eine sehr eigene französische Hip-Hop- und Rap-Szene entwickelt, deren Protagonisten meist aus Immigrantenfamilien kommen. Sie sind afrikanischer, algerischer, in Marseille außerdem auch komorischer Herkunft. Für »Paris sous les bombes« erhielt die Gruppe »NTM« 1995 eine Goldene Schallplatte, kam allerdings wegen der bei einem Konzert ausgestoßenen Polizeibeschimpfungen kurz darauf vor Gericht. Zumal in den Texten der Gruppen aus der Pariser Banlieue dominierten zunächst Gewaltklischees und Macho-Allüren. Davon setzen sich inzwischen politisch engagierte Rapper wie Abd Al Malik ab, der nach einer Jugend als Dealer im Straßburger Problemviertel Neuhoff zum Islam und zur dekonstruktivistischen Philosophie gefunden hat und in seinen Songs gern Bezüge zu Jacques Brel unterbringt. Die Politisierung des Hip-Hop liegt im Trend. Zu denen, die sich auf subtilere Weise mit den sozialen Problemen der Vorstadt-Ghettos auseinandersetzen, gehört auch die Gruppe La Rumeur, und in Toulouse hat sich rund um die Rock- und Rap-Gruppe Zebda sogar eine Initiative gebildet, die 2001 bei den Kommunalwahlen 12,4 Prozent der Stimmen erhielt und mit vier Abgeordneten in den Stadtrat einzog.

In Deutschland kannte man bis vor kurzem von den neueren Vertretern der Musikszene allenfalls Patricia Kaas, die zweisprachige Sängerin aus dem lothringischen Grenzland. Aber seit ein paar Jahren findet eine größere Zahl französischer U-Musikanten stärkere Beachtung: die bretonische Rockgruppe Louise Attaque, die singenden Ex-Models Carla Bruni und Helena Noguerra, Yann Tiersen, der unter anderem die Filmmusik für »Die fabelhafte Welt der Amélie« und »Goodbye Lenin« schrieb, Manu Chao, der globalisierungskritische Alternativ-Troubadour, oder die beiden dem »French Electro Touch« huldigenden Duos Daft Punk und Air – sie alle haben wachsende deutsche Fangemeinden.

Sehr viel hat zu diesen Erfolgen das Exportbüro der französischen Musik in Berlin beigetragen. Mit Unterstützung der französischen Botschaft und der Kulturinstitute veranstaltet es eifrig Tourneen und organisiert jeden Herbst das vielbeachtete »Francophonic Festival« mit neuen Trends aus dem Nachbarland – das den deutschen Neigungen entsprechend unter anglophonem Namen daherkommt.

Angesichts der positiven französischen Erfahrungen mit der Quotierung hatte man auch in Deutschland begonnen, über ein ähnliches Modell nachzudenken. Viele Musiker, allen voran Heinz Rudolf Kunze, aber auch Politiker wie Wolfgang Thierse haben für die Quote plädiert. Der dagegen erhobene Vorwurf nationalistischer Deutschtümelei scheint mir angesichts der monotonen anglophonen Einheitssauce in den deutschen Dudelfunkprogrammen sowie der überhandnehmenden Sprachverhunzung durch Anglizismen nicht sehr überzeugend. Allerdings gilt es zu bedenken, dass das französische Erfolgsmodell nicht allein aus der Quote besteht, sondern es gehören dazu umfassende Fördermaßnahmen, soziale Absicherung durch den Künstlerstatus, Bereitstellung von Übungsräumen und die vielen subventionierten Musikfestivals, allen voran der »Printemps de Bourges« und die »Francofolies« von La Rochelle. Im Übrigen kennt man in der Bundesrepublik grundsätzlich keine derartige Einmischung des Staates in kulturelle Angelegenheiten. Rundfunk- wie überhaupt Kulturpolitik ist bekanntlich Sache der Länder, und die werden sich ihre Programmfreiheit kaum durch eine in Berlin ausgeheckte Quote beschneiden lassen. Auch hier funktioniert Frankreich eben ganz anders als Deutschland.

Medien unter Einfluss

Als eine französische Ausnahme muss auch die Situation der Presse angesehen werden, allerdings als eine wenig erfreuliche. Anders als beim Kino dürfte auf diese »exception« niemand neidisch sein.

Heute heißt die erfolgreichste Tageszeitung *20 Minutes*. Obwohl im Schnitt von zwei Millionen täglich gelesen, wird sie in den Presseschauen wenig beachtet: Es handelt sich um eine dieser Gratiszeitungen, die den Franzosen morgens auf dem Weg zur Arbeit zugesteckt werden. Sehr erfolgreich ist auch – mit 1,6 Millionen Lesern – das Konkurrenzblatt *Metro*. Für die »Bezahl-Presse« hat das verheerende Auswirkungen: Wer sich in diesen Gazetten informiert, kauft dann kaum noch eine andere Zeitung, überdies saugen die Gratisblätter beträchtliche Werbebudgets ab. Ihr Boom ist eine der Ursachen für die dramatischen Einbrüche bei der traditionellen Presse, eine andere ist das Internet, das für viele Leser den Kauf einer Zeitung überflüssig macht. Frankreichs einstmals meistgelesene Zeitung steht kurz vor dem Ende. In den besten Jahren wurden von *France Soir* täglich über eine Million Exemplare verkauft. Längst aber führt der frühere Gigant eine Kümmerexistenz und kommt gerade mal auf eine Auflage von 60 000. Das in endloser Agonie dahinsiechende Blatt ist zwar immer wieder Gegenstand kurzfristiger Sanierungsversuche, ein potentieller Retter nach dem anderen tritt auf den Plan, aber jeder reicht das moribunde Objekt wenig später wie eine heiße Kartoffel an den nächsten Übernahmekandidaten weiter.

Die Auflage der käuflichen Tagespresse sinkt ständig. Nach der Befreiung von 1944 hatte die Presse eine Phase der Euphorie erlebt, einen radikalen Neubeginn aus dem Geist der Résistance. Von den 206 Tageszeitungen, die 1939 in Frankreich existiert hatten, durften nur 28 weiter erscheinen. Alle Blätter, die sich während der Besatzungszeit kompromittiert hatten, wurden verboten. Ein beispielloser Prozess: Fast die gesamte Presse des Landes verschwand, eine neue wurde geschaffen. Die französischen Zeitungen sollten von nun an unabhängig sein von politischer Einflussnahme, sollten dem Zugriff von Regierungen und finanzieller Macht entzogen werden. Eine Einzelperson sollte nicht mehr als eine Tageszeitung besitzen dürfen. Schöne Absichten, die bald stillschweigend ignoriert wurden. Gegen die Idee von einer freien Presse setzten sich schnöde ökonomische Realitäten durch.

Heute beherrschen Rüstungsindustrielle und Großkonzerne die Presselandschaft. Da ist zum Beispiel Serge Dassault: Bis vor kurzem verband man mit seinem Namen vor allem Düsenjäger wie Mirage oder Rafale. Quasi aus dem Stand wurde der Flugzeugbauer Dassault zum Pressemogul, als er im Jahr 2004 das Presseimperium »Socpress« übernahm, zu dem der konservative *Figaro* sowie 70 weitere Zeitungen gehörten. Einen Teil des Imperiums hat er seither weiterverkauft, den Figaro aber hat er behalten. Und der Aufsichtsratsvorsitzende Dassault machte sofort klar, dass er sich ins journalistische Geschehen einzumischen gedachte. »Positiver« sollten die Nachrichten bitte werden und zurückhaltender, wenn es um Unternehmerinteressen geht. »Gesunde Ideen« gelte es zu verbreiten, dekretierte er.[64] Zwar war der *Figaro* auch vorher nicht als unternehmerfeindlich bekannt, aber die Belegschaft war trotzdem entsetzt und protestierte. Der neue Boss feuerte daraufhin kurzerhand den Chefredakteur.

Dassault ist schon der zweite Hersteller von Flugzeugen und Waffensystemen, der sich Teile des Pressesektors einverleibt hat.

Der andere ist Arnaud Lagardère, Co-Präsident des europäischen Luftfahrtgiganten EADS. Lagardère baut nicht nur Kampfhubschrauber und Raketen, sondern verfügt auch über einen enormen Medien-Bauchladen. Über seine Filiale »Hachette Filipacchi Médias« besitzt er allein in Frankreich 47 Magazine und diverse Regionalzeitungen sowie die Sonntagszeitung *Journal du Dimanche*, hinzu kommen zahlreiche Buchverlage. Auch im Hause Lagardère ist man für »gesunde« Ideen. Mehrfach hatte sich Nicolas Sarkozy in reichbebilderten Titelstorys der Illustrierten *Paris Match* mit seiner attraktiven Gattin Cécilia als Beispiel harmonischen Familienlebens präsentiert. Dann aber brannte Cécilia zeitweilig mit einem anderen Herrn durch. Als auch dies zu einer *Paris Match*-Story wurde, intervenierte der Gehörnte bei seinem Freund Lagardère, der daraufhin den Chefredakteur rausschmiss. Hersteller von Waffensystemen leben quasi ausschließlich von Staatsaufträgen. Das sind wohl nicht die besten Voraussetzungen für unabhängigen und kritischen Journalismus.

Redaktionelle Unabhängigkeit gehört seit der Gründung 1944 zu den Dogmen von *Le Monde*. Aber auch das intellektuelle Flaggschiff der französischen Presse gerät immer wieder in gefährliche Turbulenzen. Das Referenzblatt, das so lange abgehoben und stockseriös über dem Rest der Zeitungswelt thronte, versucht es nun mit aufgelockertem Erscheinungsbild und bunten Fotos. Auch werden schon mal »unpolitische« Themen auf die erste Seite gehoben. Trotz der zur Kapitalaufstockung hereingeholten Aktionäre bleibt die redaktionelle Unabhängigkeit von *Le Monde* bis auf weiteres durch die Kontrollposition der hauseigenen Redakteursgesellschaft gewahrt. In den neunziger Jahren hat die Direktion von *Le Monde* mit den Aufbau einer eigenen kleinen Pressegruppe begonnen, hat die Wochenzeitschriften *Télérama* und *Courrier International* sowie die südfranzösischen Tageszeitungen *Midi libre* und *L'Indépendant* übernommen und sich an mehreren Regionalzeitungen der Hachette-Gruppe beteiligt. Die Redakteure befürchten nun, dass *Le Monde*-Aktionär Lagardère zunehmend an Einfluss gewinnt.

Zum schärfsten Konkurrenten für *Le Monde* hatte sich die 1973 gegründete *Libération* entwickelt. Entstanden im Gefolge des Mai 68 mit Hilfe von Jean-Paul Sartre, hatte sie zunächst den Anspruch, eine radikal andere Art von Journalismus zu praktizieren, ohne Hierarchien, mit dem Anspruch, einen vom Einfluss ökonomischer und politischer Machtinstanzen freien Journalismus zu ermöglichen und jenen zu Wort zu verhelfen, die sonst überhört werden.

Aber ab 1981 wurden egalitäre Experimente und militante Töne aufgegeben, und auch Werbung kam ins Blatt. Auf Betreiben ihres Chefs, des Ex-Maoisten Serge July, wandelte sich *Libé*, wie sie von ihren Lesern zärtlich genannt wird, zu einer modernen linksliberalen Zeitung. Sie begleitete eine ehedem rebellische Generation zurück in den Schoß der bürgerlichen Gesellschaft. Dann versuchte July allerdings, die bis dahin recht erfolgreiche *Libé* in einem Kraftakt zu einer voluminösen Gazette nach dem Vorbild der *New York Times* zu machen und *Le Monde* zu überholen, was sich als verheerendes Fehlkalkül erwies. Rekordverluste machten Entlassungen und Fremdfinanzierung notwendig. Seit 1996 gehört die Zeitung nicht mehr mehrheitlich den Redakteuren. Und die Krise setzte sich fort. Das bisher dramatischste Kapitel vollzog sich 2006, als der Bankier Edouard de Rothschild zum Hauptaktionär und vorläufigen Retter des hochverschuldeten Blattes wurde und Mitbegründer Serge July vor die Tür setzte. Einige der besten Journalisten verließen die Zeitung. Auf dem Weg von Sartre zu Rothschild waren die Prinzipien, denen *Libération* einst verpflichtet war, endgültig abhanden gekommen.

Etwas besser als der »presse nationale«, das heißt den Pariser Zeitungen, geht es der Regionalpresse. Im Zuge eines jahrzehntelangen Konzentrationsprozesses entstanden die Quasi-Monopole von Blättern wie *La Dépêche du Midi, L'Est Républicain* oder der über ein riesiges Gebiet herrschenden Zeitung *Ouest France*, von deren Auflage (700 000 bis 800 000) die überregionale Presse nur träumen kann. Mit deutschen Regionalzeitungen hat die französische Provinzpresse wenig gemein, sie ist zumeist wahrhaft »provinziell«, bietet ein buntbebildertes Einerlei aus Lokalereignissen sowie ausgedehnte Berichte aus dem Vereinsleben jeder Gemeinde des Verbreitungsgebietes; seitenweise Gruppenbilder vom Rentner-Picknick über den Schachklub bis zur C-Jugend des örtlichen Fußballvereins sind die Regel. Während die Pariser Presse die Regionen vernachlässigt, findet sich hier das Regionale reduziert auf betulichen Lokalpatriotismus und Kirchturmperspektive. Nationale und internationale Aktualität sind in den hinteren Teil verbannt und beschränken sich oft auf Agenturmeldungen. Ihre Monopolsituation hat dazu geführt, dass die Blätter eine Art von politischem Neutralismus praktizieren. Wo man es allen recht machen will, sind kritische Töne nicht opportun. Nur in Wahlzeiten lassen die Provinzjournale die Präferenzen ihrer Besitzer durchschimmern.

Es ist schon merkwürdig genug, dass ein größerer Teil der Presse von Unternehmen der Rüstungsindustrie kontrolliert wird, aber was würde man zum Beispiel in Deutschland sagen, wenn das Erste Fernsehprogramm in den Besitz des größten Bauunternehmens geriete und für dessen wirtschaftliche wie politische Interessen instrumentalisiert würde?

TF1 war lange Zeit das einzige Programm des Staatsfernsehens. Dann kamen der landesweite zweite und der regional ausgerichtete dritte Kanal hinzu. *France 2* und *France 3* sind heute die beiden wichtigsten »chaines publiques«, während *TF1* unter der Regierung Chirac 1987 privatisiert und dem Baulöwen Bouygues überlassen wurde. Das Unternehmen erhielt damals den Zuschlag, weil es, um sich von anderen Kandidaten abzuheben, hohe kulturelle Ambitionen bekundete. So geriet der traditionsreiche Sender in die Hände eines Giganten des Baugewerbes, der unter anderem den Beton für die staatlichen Infrastruktur- und Repräsentativ-Objekte anmischt, das Unternehmen prosperiert wesentlich durch öffentliche Groß-Bauaufträge. Zu den Bouygues-Bauten gehören unter anderem die Pariser Arche de la Défense, der Flughafenterminal Charles de Gaulle 2, die große Sportarena Stade de France oder die neue Nationalbibliothek. Als der frühere marokkanische König Hassan II. eine neue Riesenmoschee für Casablanca vorsah, widmete ihm *TF1* eine Huldigungssendung, und Bouygues bekam den Auftrag. Auch im afrikanischen Gabun galt es größere Objekte zu bauen, also wurde dem dortigen Diktator Omar Bongo ein langes TV-Interview zugestanden.

Ohne Rücksicht auf das anfängliche Gerede vom kulturellen Auftrag wurde die vordem seriöse Fernsehanstalt in eine kommerzielle Unterhaltungsmaschine verwandelt. Tagein, tagaus bietet der erste Kanal Fernseh-Populismus der verschärften Sorte, mit Spiel- und Realityshows, Fußball, Soaps und Teleshopping.

Angesichts der emporschnellenden Einschaltquoten versuchte das öffentliche zweite Programm zeitweilig, es dem privaten Riesen gleichzutun und Ähnliches zu bieten. Das Staatsfernsehen gab ein Heidengeld für die extrem hohen Gagen der Showstars und

Glitzergirls aus, bis der Rechnungshof und die Medienaufsichtsbehörde die Verschwendung öffentlicher Mittel geißelten und
sich die Orientierung wieder leicht änderte.

TF1 aber blieb seinem Erfolgsmuster treu: Politische Hinter-
grundberichte werden kaum je geboten, dafür gibt es Informationen über »faits divers« – spektakuläre Mordfälle – und People-
Meldungen (sprich pie-PÖLL, neufranzösisch für »Prominente«).
Dergleichen bietet ein effizientes Umfeld für die Werbung, und
um die geht es schließlich, wie *TF1*-Boss Patrick Le Lay erläuterte:
»Das Metier von *TF1* besteht darin, Coca-Cola beim Verkaufen
seines Produktes zu helfen. Damit aber eine Werbebotschaft
wahrgenommen wird, muss das Gehirn des Fernsehzuschauers
aufnahmebereit sein. Der Sinn unserer Sendungen liegt darin, es
aufnahmebereit zu machen, d. h., es zwischen zwei Werbeblöcken
zu zerstreuen, zu entspannen und vorzubereiten. Was wir Coca-
Cola verkaufen, ist Zeit des disponiblen menschlichen Gehirns.«[65]
Dies ist immerhin von dankenswerter Klarheit.

Aber die hohen Einschaltquoten dienen nicht nur den Werbe-
einnahmen, sondern durch sie wird das 20-Uhr-Journal zum politischen Machtinstrument. Einem Sender, dem quasi die Hälfte
der Bevölkerung zuschaut, wagt sich kaum ein Politiker zu entzie-
hen, geschweige, zu widersetzen. *TF1* bietet ein extremes Beispiel
für die Verquickung von Unterhaltungsindustrie, Wirtschafts-
interesse und politischer Einflussnahme.

Arte – das deutsch-französische Fernsehexperiment

Das krasse Gegenprogramm bietet der deutsch-französische Kul-
tursender *Arte*: Keine Gameshows, keine Soaps, keine Werbung –
eine ganz andere Art von Fernsehen, ein Bollwerk gegen die
TV-Infantilisierung. Hervorgegangen ist *Arte* aus einem politischen Willensakt. 1988 wurde das Projekt von Helmut Kohl und
François Mitterrand angekündigt, drei Jahre später war der Vertrag perfekt, 1992 begann der Sendebetrieb und damit ein einzigartiges Experiment: Zwei Kulturen sollten sich in einem gemeinsamen Sender ergänzen und beeinflussen und außerdem über
sich hinauswachsen in Richtung Europa. Denn Arte ist eine Abkürzung und heißt: Association Rélative à la Télévision Euro-
péenne (Vereinigung für das europäische Fernsehen).

Von deutscher Seite wurde Arte anfangs freilich abfällig als »Bastard der Politik« bezeichnet. Den für *Arte* mitverantwortlichen *ARD*- und *ZDF*-Vertretern erschien der Familienzuwachs wie ein von Politikern ins Nest geschobenes Kuckucksei. In Deutschland tat man zunächst alles dafür, die Entwicklung des ungewollten Ablegers zu behindern. Arte wurde ins Kabel verbannt, die deutschen Fernsehanstalten schickten die zweite Garnitur ihrer Mitarbeiter und nutzten das Programm als Abspielstation für Ladenhüter.

So war es zu Beginn, aber so ist es nicht mehr. Dennoch hat das Unternehmen auch nach der etwas holprigen Anfangsphase unter der Kompliziertheit seiner Struktur zu leiden. *Arte* ist kein eigenständiges, integriertes Unternehmen mit einer souveränen Leitung, sondern ein »Mischwesen aus zwei nationalen Körperschaften mit einer schwachen Zentrale«, wie der frühere *Arte*-Mitarbeiter Patrick Démerin kritisch anmerkte.[66] Die französische Seite heißt *Arte France*, sitzt in Paris, ist zentralistisch organisiert und steht unter staatlichem Einfluss. Die deutsche besteht aus einer föderalen Mixtur von *ZDF* und einzelnen *ARD*-Anstalten, deren Beiträge bei *Arte Deutschland* in Baden-Baden zusammenlaufen. Die *Arte*-Zentrale in Straßburg koordiniert, was da von beiden Seiten geliefert wird. Ihr Einfluss auf die Produktionen und damit auf die Programmgestaltung ist begrenzt. Kein Wunder auch, dass es bei zwei so verschiedenen Fernsehkulturen gelegentlich zu Missverständnissen und Reibereien kommt.

Mit 350 Millionen Euro pro Jahr ist *Arte* finanziell gut ausgestattet. Und trotz aller Anfangsschwierigkeiten, trotz der deutsch-französischen Grabenkämpfe und des internen Machtgerangels hat sich der Sender einen guten Ruf erworben. Dennoch wird er leider recht wenig gesehen. In Frankreich, wo das Programm terrestrisch empfangen werden kann, ist die Einschaltquote mit 3,5 Prozent, an Wochenenden bis zu 5 Prozent, noch ganz akzeptabel, während sie in Deutschland maximal bei kläglichen 0,7 Prozent liegt. Ist »anspruchsvolles Fernsehen« womöglich ein Widerspruch in sich? Etwas, das kaum jemand wirklich will? Tatsächlich richtet sich *Arte* an Leute mit atypischem TV-Konsumentenverhalten. Wer abends die Kiste anstellt, um sich berieseln und entspannen zu lassen, wird hier nicht glücklich. Auch zum Hineinzappen eignet sich das Programm nicht.

Diejenigen, die sich dennoch auf den Kulturkanal einlassen, haben je nach Land recht unterschiedliche Vorlieben. Selbst unter *Arte*-Aficionados ist die Neugier auf Fremdes a priori begrenzt. Was den Deutschen gefällt, lässt die Franzosen oft kalt und umgekehrt. Ein Themenabend über Algerien war für die Franzosen hochinteressant, in Deutschland hingegen ein Flop. Für eine mehrstündige Faustinszenierung von Peter Stein war das französische Publikum wiederum kaum zu begeistern. Auch was die Spielfilme betrifft, bleibt man lieber im gewohnten Rahmen. »Marius et Jeanette«, bei den Franzosen ein Hit, wurde von den Deutschen verschmäht. Umgekehrt hatten die Franzosen nicht so viel für die »Blechtrommel« übrig. Ein anderer Haken ist das Sprachproblem. Die vielen »voice over«-Übersetzungen sind für die Zuschauer anstrengend, und gerade das deutsche Fernsehpublikum ist es nicht gewohnt, fremdsprachige Filme mit Untertiteln anzuschauen. Seltsam, dass so wenige Moderatoren in diesem deutsch-französischen Sender zweisprachig sind. Immerhin: Wenn der deutsche Anchorman mit den Nachrichten dran ist, begrüßt er die Zuschauer am Anfang auch brav mit »Bonsoir«, und seine französische Kollegin sagt am Schluss artig: »Tschüss, bis morgen!« Tatsächlich wird durch »Arte Info« die nationale Kirchturmsperspektive überwunden, denn zum einen erfährt man etwas über Alltag und Gesellschaft des anderen Landes, und zweitens sieht man internationale Ereignisse auch mal mit den Augen der anderen.

Trotz der komplizierten Strukturen werden bei *Arte* exzellente Sendungen produziert. Und so elitär, wie das manchmal bemäkelt wird, kann ich das Programm nicht finden. Es gibt ja nicht dauernd Konzerte von Pierre Boulez oder Themenabende über deutsche Expressionisten, sondern auch Reportagen über aktuelle Konfliktherde oder Spielfilme, die teilweise von *Arte* mitproduziert wurden. Und was ist elitär an Rolling Stones und Beatles, Techno und Rap?

Wahrhaft populär und dem Alltäglichen verpflichtet ist im Übrigen die Sendung »Karambolage«, die jeden Sonntag auf witzige Weise deutsch-französische Unterschiede präsentiert, den Franzosen germanische Besonderheiten wie den Bierdeckel, das Gummibärchen, den Strandkorb oder den gestrickten Klopapierhut fürs Auto näherbringt und die Deutschen über das französische Doppelbett, den Dreikönigskuchen oder das Opinelmesser aufklärt, aber auch darüber, dass es auf Französisch »atchoum« heißt statt »hatschi« und »beurk!« statt »igitt!«.

Neuerdings werden jedenfalls verstärkt Anstrengungen unternommen, ein breiteres, vor allem auch jüngeres Publikum zu erreichen. Seit Ende 2006 läuft die aus der *Arte*-Programmwerkstatt stammende Varieté-Sendung »Klang«, auch sogenannte Trash-Filme, B-Movies mit Kultstatus, haben einen Platz bekommen, und Doku-Soaps widmen sich unter anderem der allseits beliebten kulinarischen Thematik.

In anderen Ländern wie Belgien und Spanien ist man schon länger auf den Geschmack gekommen und übernimmt größere Programmteile. *Arte* europäisiert sich und ist per Satellit schon fast auf dem ganzen Kontinent zu empfangen. Das entspricht dem im Vertragstext formulierten Ziel, »die Annäherung der Völker in Europa zu fördern«. Und seit 2007 macht *Arte* Europa explizit zu einem Programmschwerpunkt, mit der wöchentlichen Reportagesendung »Zoom Europa« und den werktäglichen »Gesichtern Europas«.

Wenn ich *Arte* mit dem sonstigen Fernsehangebot in Frankreich vergleiche, bin ich froh und dankbar, dass dieser binationale Zwitter existiert. Trotz aller Unvollkommenheiten handelt es sich bei *Arte* um eine deutsch-französische Erfolgsgeschichte.

Nachbemerkung

Frankreich macht es seinen Liebhabern nicht immer leicht. Seit vielen Jahren schon beklagen sich ausländische Besucher regelmäßig über schlechten Service und mangelnde Gastfreundlichkeit. Erstaunlicherweise wird aber durch den manchmal etwas schroffen oder gleichgültigen Empfang der Besucherstrom kaum beeinträchtigt. 13 Millionen Touristen kommen jedes Jahr allein aus Deutschland, während umgekehrt nur eine Million Franzosen ins östliche Nachbarland reisen. Dass sich die Franzosen bei auswärtigen Besuchern nicht anbiedern, hatte schon der frankophile Kurt Tucholsky erkannt, als er in den 1920er Jahren eine Reise entlang der französischen Pyrenäen unternahm: »Frankreich stellt sich nicht hin und ruft: Seht! Wie schön ist es bei mir! Kommt einmal alle hierher! Nein, wenn du die Schönheit des Landes aufsuchen willst, dann mußt du sie suchen – findest du sie, ist es gut; findest du sie nicht, ist's den Franzosen auch gleich.«

Das gilt nach wie vor, und nicht nur für Touristen. Frankreich muss man sich erarbeiten, und bis man sich dort zu Hause fühlt, kann es eine Weile dauern, aber die Mühe lohnt sich. Schönheit und Naturreichtum des Landes tragen zur Faszination, die von diesem großen und komplexen Land ausgeht, natürlich eine Menge bei. Und auch das vielbeschworene »savoir vivre«, die Fähigkeit zum guten Leben, ist nicht einfach nur ein Klischee. Wer zu gewissen Lernanstrengungen bereit ist, dem werden sich neue Qualitäten der Genussfreude erschließen, auch wenn sich sporadisch die Sehnsucht nach Schwarzbrot, deutscher Kneipenkultur und einem vernünftig gezapften Bier melden mag.

Aber die Attraktivität geht über ästhetisches und kulinarisches Behagen hinaus: Frankreich ist einfach spannend, stets gut für Überraschungen, ein Land, in dem immer wieder plötzliche soziale Eruptionen und aufregende Debatten stattfinden, auch solche, die zum Widerspruch herausfordern.

Eine politische und intellektuelle Ungleichzeitigkeit ist trotz aller europäischen Annäherungen geblieben. Frankreich hat seinen eigenen Rhythmus. Manche Fragestellungen dringen mit großer Verspätung, dann aber oft umso heftiger, in die französische Aktualität vor, wie etwa die lange als deutsche Marotte belächelte Sorge um die Umwelt, die im Rahmen des Präsidentschaftswahlkampfes 2007 zu einem französischen Kardinalthema geworden ist. Andererseits prescht Frankreich wiederum mit manchen Anstößen voran, ob es um Globalisierungskritik, den Kampf gegen Genfood oder die Frage nach dem sozialen Sinn der Europäischen Union geht.

Rund 150 000 Deutsche haben sich aus unterschiedlichen Gründen dauerhaft in Frankreich angesiedelt und sich ins Leben des Landes integriert. Während auf der Ebene von Politik, Wirtschaft und Medien regelmäßig über Missverständnisse und Konflikte, ja sogar über das Ende des deutsch-französischen Tandems geklagt wird, hat sich auf dem Niveau der normalen »Citoyens« ein selbstverständliches, alltägliches Miteinander entwickelt.

Hilfreich hierbei ist das dichte Netz zur Förderung von Beziehungen jeder Art. Nirgendwo sonst gibt es so viele organisierte Kontakte zwischen zwei Völkern, vom Jugendaustausch über Schulpartnerschaften bis zur akademischen Zusammenarbeit. Die Deutsch-Französische Hochschule vermittelt integrierte Studiengänge, deren Abschlüsse hüben wie drüben gelten, und hilft beim Berufsstart im jeweiligen Nachbarland. Und natürlich bringen auch die Städtepartnerschaften eine Annäherung.

In manchen Fällen beschränkt sich die Partnerschaft auf das jährliche Treffen der Bürgermeister und das Pflanzen eines Freundschaftsbaums. Oft aber haben sich enge Beziehungen entwickelt, gerade kleinere Gemeinden sind häufig besonders engagiert, pflegen gegenseitige Besuche von Feuerwehr, Musikkapellen, Kirchenchören, Sportvereinen und Schülergruppen. Wenn der Mandolinenklub aus dem hessischen Falkenstein in Le Mêle-sur-Sarthe auftritt, wenn die französischen Gäste aus Thoiry am Bierseminar in Pfronten im Allgäu teilnehmen oder in Lavandou bei Toulon zur Feier der 30-jährigen Partnerschaft mit Kronberg im Taunus 2003 eine Riesen-Bouillabaisse gekocht wird, kommen sich die Menschen auf unkomplizierte Weise näher, auch wenn die Verständigung oft mit Händen und Füßen oder auf Englisch stattfindet.

Zu den Ergebnissen solcher Kontakte gehört die große Zahl binationaler Paare. Mehr als 2000 Ehen, Tendenz steigend, werden pro Jahr zwischen Deutschen und Franzosen geschlossen, etwa gleich viele in beiden Ländern, wobei meist der weibliche Partner dem männlichen in dessen Heimatland folgt. Dazu kommen unzählige Beziehungen ohne Trauschein. All diese Paare müssen auf dem Kampffeld des Alltags mit ihren kulturellen Unterschieden zurechtkommen. Zwei klassische deutsch-französische Konfliktquellen wurden vor Jahren schon von neugierigen Medien ausfindig gemacht, und ich kann sie durch eigene Recherchen bestätigen. Sie betreffen Zentralbereiche des Zusammenlebens: Die deutschen Ehefrauen sind entsetzt über die Angewohnheit ihrer französischen Gatten, beim Frühstück das Brot oder Croissant in den Bol, die Schale mit dem Milchkaffee, zu tunken, während sich die Franzosen mit ihren deutschen Partnerinnen regelmäßig wegen des Schlafzimmerfensters streiten: Die Germaninnen, die es selbst im Winter nach frischer Luft verlangt, wollen es aufreißen, die Gallier, die es gern mollig warm haben, wollen es zulassen.

Wenn sich nachbarschaftliche Unterschiede im Schlafzimmer diskutieren lassen, ist die deutsch-französische Annäherung wohl erreicht.

Überblick zur Geschichte seit der Französischen Revolution

1789:	Mit dem Sturm auf die Bastille am 14. Juli endet das Ancien Régime, die Regierungszeit der Bourbonenkönige über 1200 Jahre.
1789–1799:	Phasen der Französischen Revolution
1792–1799:	Erste Republik, deren Verfassung wegen der Bedrohung von innen und außen nicht angewandt wird, 1795–1799: Direktorialregierung.
1799:	General Napoleon Bonaparte beendet die Revolution per Staatsstreich und wird Erster Konsul.
1804–1815:	Kaiserreich Napoleons I.
1815–1830:	Restaurationsphase unter Ludwig XVIII. und Karl X.
1830–1848:	Als Ergebnis der Julirevolution Herrschaft des Bürgerkönigs Louis Philippe, die sogenannte Julimonarchie
1848:	Februarrevolution. Ausrufung der Zweiten Republik
1851:	Staatsstreich von Louis Napoleon, dem Neffen Napoleons I.
1852–1870:	Zweites Kaiserreich. Louis Napoleon nennt sich Napoleon III.
1870/71:	Deutsch-Französischer Krieg
1870–1940:	Dritte Republik
1940–1944:	Deutsche Besetzung, Vichy-Regime
1944:	Befreiung Frankreichs, Provisorische Regierung unter Charles de Gaulle
1945–1954:	Indochinakrieg
1946–1958:	Vierte Republik
1954–1962:	Algerienkrieg
seit 1958:	Fünfte Republik

Anhang

Anmerkungen

1 Pollmann, Bernhard (Hg.): Lesebuch zur deutschen Geschichte, Bd. 3. Dortmund 1984, S. 254.

2 Zit. nach: Ritte, Jürgen: An Absender zurück. Ansichtskarten aus Frankreich. In: Literaturmagazin 28. Französische Zustände. Reinbek 1991, S. 58.

3 Emnid-Institut für Die Welt, 22.1.2003.

4 Le Figaro, 11.11.2006.

5 Chaillou, Alain: National cathodisme. In: Le Monde, 1.6.2002.

6 Börne, Ludwig: La Balance. Revue allemande et française, 1/1836. Reprint Hildesheim 1973, S. 2.

7 Zit. nach: Raddatz, Fritz J.: Die Französische Revolution und die deutsche Geistesgeschichte. In: Zeit-Magazin, 5.5.1989, S. 42.

8 Zit. nach: Engels, Hans-Werner: Auftakt für ein neues Europa: Hamburgs Bürger feiern die Französische Revolution. In: Die Zeit, 11.7.2002, S. 80.

9 Zit. nach: Raddatz, a.a.O., S. 44.

10 Zit. nach: Ebenda, S. 59.

11 Zit. nach: Erenz, Benedikt: 200 Jahre 68. In: Die Zeit, 9.3.2006.

12 Arndt, Ernst Moritz: Über Volkshaß und über den Gebrauch einer fremden Sprache. Leipzig 1813, S. 18.

13 Ebenda.

14 Zit. nach: Schilling, René: Körner Superstar. In: Die Zeit, 16.11.2000, S. 86.

15 Beschluss des Deutschen Bundestags vom 10.12.1835, vgl. www.heinrich-heine-denkmal.de.

16 Gumz, Wolf-Dietrich (Hg.): Rheinreise. Gedichte und Lieder. Stuttgart 1986, S. 240.

17 Zit. nach: Jeismann, Michael: Das Vaterland der Feinde. Studien zum nationalen Feindbegriff und Selbstverständnis in Deutschland und Frankreich 1792–1918. Stuttgart 1992, S. 232.

18 Mann, Thomas: Gedanken im Kriege. In: Ders.: Aufsätze, Reden, Essays. Berlin 1983, S. 23.

19 Zit. nach: Jeismann, a.a.O., S. 354.

20 Bloch, Ernst: Spuren. Frankfurt/M. 1970, S. 22.

21 Réau, Elisabeth du: Munich ou la stratégie de l'abandon. In: L'Histoire, 2/1998, S. 55.

22 Zit. nach: Dufay, François: Die Herbstreise. Französische Schriftsteller im Oktober 1941 in Deutschland. Berlin 2001, S. 169.

23 Ebenda, S. 124.

24 Wolfrum, Edgar: Die Rache der Franzosen. In: Die Zeit, 18.5.2000, S. 82.

25 Eschenburg, Theodor: Jahre der Besatzung 1945–1949. Stuttgart 1983, S. 96.

26 Zit. nach: Le non socialiste à l'Europe. In: Libération, 14.10.2004, S. 39.
27 Vgl. Karnow, Stanley: Vietnam – A History. New York 1983, S. 197.
28 Vgl. Beaugé, Florence: Torturée par l'armée française en Algérie, »Lila« recherche l'homme qui l'a sauvée. In: Le Monde, 19.6.2000.
29 Vgl. Rioux, Jean-Pierre: La France de la quatrième république. Paris 1983, S. 67.
30 Ebenda, S. 88.
31 Zit. nach: Cohen-Solal, Annie: Sartre 1905–1980. Reinbek 1988, S. 567.
32 Fehse, Erika: Si Mustapha Müller – kurze Zeit des Ruhms. Dokumentarfilm. Deutschland 1992.
33 Vgl. Delale, Alain; Ragache, Gilles: La France de 68. Paris 1978, S. 45.
34 Baier, Lothar: »Schaffen wir französische Zustände!« In: Tageszeitung, 25.5.1988, S. 17.
35 Massu, Jacques: Baden 68. Souvenirs d'une fidélité gaulliste. Paris 1983.
36 Vgl. Pfeil, Ulrich: »Nous sommes venus en RDA pour connaître un pays socialiste.« Die Anfänge der Jugendbeziehungen zwischen der DDR und Frankreich. In: Dokumente 55/1999, S. 287.
37 Ebenda.
38 Zit. nach: Weisenfeld, Ernst: Welches Deutschland soll es sein? Frankreich und die deutsche Einheit. München 1986, S. 53.
39 Zit. nach: Weisenfeld, Ernst: Geschichte Frankreichs seit 1945. München 1997, S. 319.
40 Michelet, Jules: Le Peuple, 1846. Zit. nach: Citron, Suzanne: Le mythe national. Paris 1989, S. 4.
41 Ebenda.
42 Peyrefitte, Alain: C'était de Gaulle. Paris 1994, S. 284.
43 François Mitterrand am 25.6.1975. Zit. nach: Nallet, Henri: Le réferendum sur le traité constitutionnel et le désenchantement de l'Europe. In: Revue Passages, 4/2005.
44 Umfrage des Institut Français d'Opinion Publique, vgl. La Croix, 14.8.2006.
45 Vgl. Charpak, Georges; Broch, Henri: Devenez sorciers, devenez savants. Paris 2003.
46 Zit. nach: Noriel, Gérard: Le creuset français. Histoire de l'immigration XIXe-XXe siècle. Paris 1988, S. 39.
47 Umfrage der Consultation Nationale Consultative des Droits de l'Homme, 21.3.2000.
48 Zit. nach: Libération, 19.7.2004, S. 12.
49 Ebenda.
50 Zit. nach: Jordan, David: Die Neuerschaffung von Paris. Baron Haussmann und seine Stadt. Frankfurt/M. 1996, S. 239.
51 Meyer, Philippe: Paris la Grande. Paris 1997, S. 235.
52 Brooks, David: Die Bobos. Der Lebensstil der neuen Elite. München 2001.
53 Frisch, Max: Tagebuch 1966–1971. Frankfurt/M. 1979, S. 124.
54 Hoffet, Frédéric: Psychanalyse de l'Alsace. Colmar 1994, S. 90.
55 Vgl. Tassel, Fabrice: Alain Juppé condamné à payer sa fidelité. In: Libération, 21.1.2004.

56 Vgl. Studie des Centre d'études de la vie politique française, www.cevi-pof.msh-paris.fr.

57 Macciocchi, Maria Antonietta: Der französische Maulwurf. Berlin 1979, S. 64.

58 Institut d'études de marché et d'opinion, 27.7.2006.

59 Vgl. A nos amis français. In: Le Monde, 2.5.2005.

60 France 2, Interview mit Claude Chabrol, 21.2.2006.

61 Vovelle, Michel: Un historien au Puy du Fou. In: Le Monde diplomatique, 8/1994, S. 17.

62 Baier, Lothar: Firma Frankreich. Eine Betriebsbesichtigung. Berlin 1988, S. 125.

63 Zit. nach: Der Spiegel, 11.2.2002.

64 Zit. nach: Ramonet, Ignacio: Médias en crise. In: Le Monde diplomatique, 1/2005, S. 27.

65 Zit. nach: AFP, 9.7.2004; vgl. auch Observatoire des médias acrimed, 11.7.2004.

66 Démerin, Patrick: Wie man eine Heilige Kuh zu Tode melkt. In: FAZ, 28.5.2002.

Literatur

Adamo, Hans; Hervé, Florence: Natzweiler Struthof. Blicke gegen das Vergessen. Essen 2002.

Angrand, Béatrice: L'Allemagne. Collection idées reçues. Paris 2006.

Azéma, Jean-Pierre: De Munich à la Libération 1938–1944. Paris 1977.

Baier, Lothar: Firma Frankreich. Eine Betriebsbesichtigung. Berlin 1988.

Baier, Lothar: Französische Zustände. Berichte und Essays. Frankfurt/M. 1982.

Boehnke, Heiner; Zimmermann, Harro (Hg.): Reiseziel Revolution. Berichte deutscher Reisender aus Paris 1789–1805. Reinbek 1988.

Bové, José; Dufour, François: Die Welt ist keine Ware. Bauern gegen Agromultis. Zürich 2001.

Brés, Éveline et Yvan: Un maquis d'antifascistes allemands en France (1942–1944). Montpellier 1987.

Chevalier, Louis: L'assassinat de Paris. Paris 1977.

Christadler, Marieluise; Hervé, Florence (Hg.): Bewegte Jahre – Frankreichs Frauen. Düsseldorf 1994.

Christadler, Marieluise; Uterwedde, Henrik (Hg.): Länderbericht Frankreich. Opladen 1999.

Citron, Suzanne: Le mythe national. L'historie de France en question. Paris 1989.

Cohen-Solal, Annie: Sartre 1905–1980. Reinbek 1988.

Culioli, Gabriel Xavier: Le complexe corse. Paris 1990.

Doutriaux, Claire: Karambolage. Kleines Buch der deutsch-französischen Eigenarten. München 2006.

Duby, Georges: Histoire de la France. Paris 1983.

Dufay, François: Die Herbstreise. Französische Schriftsteller im Oktober 1941 in Deutschland. Berlin 2001.

Durand, Beatrice: Die Legende vom typisch Deutschen. Eine Kultur im Spiegel der Franzosen. Leipzig 2004.

Etienne, Bruno; Giordan, Henri; Lafont, Robert: Le temps du pluriel. La France dans l'Europe multiculturelle. La Tour d'Aigues 1999.

Frischer, Dominique: La France vue d'en face. L'image de la France analysée et jugée par des étrangers. Paris 1990.

Giesbert, Franz-Oliver: Jacques Chirac. Tragödie eines Mannes und Krise eines Landes. München 2006.

Götze, Karlheinz: Französische Affairen. Ansichten von Frankreich. Frankfurt/M. 1993.

Graff, Martin: Nackte Wahrheiten – Deutsche und Franzosen. München 1994.

Ders.: Von Liebe keine Spur. Das Elsaß und die Deutschen. München 1996.

Grosser, Alfred: Wie anders ist Frankreich? München 2005.

Harbi, Mohammed; Stora, Benjamin: La guerre d'Algérie 1954–2004. La fin de l'amnésie. Paris 2004.

Hazan, Eric: L'invention de Paris. Paris 2002.

Jasper, Willy: Hotel Lutetia. Ein deutsches Exil in Paris. München 1994.

Jeismann, Michael: Das Vaterland der Feinde. Studien zum nationalen Feindbegriff und Selbstverständnis in Deutschland und Frankreich 1792–1918. Stuttgart 1992.

Jung, Ruth: Attac – Sand im Getriebe. Hamburg 2002.

Kerber, Marcus C.: Europa ohne Frankreich? Deutsche Anmerkungen zur französischen Frage. Frankfurt/M. 2006.

Kolboom, Ingo; Kotschi, Thomas; Reichel, Edward (Hg.): Handbuch Französisch. Berlin 2002.

Kolboom, Ingo; Weisenfeld, Ernst (Hg.): Frankreich in Europa. Ein deutsch-französischer Rundblick. Bonn 1993.

Leggewie, Claus: Kofferträger. Das Algerien-Projekt der Linken im Adenauer-Deutschland. Berlin 1984.

Macciocchi, Maria Antonietta: Der französische Maulwurf. Berlin 1979.

Meyer, Ahlrich: Die deutsche Besatzung in Frankreich 1940–1944. Darmstadt 2000.

Meyer, Philippe: Paris la grande. Paris 1997.

Mitterrand, François: Mémoires interrompus. De l'Allemagne, de la France. Paris 1996.

Nadeau, Jean-Benoît; Barlow, Julie: Pas si fous, ces Français! Paris 2005.

Nora, Pierre: Erinnerungsorte Frankreichs. München 2005.

Noriel, Gérard: Le creuset français. Histoire de l'immigration XIXe-XXe siècle. Paris 1988.

Ory, Pascal: Les collaborateurs 1940–1945. Paris 1976.

Péan, Pierre; Nick, Christoph: TF1, un pouvoir. Paris 1997.

Picht, Robert; Hoffmann-Martinot, Vincent; Lasserre, René; Theiner, Peter (Hg.): Fremde Freunde – Deutsche und Franzosen vor dem 21. Jahrhundert. München 1997.

Rebérioux, Madeleine: La République radicale? 1898–1914. Paris 1975.

Rousso, Henry: Pétain et la fin de la collaboration. Sigmaringen 1944–1945. Brüssel 1984.

Schmidt, Bernard; Doll, Jürgen; Fekl, Walther: Frankreich-Lexikon. Berlin 2006.

Sieburg, Friedrich: Gott in Frankreich? Frankfurt/M. 1954.

Staël, Madame de: Über Deutschland. Frankfurt/M. 1985.

Tournier, Michel: Le bonheur en Allemagne? Paris 2004.

Vidal, Dominique: Le mal-être juif. Entre repli, assimilation et manipulations. Marseille 2003.

Weill, Patrick: La France et ses étrangers. Paris 1991.

Ders.: Qu'est-ce qu'un français? Paris 2002.

Weisenfeld, Ernst: Geschichte Frankreichs seit 1945. Von de Gaulle bis zur Gegenwart. München 1997.

Weisenfeld, Ernst: Welches Deutschland soll es sein? Frankreich und die deutsche Einheit seit 1945. München 1986.

Willms, Johannes: Napoleon. Eine Biographie. München 2005.

Witte, Karsten (Hg.): Paris. Deutsche Republikaner reisen. Frankfurt/M. 1980.

Ziebura, Gilbert: Die deutsch-französischen Beziehungen seit 1945. Mythen und Realitäten. Stuttgart 1997.

In Frankreich geläufige Abkürzungen

AFP	Agence France Presse (französische Presseagentur)
ANPE	Agence Nationale Pour l'Emploi (Arbeitsamt)
Bac	baccalauréat (Abitur)
BD	Bande dessinée (Comic)
CDD	Contrat à Durée Déterminée (befristeter Arbeitsvertrag)
CDI	Contrat à Durée Indéterminée (unbefristeter Arbeitsvertrag)
CFDT	Confédération Française Démocratique du Travail (Gewerkschaft mit Nähe zur Sozialistischen Partei)
CGT	Confédération Générale du Travail (Gewerkschaft mit Nähe zur Kommunistischen Partei)
CSA	Conseil Supérieur de l'Audiovisuel (Medienaufsichtsbehörde)
DFJW	Deutsch-Französisches Jugendwerk
DGSE	Direction Générale de la Sécurité Extérieure (Auslandsgeheimdienst)
DST	Direction de la Surveillance du Territoire (Inlandsgeheimdienst)
DOM-TOM	Départements d'outre-mer – Territoires d'outre-mer (Frankreichs Überseegebiete)
EDF	Electricité de France (der staatliche Stromkonzern)
ENA	Ecole Nationale d'Administration (Hochschule der Staatselite)
Fac	faculté (Universität)
FFI	Forces Françaises de l'lutérieur (Bewaffnete Résistance-Truppen)
FFL	Forces Françaises Libres (Freie Französische Streitkräfte, die nach 1940 gegen die deutsche Besatzungsmacht und die Vichy-Regierung kämpften)
FLN	Front de Libération Nationale (algerische Unabhängigkeitsbewegung, heute eine Partei in Algerien)
FLNC	Front de Libération Nationale de la Corse (illegale korsische Unabhängigkeitsbewegung)
FN	Front National (rechtsextreme Partei von Jean-Marie Le Pen)
FO	Force Ouvrière (politisch ungebundene Gewerkschaft)
HLM	Habitation à Loyer Modéré (Sozialwohnungsblock)
LCR	Ligue Communiste Révolutionnaire (Trotzkistische Partei)
LO	Lutte Ouvrière (noch eine trotzkistische Partei)
MEDEF	Mouvement des Entreprises de France (Unternehmerverband)
OAS	Organisation Armée Secrète (Untergrundorganisation in der Endphase des Algerienkriegs)
ONU	Organisation des Nations Unis (UNO, Vereinte Nationen)
OTAN	Organisation du Traité de l'Atlantique Nord (NATO)

PCF	Parti Communiste Français (Kommunistische Partei Frankreichs)
PPF	Parti Populaire Français (Faschistische Partei Frankreichs)
PS	Parti Socialiste (Sozialistische Partei Frankreichs)
RATP	Régie Autonome des Transports Parisiens (Pariser Verkehrsbetriebe)
RDA	République Démocratique Allemande (DDR)
RER	Réseau Express Régional (S-Bahn der Pariser Region)
RFA	République Fédéral d'Allemagne (Bundesrepublik Deutschland)
RG	Renseignements Généraux (geheimdienstähnliche Polizeieinheit)
RMI	Revenu Minimum d'Insertion (Sozialhilfe)
RTT	Réduction du Temps de Travail (Arbeitszeitverkürzung durch die 35-Stunden-Woche)
SDF	Sans Domicile Fixe (Obdachloser)
SMIC	Salaire Minimum Interprofessionnel de Croissance (gesetzlicher Mindestlohn)
SNCF	Société Nationale des Chemins de Fer (staatliche Eisenbahngesellschaft)
TGV	Train à Grande Vitesse (Hochgeschwindigkeitszug)
TVA	Taxe sur la Valeur Ajoutée (Mehrwertsteuer)
UDF	Union pour la Démocratie Française (rechtsliberale Partei)
UE	Union Européenne (Europäische Union, EU)
UMP	Union pour un Mouvement Populaire (große konservative Partei)

Abbildungsnachweis

Walter G. Allgoewer/Joker: S. 209
Département de Tarn-et-Garonne/MAE: S. 195
Chad Ehlers/Getty Images: Umschlag (vorn)
G. Fischer/Bildagentur-online: S. 135
Gerald Abaca Holubowicz/dpa: S. 164
Günter Liehr, Paris: S. 33, 44, 97, 157, 203
Johanna Links: S. 175, 191, Umschlag (hinten), vordere Umschlagklappe
Archiv MAE: S. 69
Landov Miller/dpa: S. 101
F. de la Mure/MAE: S. 114, 151, 187, 205
Picture-Alliance/dpa: S. 63
Angela Schwarz, Paris: S. 111
Archiv des Verlages: S. 21, 23, 46f.
Christopher Volle, Berlin: Karten S. 8/9, 109

Wir danken der Mediathek der französischen Botschaft Berlin (MAE) für die Unterstützung bei der Fotosuche.

Kontaktadressen

Grenzüberschreitendes
Oberrhein:
Netzwerk für Grenzgänger: www.eures-t-oberrhein.com
Informations- und Beratungsstellen: www.infobest.org
Institut für grenzüberschreitende Zusammenarbeit in Kehl:
www.euroinstitut.org
Saarland, Lothringen, Luxemburg: www.saarlorlux.org

Deutsch-französische Institutionen
Deutsch-Französisches Jugendwerk: www.dfjw.org
Vereinigung Deutsch-Französischer Gesellschaften: www.vdfg.de
Deutsch-Französisches Institut Ludwigsburg: www.dfi.de
Berlin-Brandenburgisches Institut für Deutsch-Französische
Zusammenarbeit in Europa: www.bbi-genshagen.de

Bildung und Wissenschaft
Deutsch-Französische Hochschule: www.dfh-ufa.org
Infos zu Sprache, Austausch, Studium und Arbeit: www.fplusd.org
Deutscher Akademischer Austauschdienst: www.daad.de

Kultur
Französische Kultureinrichtungen und Schulen in Deutschland:
www.kultur-frankreich.de
Pariser Kulturministerium: www.culture.gouv.fr
Goethe-Institute in Frankreich: www.goethe.de/ins/fr/lp/deindex.htm

Wirtschaft und Arbeit
Deutsch-französische Industrie- und Handelskammer Paris:
www.francoallemand.com
Jobsuche: www.jobs-df.com
Au-pair-, Sprach- und Arbeitsaufenthalte: www.rausvonzuhaus.de

Tageszeitungen
Le Monde: www.lemonde.fr
Le Figaro: www.lefigaro.fr
Libération: www.liberation.fr
L'Humanité: www.humanite.presse.fr
La Croix: www.la-croix.com
Le Parisien: www.leparisien.com
Internetzeitung mit Zusammenstellungen aus der französischen
und deutschen Presse: www.france-mail-forum.de

Wochenmagazine

L'Express: www.lexpress.fr
Le Point: www.lepoint.fr
Le Nouvel Observateur: www.nouvelobs.com
Marianne: www.marianne-en-ligne.fr
Politis: www.politis.fr

Radio und Fernsehen

Radio France: www.radiofrance.fr
RFI (Auslandsrundfunk): www.rfi.fr
Arte: www.arte.tv
France Télévision (öffentliches Fernsehen): www.francetelevisions.fr
TV5 (Fernsehprogramm der Frankophonie): www.tv5.org
France 24 (Nachrichtensender) : www.france24.com

Öffentliche Verkehrsmittel

Eisenbahn: www.sncf.com
Fahrpläne für sämtliche Bahnen und Busse: www.itransports.fr

Touristische Informationen

Französisches Büro für Tourismus: www.fr.franceguide.com
Verzeichnis aller Fremdenverkehrsbüros: www.tourisme.fr

Die Länderreihe des Ch. Links Verlages

Dik Linthout
Frau Antje und Herr Mustermann
Niederlande für Deutsche
ISBN 978-3-86153-301-6

Marion Schmitz-Reiners
Belgien für Deutsche
Einblicke in ein unauffälliges Land
ISBN 978-3-86153-389-4

Norbert Mappes-Niediek
Österreich für Deutsche
Einblicke in ein fremdes Land
ISBN 978-3-86153-346-7

Susann Sitzler
Grüezi und Willkommen
Die Schweiz für Deutsche
ISBN 978-3-86153-395-5

Brigitte Jäger-Dabek
Polen
Eine Nachbarschaftskunde für Deutsche
ISBN 978-3-86153-407-5

Hans-Jörg Schmidt
Tschechien
Eine Nachbarschaftskunde für Deutsche
ISBN 978-3-86153-408-2

Agnes Bührig, Alexander Budde
Schweden
Eine Nachbarschaftskunde
ISBN 978-3-86153-429-7

Ch. Links Verlag, Schönhauser Allee 36, 10435 Berlin